21世纪经济管理新形态教材·经济学系列

农业经济学
（第3版）

赵维清 ◎ 主编

清华大学出版社
北京

内容简介

本书是在充分借鉴和吸收农业经济学相关理论的基础上,综合农业经济方面最新研究成果,紧密结合国内外农业、农村经济发展实践及我国"三农"政策的重点编写而成。本书注重新概念、新理念的分析以及对读者理论知识和应用能力的培养,特别是融入党的二十大精神、2023年中央一号文件精神,如合村并镇、"小田并大田"改革、高标准农田建设等方面内容,每章开头和结尾导入案例,将农民专业合作社联合社写成独立一节,提供最新的国内外农业相关数据,体现了时代性、实践性、创新性、通俗性的特点。

本书可作为高等院校农林经济管理或相关专业的学生教材,也可作为农村干部和农业经营者的培训教材。

本书封面贴有清华大学出版社防伪标签,无标签者不得销售。
版权所有,侵权必究。举报: 010-62782989, beiqinquan@tup.tsinghua.edu.cn。

图书在版编目(CIP)数据

农业经济学/赵维清主编. —3版. —北京:清华大学出版社,2023.6
21世纪经济管理新形态教材. 经济学系列
ISBN 978-7-302-63760-8

Ⅰ. ①农… Ⅱ. ①赵… Ⅲ. ①农业经济学-高等学校-教材 Ⅳ. ①F30

中国国家版本馆CIP数据核字(2023)第101704号

责任编辑:张 伟
封面设计:汉风唐韵
责任校对:王荣静
责任印制:曹婉颖

出版发行:清华大学出版社
网　　址: http://www.tup.com.cn, http://www.wqbook.com
地　　址:北京清华大学学研大厦A座　　邮　编:100084
社 总 机:010-83470000　　邮　购:010-62786544
投稿与读者服务:010-62776969, c-service@tup.tsinghua.edu.cn
质量反馈:010-62772015, zhiliang@tup.tsinghua.edu.cn
课件下载: http://www.tup.com.cn, 010-83470332

印 装 者:北京同文印刷有限责任公司
经　　销:全国新华书店
开　　本:185mm×260mm　　印 张:13.5　　字　数:310千字
版　　次:2013年8月第1版　 2023年8月第3版　 印　次:2023年8月第1次印刷
定　　价:45.00元

产品编号:099202-01

第 3 版前言

农业是国民经济的基础,是社会稳定的基石。《决胜全面建成小康社会 夺取新时代中国特色社会主义伟大胜利》(以下简称"党的十九大报告")指出:"农业农村农民问题是关系国计民生的根本性问题,必须始终把解决好'三农'问题作为全党工作重中之重。要坚持农业农村优先发展,按照产业兴旺、生态宜居、乡风文明、治理有效、生活富裕的总要求,建立健全城乡融合发展体制机制和政策体系,加快推进农业农村现代化。"《高举中国特色社会主义伟大旗帜 为全面建设社会主义现代化国家而团结奋斗》(以下简称"党的二十大报告")指出:"全面推进乡村振兴""坚持农业农村优先发展""加快建设农业强国"。这充分显示了党和国家对农业与农村发展的高度重视。我国是农业大国,改革开放以来,农业生产快速发展,农业综合生产能力不断迈上新台阶,农业经营制度不断创新,政策支农力度不断加大,所有这些都为农业经济学理论的发展和创新奠定了良好的基础。

农业是人类历史上最早出现的生产部门,农业经济思想也是人类最早产生的经济思想。早在农耕时代,人们就萌生了朴素的农业经济思想,包括农产品生产、分配、交换的思想,如重农抑商论、摊丁入亩、青苗法、一条鞭法等。但由于我国长期处于封建社会,商品经济不发达,直到明朝中后期才产生了资本主义萌芽,传统的农业经济思想无法形成系统理论,也不可能形成完整的农业经济学理论体系。1770 年,英国经济学家阿瑟·扬(Arthur Yang)通过对欧洲大陆和英国各地的考察,出版了《农业经济学》一书,从此创立了农业经济学学科。农业经济学经过几百年的演变和发展,已经具备了完整的理论体系,基本成为一门成熟的学科。

农业经济学从其渊源而言,本身就具有交叉、融合的性质,它是由多学科综合、交叉、融合而成的一门边缘性学科。从经济学和管理学的角度讲,它属于部门经济学和分支管理学,既涵盖经济学、管理学、社会学和政治学等学科的相关科学领域,又形成以"三农"问题为核心且相对独立的研究领域,具有强烈的实践性质和政策导向。农业经济学不仅历史悠久,为我国农业与农村改革作出了重要贡献,而且肩负为解决我国"三农"问题开展学术研究与人才培养的重大历史使命。

本书在编写过程中广泛吸收了农业经济学理论和实践研究的最新成果,并密切结合中国共产党第十九次、第二十次全国代表大会精神,近年来中央一号文件精神及我国农业现代化建设背景,紧扣为农业经济学研究和农业经济人才培养服务这一主旋律,体现特色,突出重点。本书具有以下几方面特色。

第一,注重新概念、新理念、新数据。伴随着现代农业发展及科技进步,新的农业概念、农业发展理念不断出现,如拍卖市场、人工智能等,本书尽可能给读者介绍一些新的农业概念、农业发展理念,特别是将家庭农场单独作为一章纳入教材,将农民专业合作社联合社写成单独一节,为读者提供最新的国内外农业相关数据,让课程教学体现时代感。

第二,注重借鉴发达国家农业发展经验。我国正处于现代农业的发展进程中,需要借鉴发达国家农业发展经验,如农业生产经营体制、家庭农场培育机制、政策支持体系、农业社会化服务体系建设等方面的实践和做法。

第三,注重通俗性。每章开头和结尾导入案例,使内容生动活泼,引起读者的学习兴趣。

第四,适应新形态教学需求。为了适应新时期教学多元化需求,提供配套的教学PPT、教学大纲、模拟考试试题及参考答案、课后练习参考答案及即测即练试题和参考答案,从而更好地服务于教师教学、学生课堂学习和课后自习。

第五,注重与实践相结合。从培养学生解决实际问题的能力出发,从社会实践与理论相结合的视点出发,注重对当前农业经济政策的把握,通过实践深化对理论的理解。

本书共十一章,编写分工如下:赵维清负责编写第一、二、三、五、八、九、十一章;姬亚岚负责编写第四章;王成军负责编写第六章;马锦生负责编写第七章和第十章。

在编写过程中,编者参考了许多农业经济界前辈编写的农业经济学教材,同时也吸收了大量农业经济方面的研究成果,在此向相关学者表示衷心感谢和敬意。编者正是在借鉴及学习众多学者丰硕成果的基础上,才得以出版本书。同时,鉴于编者水平有限,难免有不当之处,敬请读者批评指正。

编　者

2023年6月于杭州

目 录

第一章 绪论 ... 1
- 第一节 农业的概念和特点 ... 2
- 第二节 现代农业 ... 4
- 第三节 农业的贡献与多功能性 ... 9
- 第四节 新的农业理念和术语 ... 14
- 【复习思考题】 ... 18
- 【即测即练】 ... 18

第二章 农村土地利用及其制度 ... 19
- 第一节 农业土地资源 ... 20
- 第二节 农村土地制度 ... 22
- 第三节 地价与地租 ... 25
- 第四节 农业土地集约和适度规模经营 ... 27
- 第五节 农地流转 ... 32
- 第六节 农村土地制度改革的进展和创新模式选择 ... 38
- 【复习思考题】 ... 42
- 【即测即练】 ... 42

第三章 农业经营制度 ... 43
- 第一节 我国农业家庭承包经营 ... 44
- 第二节 我国农村实行家庭承包经营的必然性 ... 48
- 第三节 改革开放以来农地政策演变的基本脉络 ... 50
- 第四节 家庭承包制的绩效与缺陷 ... 52
- 第五节 三权分置 ... 54
- 第六节 农户兼业化 ... 57
- 第七节 新型职业农民培养 ... 60
- 【复习思考题】 ... 64
- 【即测即练】 ... 64

第四章 农产品供给与需求 ... 65
- 第一节 农产品的供给及其影响因素 ... 66
- 第二节 农产品的供给价格弹性 ... 68

第三节　农产品的需求及其影响因素 …………………………………………… 70
　　第四节　农产品的需求价格弹性 …………………………………………………… 72
　　第五节　需求收入弹性与恩格尔系数 …………………………………………… 73
　　第六节　农产品供求平衡与均衡价格的决定 …………………………………… 75
　　【复习思考题】 ……………………………………………………………………………… 80
　　【即测即练】 ………………………………………………………………………………… 80

第五章　农产品市场 …………………………………………………………………………… 81
　　第一节　农产品市场的概念及其分类 …………………………………………… 82
　　第二节　国际农产品流通模式 …………………………………………………… 84
　　第三节　农产品市场的变革趋势 ………………………………………………… 85
　　第四节　农产品零售市场 ………………………………………………………… 87
　　第五节　农产品批发市场 ………………………………………………………… 89
　　第六节　农产品期货市场 ………………………………………………………… 92
　　第七节　农产品拍卖市场 ………………………………………………………… 97
　　第八节　农产品电子商务 ………………………………………………………… 100
　　【复习思考题】 ……………………………………………………………………………… 104
　　【即测即练】 ………………………………………………………………………………… 104

第六章　农业劳动力 …………………………………………………………………………… 105
　　第一节　农业劳动力的供给与需求 ……………………………………………… 106
　　第二节　我国农业劳动力的总体状况 …………………………………………… 110
　　第三节　农业剩余劳动力的概念与类型 ………………………………………… 111
　　第四节　农业劳动力转移 ………………………………………………………… 113
　　第五节　发达国家及中国农业剩余劳动力转移模式 …………………………… 115
　　第六节　我国农业剩余劳动力转移的特点及政策选择 ………………………… 118
　　【复习思考题】 ……………………………………………………………………………… 121
　　【即测即练】 ………………………………………………………………………………… 121

第七章　农业技术进步 ………………………………………………………………………… 122
　　第一节　农业技术的内涵及特点 ………………………………………………… 123
　　第二节　农业技术进步的内涵和类型 …………………………………………… 126
　　第三节　农业技术进步的模式及制约条件 ……………………………………… 132
　　第四节　创新农业科技发展战略 ………………………………………………… 135
　　【复习思考题】 ……………………………………………………………………………… 137
　　【即测即练】 ………………………………………………………………………………… 137

第八章　家庭农场 ……………………………………………………………………………… 138
　　第一节　家庭农场的概念及特征 ………………………………………………… 139
　　第二节　国内外家庭农场状况分析 ……………………………………………… 140

  第三节 家庭农场经营模式与社会化服务机制 ··· 143
  第四节 家庭农场培育机制 ··· 146
  【复习思考题】··· 150
  【即测即练】··· 150

第九章 农业合作经济组织 ··· 151
  第一节 农业合作经济组织的概念、类型及作用 ··· 153
  第二节 合作社的基本原则 ··· 155
  第三节 典型资本主义国家农村合作制的特点 ··· 156
  第四节 我国农业合作经济组织发展历程回顾 ··· 159
  第五节 我国农业合作经济组织资源 ··· 160
  第六节 我国农民专业合作社发展成效及特点 ··· 163
  第七节 农民专业合作社联合社 ··· 166
  第八节 我国农业合作经济组织主体模式选择 ··· 168
  第九节 我国农业合作经济组织发展的构想 ··· 170
  【复习思考题】··· 172
  【即测即练】··· 172

第十章 农业产业化经营 ··· 173
  第一节 农业产业化经营的内涵和基本特征 ··· 174
  第二节 农业产业化经营的类型及运行机制 ··· 176
  第三节 农业产业化龙头企业与农户利益联结形式及机制 ··························· 178
  第四节 农业产业化联合体 ··· 180
  第五节 现代农业全产业链构建 ··· 183
  【复习思考题】··· 186
  【即测即练】··· 186

第十一章 农业经济管理体制 ··· 187
  第一节 农业经济管理体制的内涵 ··· 188
  第二节 我国农业经济管理体制的发展历程 ··· 189
  第三节 发达国家农业经济管理体制的特点 ··· 191
  第四节 我国现行农业经济管理体制改革 ··· 196
  第五节 农业经济管理体制进一步改革的方向 ··· 201
  【复习思考题】··· 204
  【即测即练】··· 204

参考文献 ··· 205

第一章

绪　论

本章学习目标

1. 理解农业的概念和特点。
2. 理解现代农业的含义及特征。
3. 掌握农业的贡献和多功能性。
4. 把握乡村振兴战略的总体要求。
5. 了解新的农业理念和术语。

大棚种瓜"云端"卖瓜

在黑河市爱辉区瑷珲镇有名的西瓜村、网红村——北三家子村,"进棚种瓜,上网卖瓜"已经成为这里瓜农的工作新常态。冷棚里的瓜果挤挤挨挨,还在等待采摘,暖棚里少量抢鲜的稀有瓜品却已经触"网"发货,不但满足了本地消费者的味蕾,还广销省内外多地。日前,北三家子村的108栋大棚里即将大批量上市的104种瓜品,正在"云端"预热,这也为2022年本地特色瓜果的消费热打好了基础。

随着瓜果的相继成熟,"会玩儿"的西瓜村种植户们在田间边管理边直播带货,介绍大棚里增加的新奇品种,同时也让北三家子村的"西瓜村"称号被更多人所了解。瓜农兼职当起了"瓜商",为这里美味的特色瓜果打开了销路,大批量还没开园的瓜品在瓜农主播的直播间里,早早就被预订了出去。

据了解,2007年,在规模化种瓜的基础上,北三家子村成立了西瓜协会,并注册了北三家子西瓜品牌。2016年开始,通过争取菜篮子工程资金,村里又盖起了大棚,建成了西瓜园区。近年来,棚瓜产业携手一波又一波的农村网红主播,推动全村瓜果大棚总数达到了108栋,瓜果品种更是多达104个。2022年,村里的大棚种植继续保持与高校合作,"大棚+直播"的乡村瓜产业,增加了流量、提高了产量、扩大了销量。北三家子村党支部书记俞朝朋介绍,北三家子村2022年种植西瓜采用了大垄密植、膜上吊蔓双行新技术,通过膜下节水滴灌,西瓜产量可以提升25%。预计2022年北三家子村的西瓜产量达到100万斤,香瓜产量也将突破50万斤。

"云端"卖瓜,网上销路打开的同时,市场也扩大到了全国。当地工作人员介绍,目前北三家子村陆续上市的少量暖棚香瓜通过前期线上预订,已发往哈尔滨、齐齐哈尔、大庆等多地。6月末,冷棚瓜果也将大批量上市。

资料来源:郭洋,敬斌,张瑶,等.大棚种瓜"云端"卖瓜[N].黑龙江日报,2022-06-14.

本案例包含以下几个方面的农业经济学问题。
(1) 现代农业是一种全新的农业发展形式和发展理念。
(2) 现代农业是高科技农业,通过大垄密植、膜上吊蔓双行等新技术实现高产出。
(3) 现代农业是智慧型农业,采用节水滴灌、"云端卖瓜"这样新的农业发展形式。
(4) 现代农业是产业化农业,通过成立西瓜协会和注册品牌,实现产供销一体化经营。

第一节 农业的概念和特点

农业是人类衣食之源、生存之本。农业是人类历史上最早出现的物质生产部门,是社会生产和其他活动的起点,是国民经济其他部门得以独立存在和进一步发展的基础。农业丰则基础强,农民富则国家盛,农村稳则社会安。为此,党和政府历来高度重视农业的发展,把农业作为国民经济的基础产业。

一、农业的概念

农业是人们利用太阳能、依靠生物的生长发育来获取产品的社会物质生产部门。农业生产的对象是生物体,获取的是动植物产品。

农业是国民经济的一个生产部门,通常称为国民经济的第一产业。

农业一般是指植物栽培业和动物饲养业。农业的概念,各国有所不同,有些发达国家把农业生产前后的各种服务也包括在农业之内。

在我国,农业有狭义和广义之分。狭义的农业仅仅指种植业,有些情况下畜牧业也包括在内。在我国改革开放之前,广义的农业包括种植业、林业、牧业、副业、渔业,即我们以前通常所说的农、林、牧、副、渔全面发展,那时,农业经济这个部门概念和农村经济这个地区概念的内涵几乎是相同的。改革开放后,随着农村经济的发展,其他部门经济逐步从农业经济中分离出来。现在,广义的农业仅指种植业、林业、牧业和渔业。

二、农业的特点

与工业及其他产业相比,农业有其显著特点,由此产生了许多特殊的经济问题。农业的特点具体表现在如下方面。

(1) 农业是人类直接利用自然力的生产活动。人类直接利用自然力的特点决定了在农业生产中经济的再生产过程和自然的再生产过程是密切交织在一起的。这就是说,农业生产一方面是人类的劳动过程,另一方面又是生物体生长发育繁衍的过程。这两种过程是紧密结合在一起的,两者相互依存、密不可分。这就决定了农业要在经济上实现扩大再生产,除了必须按经济规律办事外,还要正确地利用自然规律。

(2) 土地是农业生产中不可替代的最基本的生产资料。在其他物质生产部门中,土地一般只作为劳动的场所。而在农业生产中,土地不仅是人们劳动的场所,同时还是农作物的生长基地。作物生长需要根植于土壤,并从土壤中不断地吸取养分和水分。土地资源的数量和质量是农业生产的重要限制因素。这一特点决定了进行农业生产必须十分珍惜土地资源,充分合理地开发利用和保护土地,做到用地与养地相结合,不断提高土壤肥力,为植物生长提供营养条件及环境条件。

(3) 农业的生产时间和劳动时间不一致,生产有明显的季节性。生产时间是指动植物生长、发育、成熟和繁殖的持续不断的全过程。各种生物生长时间的长短,主要由生物本身的特点决定,同时也受季节、气候等自然条件因素的影响。劳动时间则是指人们作用于劳动对象的时间。由于在整个生长时间内,动植物的自然生长需要较长时间,并不需要人们持续不断地投入劳动,所以劳动时间带有间歇性。这一特点,一方面要求人们的生产活动与季节的变化相适应,按照生物生长的需要,及时进行农事活动;另一方面要求人们合理组织生产活动,合理有效地利用生产资料和劳动力,减小季节性的影响,均衡利用生产要素。

(4) 农业生产受自然因素影响很大,具有地域性和不稳定性。农业生产自始至终都受到自然力的影响,自然环境条件直接制约农业生产效率。由于各种生物对自然环境条件的要求不同,各个地方的自然环境条件又千差万别,因而,各地适宜繁衍的生物种类不尽相同,致使农业生产呈现出地域性。同时,农业生产在广阔的空间进行,易受自然灾害的侵袭,其收成具有不确定性。

(5) 农产品的供求弹性小。一方面,由于农业生产季节性的特点,其市场供给量不易随着需求的增加而增加;另一方面,由于农产品是最基本的生活资料,其需求量也不易随着供给量的增减而变化。这一特点决定了在一定区域范围内,农产品的生产供应稍有不足或多余,就会引起价格的较大波动。再加上农业受自然条件变化影响较大,经常出现生产波动,使保持农产品的供求平衡成为特别重要而又十分不易的经济问题。

(6) 农产品既是人们的基本生活资料,又是重要的工业原料。作为基本生活资料,农产品是人们最基本的必需品,在人们的日常生活中占有十分重要的地位,人们只有在满足基本生理需要之后,才谈得上从事其他事业。作为工业原料,通过对农产品的进一步加工和处理,可以生产出人们所需要的生活用品和工业用品。

(7) 农业的社会效益高而经济效益低。农业是一个具有社会效益和经济效益双重属性的基础性产业。由于农业能为人们提供必不可少的基本生活资料,为农产品加工业提供大量原料,为出口创汇提供产品,为经济社会实现可持续发展奠定基本条件,所以,农业的社会效益十分显著。但是,由于农业自身的特点和我国人多地少的现实国情,农业与工业及其他产业相比,其经济效益较低,属于弱质产业。

第二节 现代农业

党的二十大报告指出："建设现代化产业体系。"党的十九大报告指出："构建现代农业产业体系、生产体系、经营体系，完善农业支持保护制度，发展多种形式适度规模经营，培育新型农业经营主体，健全农业社会化服务体系，实现小农户和现代农业发展有机衔接。"

一、现代农业的概念

现代农业是一种全新的农业发展形式和发展理念，是农业发展水平的标志。简而言之，现代农业是科技高度发达、市场体系健全、资源配置合理、功能得到充分拓展、科学组织管理和实现了可持续发展的新型农业。《中共中央 国务院关于积极发展现代农业扎实推进社会主义新农村建设的若干意见》（简称"2007年中央一号文件"）明确指出："建设现代农业的过程，就是改造传统农业、不断发展农村生产力的过程，就是转变农业增长方式、促进农业又好又快发展的过程。"为此，要用现代经营形式推进农业，要用现代发展理念引领农业，要用现代物质条件装备农业，要用现代科学技术改造农业，要用现代产业体系提升农业，要用培养新型农民发展农业，目的是提高农业水利化、机械化和信息化水平，提高土地产出率、资源利用率和农业生产率，提高农业素质、效益和竞争力。

二、现代农业的基本特征

现代农业形成于工业革命之后，是继原始农业、传统农业之后的一个发展阶段，具有如下基本特征。

（1）生产科学化。科学技术是现代农业必不可少的生产要素之一，新技术被广泛地应用于农业生产当中，使其成为技术密集型产业。生产科学化还体现为先进的机械化装备在农业生产中的应用。

（2）资源配置市场化。市场经济是现代农业发展的制度基础。在现代农业阶段，农业经营主体以市场供求关系为导向，把农业生产和农产品流通与国内外市场融为一体，打破了内部物质循环的局限性，进而实现物质的开放式循环，从自给农业发展为市场化农业。

（3）经营产业化。现代农业不再局限于传统的种植、养殖等生产部门，突破了传统的产加销脱节、部门相互割裂、城乡界限明显等局限，融入包括生产资料加工业、食品加工业等第二产业和市场流通、技术信息服务等第三产业的内容，使农产品的生产、加工、销售等各环节走向一体化，农业与工业、商业、金融、科技等不同领域相互融合，逐步形成了农业专业化生产、企业化经营、社会化服务的格局。

（4）农业信息化。以大数据、云计算和物联网为基础的人工智能技术为农业带来了新的发展机遇，现代信息技术和信息系统为农业产供销及相关的管理和服务提供了有效的信息支持，从而提高了农业的综合生产力和经营管理效率。

（5）功能多样化。现代农业已经超越了传统农业只为满足人们吃饱的需求而单一注重数量产出的功能，向着数量与质量并举的方向发展；同时，注重发展农业的生活休闲、生态保护、旅游度假、文明传承、教育等功能。

(6) 投入资本化。大量资金的投入是维系现代农业发展的关键所在,也是保证农业可持续发展的重要条件。

三、准确把握现代农业发展的新形势,是现代农业建设的重要前提

近年来,我国农业发展出现了新特点:土地资源短缺,农产品价格不断上涨,环境压力大,农民增收压力大。为此,必须从"两个一百年"奋斗目标、城乡统筹发展、乡村振兴战略角度,全面分析农业发展面临的新形势、新任务。

第一,农业已进入一个新的发展阶段。世界正以新的理念和技术提升农业现代化的发展水平,特别是以人工智能为代表的新装备、新技术加快了现代农业发展。现代农业新的发展阶段要求:农业经营主体现代化,特别是培育新型农民专业合作社和家庭农场,为青年农民带来新的发展空间;农业技术装备现代化,特别是人工智能发展为农业生产服务带来全新的体验,促进了生产率的大幅提高;农业经营理念现代化,要从农业经营主体的联合合作、全产业链、拓展农业的多种功能、挖掘乡村的多元价值等方面探索农业生产经营;市场体系现代化,要求完善农产品市场体系,特别是发展期货、拍卖、电子商务等新型市场,健全物流配送体系,为农产品流通提供高效服务。

第二,农业发展环境面临新挑战。近年来,以农产品价格上涨为主要标志,农产品供求关系发生变化,突出表现为主要粮食价格不断上涨,我国农产品贸易逆差连年增加,根据农业农村部数据,2021年达到1 354.7亿美元,同比增长42.9%,农产品总量供给压力加大。农产品价格上涨将是一个长期趋向,粮食安全问题更加引起政府的高度重视。同时,随着全球气候变暖和生态环境恶化,农业灾害频发,且呈加重趋势,对增加农产品供给形成了很大的压力。确保国家粮食安全,确保粮食产量保持在中央一号文件要求的1.3万亿斤(1斤=0.5千克)以上,把中国人的饭碗牢牢端在自己手中,仍然面临挑战和压力。

第三,农业资源短缺,制约了农产品的供给能力。截至2022年末,自然资源部统计全国耕地面积为19.14亿亩(1亩≈666.67平方米),耕地资源呈逐年下降趋势。特别是随着城市化速度加快,城乡基础设施建设占用大量耕地,对保障粮食安全和提高粮食自给能力构成威胁。国土资源部门严守耕地保护红线,分步推进永久基本农田划定和保护工作,但形势依然严峻,2022年末与2009年末相比较,耕地总量减少了1.17亿亩。

第四,素质较高的劳动力资源短缺。大量素质较高的劳动力通过高等教育或劳务等形式离开农村,导致农业劳动力素质下降,年轻务农人员大量减少,在沿海发达省区尤为明显,使农业出现兼业化、副业化倾向,影响了农业技术的推广应用,制约了农业生产发展。

四、现代农业发展与农业供给侧结构性改革

《中共中央 国务院关于深入推进农业供给侧结构性改革 加快培育农业农村发展新动能的若干意见》(简称"2017年中央一号文件")提出"深入推进农业供给侧结构性改革"理念,指出:"农业的主要矛盾由总量不足转变为结构性矛盾,突出表现为阶段性供过于求和供给不足并存,矛盾的主要方面在供给侧。"《中共中央 国务院关于全面推进乡村振兴加快农业农村现代化的意见》(简称"2021年中央一号文件")再次强调"深入推进农业供给侧结构性改革"。因而,现代农业发展的核心点在于转方式、调结构、促改革,围绕农

产品供求结构失衡、要素配置不合理、资源环境压力大、农民收入持续增长乏力等问题,充分利用国内国际两个市场两种资源,降成本,降库存,提品质,优结构,增规模,强特色,组织化,走出去,开创现代农业发展的新局面。

(一) 调整结构

我国农业结构性矛盾突出,在总量满足之后,结构性问题凸显出来,如近年来出现的苹果、番茄滞销情况,有些苹果只卖到两三毛钱一斤,有些番茄由于无人收购,烂在地里。这种结构性的问题表现为农产品难卖、价格低迷,农民收入难以提高。调整结构就是在稳定水稻、小麦种植,确保我国口粮绝对安全的基础上,协调粮、经、饲三元种植结构比例,大力发展增收、增效产品,特别是经济类作物,根据市场需求调整结构关系,开发适销对路的优质产品,让有限的资源发挥最大效益。

(二) 发挥特色

只有发挥特色,走差别化发展之路,才能获得高效益。现在农产品种类繁多,同一类产品又有许多品种,同一品种又有许多品牌,替代性产品多。如茶叶,有绿茶、红茶、青茶、黑茶、白茶、黄茶等,绿茶又有西湖龙井、碧螺春、黄山毛峰等品种。市场竞争日益激烈,要让消费者购买你的茶叶产品、承认你产品的市场价值,其必须有独特之处,避免同类低价竞争,必须挖掘产品的文化价值,培育消费群体,通过品质提升、品牌营销,展现独特的优势和魅力。

(三) 优化布局

制订农产品区域布局规划,按照区位条件和自然资源条件,合理优化农产品区域布局。创建园艺产品、畜产品、水产品等特色农产品优势产区,农产品向优势产区集中,体现出地理优势和特色。例如,吉林省是我国的玉米主产区,特色优势明显,玉米生产要向这样的产区集聚。同时,再根据吉林不同地区特色,制订出适宜品种的规划,优化玉米产业布局。又如,浙江是我国茶叶主产区,茶叶生产优势特色明显,可按照浙江不同地区特色,开发不同茶叶品种,优化茶叶产业布局。

(四) 提高质量

产品市场竞争,实质是质量的竞争,要通过实施农业标准化战略,培育绿色、有机、无公害产品,让消费者放心。同时,积极开展地理标志认证和原产地保护基地建设,让优质产品体现其真正的市场价值。法国葡萄酒闻名世界,其地理标志认证和原产地保护措施发挥了重要作用。如波尔多葡萄酒(Bordeaux wines),这种用地名做标志的葡萄酒表示,使用该地采收的葡萄,可酿造出波尔多风味等具有地方特色的葡萄酒。

(五) 适度规模

中国的现代农业发展之路不同于欧美国家,由于中国的农业资源禀赋条件,在相当长的时间内,我们的主基调只能是适度规模经营。要通过政策扶持,以经营权流转、股份合作、代耕代种、土地托管等多种方式,加快发展土地流转型、服务带动型等多种形式规模经营。特别是要扶持和发展新型家庭农场,鼓励土地向规模型家庭农场集聚,提升家庭农场技术含量,完善家庭农场认定制度,支持青年大学生流转土地、创办家庭农场。强化土地流转中介服务,组建事业性独立运营的中介服务组织体系,支持民营资本创办土地流转服务组织,特别是利用互联网优势提供信息交流、咨询指导等服务,完善土地流转中介组织在合同签订、信息交流、土地整理、土地保有、土地信贷等方面的服务功能。

(六)发展组织

现代农业就是要在家庭经营基础上,完善各类社会化服务组织。大力发展农业龙头企业,通过"公司+农户"模式,构建产加销、贸工农、农工商一体化经营体系,打造从田间到餐桌的一体化。依托农业产业化龙头企业带动,聚集现代生产要素,培育现代农业园区,强化其辐射带动功能,发展优质高效农业。大力发展农民专业合作社,并积极推进农民专业合作社的联合与合作,构建新型农民专业合作社组织体系,并在此基础上,开展农产品加工、销售、技术、信息服务。挖掘农业多功能潜力,促进一二三产业融合发展,增加农业附加值,特别是发展养老、休闲类服务组织,如乡村旅游合作社、农家乐合作社、养老合作社,拓展农民收入来源。

(七)面向国际

近年来,我国农产品需求大量增加,国外农产品进口额度不断增大,对国际市场的依赖加大。例如,我国大豆进口量一直保持高位,根据中国海关统计数据,2022年中国进口大豆总量为9 108.1万吨,这些进口大豆主要是转基因大豆,用于榨油和饲料。如何利用国际市场,优化我国农业生产结构,满足经济社会发展需要,是未来必须认真对待的问题。在国内土地资源不断减少、人口及加工业对农产品需求不断增加的情况下,应鼓励农业龙头企业、农民专业合作社等以"一带一路"沿线和土地资源丰富的国家为重点,积极开展跨国经营,建立海外农业生产基地,建设加工、仓储和物流设施,培育具有国际竞争力的大型农业企业集团,为国内市场提供充足的产品供给。

五、现代农业发展与乡村振兴战略

党的二十大报告指出:"全面推进乡村振兴。"党的十九大报告指出:"实施乡村振兴战略。"坚持农业农村优先发展,实施乡村振兴战略,是党中央着眼"两个一百年"奋斗目标导向和农业农村短腿短板的问题导向作出的战略安排。坚持农业农村优先发展,是我们党的战略决断,是中国基本国情的必然选择。

党的十九大报告对乡村振兴战略提出了"产业兴旺、生态宜居、乡风文明、治理有效、生活富裕"20字的总要求。根据《中共中央 国务院关于实施乡村振兴战略的意见》:"到2035年,乡村振兴取得决定性进展,农业农村现代化基本实现。""到2050年,乡村全面振兴,农业强、农村美、农民富全面实现。"乡村振兴是一个系统工程,不仅是现代农业的振兴,乡村产业的振兴,经济的振兴,也是生态的振兴,社会的振兴,文化、教育、科技的振兴,以及农民素质的提升。我们要准确把握这20字的内涵,以现代农业发展为契机,全面统筹推进农村经济建设、政治建设、文化建设、社会建设、生态文明建设,在"五位一体"推进中,建立健全城乡融合发展的体制机制和政策体系,加快推进农业农村现代化。

(一) 乡村振兴战略的总体要求

1. 产业兴旺

产业兴旺就是要紧紧围绕现代农业及其他产业发展,引导和推动更多的资本、技术、人才等要素向农业农村流动,调动广大农民的积极性、创造性,形成现代农业产业体系,实现一二三产业融合发展,保持农业农村经济发展旺盛活力。

2. 生态宜居

生态宜居就是要在发展现代农业和其他产业的同时,加强农村资源环境保护,大力改善水电路气房讯等基础设施,统筹山水林田湖草保护建设,保护好绿水青山和清新清净的田园风光。

3. 乡风文明

乡风文明就是要在发展现代农业的基础上,促进农村文化教育、医疗卫生等事业发展,推进移风易俗、文明进步,弘扬农耕文明和优良传统,使农民综合素质进一步提升、农村文明程度进一步提高。

4. 治理有效

治理有效就是要在推进现代农业发展的同时,加强和创新农村社会治理,加强基层民主和法制建设,让社会正气得到弘扬、违法行为得到惩治,使农村更加和谐、安定有序。

5. 生活富裕

生活富裕就是要让农民有持续稳定的收入来源,不仅仅有农业收入,还要有非农收入,经济宽裕,衣食无忧,生活便利,共同富裕。

推进乡村振兴,既要积极又要稳妥,要在制度设计和政策支撑上精准供给。必须把大力发展现代农业放在首位,拓宽农民就业创业和增收渠道。必须坚持城乡一体化发展,体现农业农村优先的原则。必须遵循乡村自身发展规律,保留乡村特色风貌。

(二) 乡村振兴的三个着力点

《中共中央 国务院关于做好 2022 年全面推进乡村振兴重点工作的意见》(以下简称"2022 年中央一号文件")对聚焦产业促进乡村发展提出了明确要求,重点是做好"三个着力"。

一是着力推进农村一二三产业融合发展。乡村产业要姓"农",要在做优做强种养业的基础上,积极拓展农业的多种功能,挖掘乡村的多元价值,重点发展农产品加工、乡村休闲旅游、农村电商等三大乡村产业。在纵向上,要打造农业的全产业链,推动产业向后端延伸,向下游拓展,由卖原字号向卖品牌产品转变,推动产品增值、产业增效。在横向上,要促进农业与休闲、旅游、康养、生态、文化、养老等产业深度融合,丰富乡村产业的类型,提升乡村经济价值。

二是着力发展县域富民产业。大力发展县域范围内比较优势明显、带动农业农村能力强、就业容量大的产业,推动形成"一县一业"发展格局,要立足统筹县域富民产业发展,科学布局生产、加工、销售、消费等环节,宜县则县、宜乡则乡、宜村则村,形成县城、乡镇、中心村分工合理的产业空间布局。同时,发挥各类产业园区平台带动作用,引导农产品加工业更多向县域、主产区转移,打造城乡联动的优势特色产业集群。

三是着力带动农民就地就近就业增收。农村产业发展的目的是带动农民就业增收,不能富了老板、忘了老乡,更不能把农户从产业链中挤出来。欢迎工商资本到乡村投资兴业,发挥资金、技术、管理、品牌等方面的优势,完善利益联结机制,带动农民一起干、一起赚,形成产业链优势互补、分工合作的格局。支持各类农业社会化服务组织开展订单农业、加工物流、产品营销等社会化服务,让农民更多分享产业增值收益。

第三节　农业的贡献与多功能性

一、农业的贡献

在人类社会发展的历史进程中,尤其是在由农业国转变为工业国的工业化过程中,农业作出了重要贡献。根据西蒙·库兹涅茨(Simon Kuznets)的经典分析,农业对经济发展有四种形式的贡献,即产品贡献、要素贡献、市场贡献和外汇贡献。

(一) 产品贡献

农业的产品贡献表现在两个方面,第一是食品贡献,第二是原料贡献。

食品是人类生活中最基本的必需品,非农产业部门的食品消费主要来源于农业部门。只有农业生产者生产的食品超过维持自身生存需要而有剩余的时候,国民经济中的其他部门才能得以发展。从理论上来说,国内食品生产的不足可以通过进口来加以解决,但实际上大量进口食品将会受到政治、社会和经济等多种因素的制约,使食品供给完全依赖国际市场,具有较大的风险。

随着经济的发展,农业总产值的绝对量肯定会不断增加,但农业在国民生产总值中的比重将会不断下降。农业产值份额下降的普遍性被称为农业产值份额下降规律,导致这一规律形成的主要原因是农产品的需求收入弹性(收入每增加1％引起需求增加比例的大小)小于非农产品。由于农产品需求收入弹性不足,随着收入水平的提高,人们用于食物消费的支出在总消费支出中的比重是不断下降的,这就是著名的恩格尔定律。食物消费份额的下降,必然导致生产食物的产业在国民经济中的份额下降。

农业除了对国民的食品贡献以外,还有对国家工业发展所做的原料贡献。在工业化的早期,一般国家的工业以农业原料加工业为主,所以工业的发展与农业发展关系十分密切。虽然农业产值占国内生产总值(GDP)的份额一般来说会随着实际人均GDP的增长而下降,但由于以农产品为原料生产的工业品的需求收入弹性一般大于原料本身的需求收入弹性,所以,如果我们考虑到食品加工、服装、制鞋、饮料、烟草工业的发展,农业相对重要性的下降速度就缓慢得多。

(二) 要素贡献

农业对国民经济的要素贡献,是指农业部门的生产要素转移到非农产业部门,从而推动非农产业的发展。农业部门所提供的生产要素有劳动力、资本和土地。

如前所述,在人类社会发展的最初阶段,农业是唯一的生产部门。随着农业劳动生产率的提高,农产品出现剩余,农业劳动力能够向非农产业转移,从而为非农产业的发展提供了最基本的生产要素。可见,没有农业部门的劳动贡献,就很难有其他产业部门的形成和发展。在现代经济发展初期,农业中存在较多的剩余劳动力,非农产业部门所需的劳动力可以从农业部门得到资源补充,这使非农产业的发展顺利进行。但是,对于发展中国家来说,非农产业的发展难以吸纳农业所产生的剩余劳动力。同时,对于非农产业发展来说,来自农业的劳动力有效供给不足,即大量低素质的劳动力供给过剩。

非农产业的发展需要农业提供大量资本。第一,在经济发展初期,农业作为国民经济的最主要部门,实际上是国内储蓄与投资的主要来源。中华人民共和国成立初期,依靠农业积累发展工业,促进工业的快速发展,采取剪刀差的政策从农业获取资本。第二,在多数情况下,非农产业的资本/产出比率要高于农业,所以,从要素配置来看,资金应当总是流向能获得更多收益的部门。第三,即使农业部门与非农部门的资本/产出比率完全相同,但由于非农业部门产品的需求收入弹性高,对非农产业部门增加投资的倾向就高一些。因而,从总的发展趋势来看,非农部门生产规模扩大的速度应高于农业才能满足人们需求结构上的变化。第四,对非农部门的投资往往会使农民受益,如交通状况的改进,供水、供电等设施的建立,科技的进步,教育的普及,来自非农产业的收入增加等。一般说来,转移农业资金有两种方式:一种是依靠市场机制、价格信号对资金进行转移和分配;另一种是依靠行政的力量来转移农业资金。但是仅仅依靠市场的力量来转移农业资金,也就是通过私人储蓄和投资来实现农业资金的转移,很难满足工业化的发展需要。因此,在市场配置资源的基础上,动用一定的财政、信贷政策手段,加速农业资金向非农产业的转移,将是一种很好的选择。

非农产业的发展需要农业提供土地。国民经济和其他部门的发展必然需要更多的土地作为生产和活动场所,如城区的扩大、道路的修建、工矿的建设等。一般说来,非农产业对土地的需求是一种必然现象,需求的土地多在经济较发达地区、城市郊区等。如果农民拥有完全的土地产权,则土地非农化将会使农民获得更多的经济利益。但是,如果让市场机制自由发挥作用,将不利于农业和整个社会经济的可持续发展。由于土地面积是有限的,农地的不断减少必然不利于农业满足社会日益增长的农产品需求。因此,必须适度控制土地的非农化,正确处理好非农产业用地与农业发展的关系。在我国,农地的所有权是集体的,农民只有土地使用权,当遇到征地时,应首先将农民的土地收回,然后由国家或集体对农民实施补偿,若按市场价对外拍卖,农民只能得到很少的利益。

(三) 市场贡献

市场贡献表现在两个方面:一是活跃工业品,二是促进农产品流通。首先,农民作为买者,购买服装、家具、日用工业品、耐用消费品和农药、化肥、种子、农膜、农用机械、电力及其他农业投入品。农民对这些工业品的消费扩大了工业品市场,工业品市场的扩大又会刺激工业和其他非农产业的扩张。在经济发展的初期阶段,由于农业部门的绝对规模,农村必然是国内工业品的主要市场。随着经济的不断发展,农村人口不断向城市转移,虽然农业人口的份额下降,但是,农民收入水平的提高,会使农民的生活消费水平提高,对于农药、化肥、农机等农用工业品的需求增加，农村市场仍然会发挥重要的作用。其次，农民作为卖者，在市场上出售农产品，把粮食及其他农产品出售给非农产业部门的生产者和消费者。农民的这种销售活动，不仅提高了农业自身的市场化程度，而且满足了非农产业的生产者和消费者对农产品的需求。农民参与农产品销售，促进了农产品的市场流通，根据市场需求来调整农业生产结构。

（四）外汇贡献

外汇贡献，是指通过出口农产品，农业为国家经济建设赚取外汇。在一个国家经济发展初期，农业的外汇贡献尤为重要。此时由于工业基础薄弱、科学技术落后，工业品不具备国际竞争力，难以赚取外汇，而工业发展又需要从国外进口先进的技术、机器设备和一些原材料。因此，具有比较优势的农业部门在出口创汇方面扮演了一个重要的角色。发展中国家经济发展的实践充分证明了这一点。在这些国家，通过出口农副产品及其加工品赚取了大量外汇，用农业赚取的外汇购买先进的技术和机械设备来武装本国工业，从而促进本国民族工业的快速发展。所以，如果没有农业的外汇贡献，大多数发展中国家工业的快速发展是难以想象的。

二、农业的多功能性

过去人们对农业的功能主要定位在经济功能上，即要求农业提供农产品来满足社会需求。各国流行的"现代农业"观念，不仅要求农业的经济功能，同时也强调其政治功能、社会功能、生态功能。2022年中央一号文件指出："鼓励各地拓展农业多种功能、挖掘乡村多元价值，重点发展农产品加工、乡村休闲旅游、农村电商等产业。"

20世纪80年代末和90年代初，日本在其"稻米文化"理念中明确提出了"农业多功能性"(multi-functionality of agriculture)概念，其目的就是保护国内的稻米市场，在与美国等农产品出口国贸易谈判中增加筹码。日本认为，日本文化与水稻种植密切相关，保持日本水稻生产也就保护了日本的"稻米文化"。韩国基于与日本相似的农业生产条件和贸易立场，坚定地站在了日本一边，积极支持宣传农业的多功能性。欧盟一些国家也相继采纳了日本和韩国的农业多功能理念。之后，农业多功能性概念相继出现在联合国的文献决议之中。1992年联合国环境与发展大会通过了《21世纪议程》，并将第14章第12个计划（可持续农业和乡村发展）定义为"基于农业多功能特性考虑上的农业政策、规划和综合计划"。1996年世界粮食首脑会议通过的《世界粮食安全罗马宣言》和《世界粮食首脑会议行动计划》中提出："将考虑农业的多功能特点，在高潜力和低潜力地区实施农业和乡村可持续发展政策。"关于农业的多功能性，在国际上已得到认可。1998年3月通过的OECD（经济合作与发展组织）农业部长会议公报中也提出："农业活动要超越提供食物和纤维这一基本功能，形成一种景观，为国土保护以及可再生自然资源的可持续管理、生物多样化保护等提供有利的环境。"

据日本有关研究单位应用替代成本法测算的结果，农业的多功能性给日本全国的农区和农村地区所带来的多功能作用达到68 788亿日元（约合550亿美元），给山区丘陵地区带来的效益达到30 319亿日元（约合242.6亿美元）。东盟一些国家也正在应用替代成本法计算本国的农业多功能效益。

农业具有显著的正外部性,即其经济活动能带来非排他性和非竞争性的附带利益。在发展农业的过程中,充分注重发现和利用这种外部性,构建多功能农业发展模式,将有助于扩展农业的服务领域,提高农业的整体效益,也有利于全社会了解农业、认识农业和支持农业,进而使农业可持续发展获得更为广泛的理解和支持。

农业多功能是指农业除了具有提供食物和纤维等多种商品的功能外,同时还具有其他经济、社会和环境等方面的非商品产出功能,这些功能所产生的有形结果和无形结果是无法用价值来估量的,也无法通过市场交易来体现。一般认为,农业的非商品功能可分为环境功能、社会功能、粮食安全功能、经济功能和文化功能五个方面。

(一)环境功能

农业及其相关土地的利用对环境可产生有利或不利的影响,包括正的外部性和负的外部性两方面。从正的外部性来看,农业的环境保护功能包括农业景观和各种生态功能:水土保持、补充地下水、维持生物的多样性、缓解气候变化、防治沙漠化、减少污染、保护野生动物栖息地、提供农业景观等。农业的直接环境收益包括:通过管理土地和植物减少污染;通过多种作物轮作和肥料施用增加生物量和养分,控制土壤侵蚀等。同时,农业对生态系统和可再生自然资源也具有负面影响,包括农用化学品、灌溉和机械耕作的过量投入所带来的影响。农业所产生的负外部性主要是化学品污染、水土流失、种植系统弹性和多样性消失、土壤结构破坏、动植物栖息地减少等。

(二)社会功能

农业和农民、农村是联系在一起的,农业为农民提供了谋生手段和就业机会,而农村也为他们提供了生活和社交场所,有助于形成和维持农村生活模式以及农村社区活力,具有保持社会稳定的功能。特别是在贫困人口多居住于农村、农村地区又缺乏必要的社会福利保障体系的许多发展中国家,农业还具有消除贫困和替代社会福利保障的功能。由此可以看出,发展中国家农业的社会功能比发达国家更重要,也能发挥更大的作用。

(三)粮食安全功能

根据联合国粮食及农业组织(FAO)的定义,粮食安全是指所有的人在任何时候都在经济上有能力并且可以获得足够数量卫生安全和营养的食品,从而满足积极和健康生活对食品的需要及偏好。粮食安全由以下四个要素构成:充足的供给;供给的稳定性;粮食可获得性;食物的卫生安全、质量和偏好。

实现粮食安全的途径有三个:一是依靠自己生产(自给自足);二是依赖进口;三是将二者结合起来。一般来说,开放贸易有助于稳定世界农产品市场,这反过来又有利于稳定粮食进口国的价格和保障其国家粮食安全。但是,那些严重依赖粮食进口的国家极为担心未来国际农产品市场的演变态势:一是未来食物的供给和需求的发展前景并不乐观;二是开放贸易并不一定会导致食物供给和价格的稳定。那些与粮食出口国存在政治冲突或潜在政治冲突的国家,更是缺乏依赖国际市场解决粮食安全问题的信心。因此,一个国家的农业在粮食安全方面发挥着极其重要的功能,即保证一定的粮食自给水平,减少过度依赖国际市场的担忧,确保国家宏观战略的实现。

世界各国都十分注重保护和提高粮食综合生产能力,制定了符合本国利益和实际情况的粮食安全政策,如发展粮食生产、建立粮食安全储备、采取灵活的进出口贸易政策等。美国十分重视粮食安全问题,先后修改农业法案,大幅度增加农业补贴,采取价格支持政策、直接支付制度、差额补贴政策、耕地保护等各种措施,保护和提高粮食综合生产能力,保障粮食的稳定供给,形成了确保国家粮食安全的有效机制。欧盟各国对于小麦、玉米等谷物生产实行补贴,对谷物保持价格干预,采用直接收入补贴、环保补贴及其他补贴等政策,保护粮食综合生产能力,稳定农产品市场价格和保障粮食安全。日本、韩国都非常重视粮食生产和安全问题,采取许多鼓励发展生产的政策,使国内粮食生产者获得更多的保护、支持和收益,如日本一直从国家安全方面考虑,保护国内大米市场,对稻米生产给予保护。

1994年,美国世界观察研究所所长莱斯特·布朗(Lester Brown)发表了题为《谁来养活中国》的论文,引起了广泛争论,中国为此发表了《中国的粮食安全》白皮书。世界银行认为,中国90%的粮食需求可以通过增加基础设施、农业科研、土地和水利发展的投资而在国内生产解决;日本农林水产省官员认为中国是能够做到粮食基本自给的。专家学者们认为中国能够解决自己的粮食问题。对于粮食安全与提高粮食综合生产能力政策,一种观点认为,大量储备粮食,不如适当储备粮食生产能力;另一种观点认为,需要不断储备粮食,更需储备生产能力;还有一种观点认为,应以合理成本保障粮食安全。

(四)经济功能

农业除具有传统的经济功能外,还具有其他经济方面的非商品产出功能,如保障劳动力就业、经济缓冲作用、保持国土空间的平衡发展、提供消遣场所等。农业观光旅游,就是农业的非商品产出功能,通过开发与农业相关的系列服务,如观光、度假、休闲等形式,为城市居民提供消遣服务。农业多功能方面的经济功能,有别于可通过市场机制实现的经济功能,如增加就业机会。保障农村劳动力就业之所以成为农业非商品产出功能之一,是因为很多发展中国家二元经济结构的存在以及国际劳动力流动的限制,使这些国家的农业担负了保障劳动力就业和提供隐蔽性失业保障的责任。农业所具有的经济缓冲作用是指农业适时释放和吸纳劳动力,为减缓经济危机和加速经济复苏发挥作用。

(五)文化功能

农业具有形成和保持农村独特文化与历史的功能。由于农业生产活动与农村生活紧密结合,农业对形成和保持特定的传统文化、维护文化的多样性具有重要的作用。一些国家的文化传统深深地根植于农村生活,许多传统节日与农业密不可分,形成了许多富于地方特色和乡土气息的农村文化与传统。如赫哲族的渔猎文化、汉族的传统端午节以及一些少数民族的火把节等。

第四节　新的农业理念和术语

一、都市农业

"都市农业"(agriculture in city countryside)的概念是20世纪五六十年代由美国的一些经济学家首先提出来的。都市农业的英文本意是都市圈中的农地作业。它是指在都市化地区，利用田园景观、自然生态及环境资源，结合农林牧渔生产、农业经营活动、农村文化及农家生活，为人们休闲旅游、体验农业、了解农村提供场所的农业。换言之，都市农业是将农业的生产、生活、生态"三生"功能结合于一体的产业。

二、休闲农业

休闲农业（观光农业）是一种综合性的休闲农事活动。游客不仅可观光、采果、体验农作、了解农民生活、享受乡土情趣，而且可住宿、度假、游乐。

休闲农业是指利用农村设备与空间、农业生产场地、农业产品、农业经营活动、自然生态、农业自然环境、农村人文资源等，经过规划设计，以发挥农业与农村休闲旅游功能，增进民众对农村与农业的体验，提升旅游品质，并提高农民收益，促进农村发展的新型农业。如日本有一个名为"世界之旅"的电视节目，一些年轻人到非洲、中国、尼泊尔等国家和地区从事传统农事劳动，参与到当地人的生活之中，如跳舞、打鱼、做豆腐等。

休闲农业除了提供采摘、销售、观赏、垂钓、游乐等活动外，部分劳动过程可以让游客亲自参与、亲身体验。农村有丰富的乡土文物、民俗古迹等多种文化资源可供参观，通过寓教于乐的形式，让游客更加珍惜农村的自然文化资源，激起人们热爱劳动、热爱生活、热爱自然的兴趣，也进一步增强人们保护自然、保护文化遗产、保护环境的自觉性。

三、智能农业

智能农业（工厂化农业）是指在相对可控的环境条件下，采用工业化生产，实现集约、高效、可持续发展的现代超前农业生产方式，即农业先进设施与露地相配套、具有高度的技术规范和高效益的集约化规模经营的生产方式。它集科研、生产、加工、销售于一身，实现周年性、全天候、反季节的企业化规模生产；它集成现代生物技术、农业工程、农用新材料等学科，以现代化农业设施为依托，科技含量高，产品附加值高，土地产出率和劳动生产率高，是我国农业新技术革命的跨世纪工程。

智能农业通过实时采集温室内温度、土壤温度、二氧化碳浓度、湿度信号以及光照、叶面湿度、露点温度等环境参数，自动开启或者关闭指定设备，可以根据用户需求，随时进行处理。通过模块采集温度传感器等信号，经由无线信号收发模块传输数据，实现对大棚温湿度的远程控制。智能农业还包括智能粮库系统，该系统通过将粮库内温湿度变化的感知与计算机或手机连接进行实时观察，记录现场情况以保证粮库的温湿度平衡。

四、精准农业

传统农业的发展在很大程度上依赖于生物遗传育种技术,以及化肥、农药、矿物能源、机械动力等投入的大量增加。化学物质的过量投入引起生态环境和农产品质量下降,高能耗的管理方式导致农业生产效益低下、资源日显短缺,在农产品国际市场竞争日趋激烈的时代,这种管理模式显然不能适应农业持续发展的需要。

信息技术和人工智能技术的高速发展促使一种新颖农业生产管理思想诞生,从而产生了对农作物实施定位管理、根据实际需要进行变量投入等农业生产的精准管理思想,进而提出了精准农业的概念。精准农业是一种基于空间信息管理和变异分析的现代农业管理策略与农业操作技术体系。它根据土壤肥力和作物生长状况的空间差异,调节对作物的投入,在对耕地和作物长势进行定量的实时诊断、充分了解大田生产力的空间变异的基础上,以平衡地力、提高产量为目标,实施定位、定量的精准田间管理,实现高效利用各类农业资源和改善环境这一可持续发展目标。显然,实施精准农业不但可以最大限度提高农业现实生产力,而且是实现优质、高产、低耗和环保的可持续发展农业的有效途径。因而精准农业技术被认为是21世纪农业科技发展的前沿,是科技含量最高、集成综合性最强的现代农业生产管理技术之一。可以预言,它的应用实践和快速发展,将使人类充分挖掘农田最大的生产潜力、合理利用水肥资源、减少环境污染、大幅度提高农产品产量和品质成为可能。

五、精致农业

精致农业是一个综合性的农业体系,依托农业传统技术和科技进步,以生产高品质、高科技含量、高附加值的农产品为目标,以特色化布局、标准化生产、产业化经营为主要抓手,从而实现高质量、高效益、高水平的农业生产全过程。它的基础是高投入和高科技,它的核心是高标准化和高质量,它的特点是精和特,它的最终目标是高竞争力、高价格和高收益。在生产方式上,它要求精耕细作,以最少的投入和资源消耗获取最大的产出效益;在生产形态上,它要求高质量、高附加值、高商品率,满足市场对农产品及其加工品的质量要求;在生产过程中,它要求应用现代科学技术,对生产、加工、包装、流通等各环节实行标准化。精致农业是现代农业的重要实现形式,农业精致化过程,是农业各种生产要素优化配置的过程,是农业增长方式转变的过程,是提升农业经营素质和效益的过程。

六、数字农业

"数字农业"的英文是 digital agriculture,更确切的翻译应是"数字化农业"。最明显的例子是农业的电子商务、电子拍卖或互联网服务。"数字农业"应该包含以下两方面内容:第一,"数字农业"要求对农业各个方面(包括种植业、畜牧业、水产业、林业)的各种过程(生物的、环境的、经济的)全面实现数字化,各种农业过程都要应用二进制的数字(0、1)以及数学模型加以表达,也就是应用农业信息技术。第二,"数字农业"要求在农业的各个相关部门(生产、科研、教育、行政、流通、服务等)全面实现数字化与网络化管理。

七、蓝色农业

蓝色农业即海洋生物农业。这是一种对海洋水生、浮游生物的资源进行综合利用的特色农业。全世界海洋面积约占地球总面积的71%,因此蓝色农业开发潜力巨大。据山东省水产养殖研究所专家介绍,如果将近海自然生长的藻类植物加工成人类食物,其年产量相当于目前全世界小麦总产量的4倍左右;如果把海洋藻类植物和浮游生物开发加工成食物,可养活约300亿人,接近目前地球总人口的4倍。

八、有机农业

有机农业是指在动植物的生产过程中,不使用化学合成的农药、化肥、除草剂、生长调节剂、饲料添加剂等物质以及基因工程生物及其产物,而是遵循自然规律和生态学原理,采用一系列可持续发展的农业技术(包括在本系统内的作物秸秆还田及人畜禽粪尿经发酵腐熟后的利用、种植绿肥、选用抗性品种、合理耕作、轮作、多样化种植、采用生物和物理方法防治病虫草害等),协调种植业和养殖业的平衡,维持农业生态系统持续稳定的农业生产方式。

九、智慧农业

智慧农业是农业生产的高级阶段,是融新兴的互联网、移动互联网、云计算和物联网技术为一体,依托部署在农业生产现场的各种传感节点(环境温湿度、土壤水分、二氧化碳浓度、图像等)和无线通信网络实现农业生产环境的智能感知、智能预警、智能决策、智能分析、专家在线指导,为农业生产提供精准化种植、可视化管理、智能化决策。

十、转基因农业

转基因农业就是转基因技术在农业科研以及农产品种植、养殖过程中的应用。随着各种重要农作物基因组、微生物基因组、家禽家畜基因组和蛋白质组研究以及其他技术的进展与突破,转基因农业已成为整个农业产业最具活力的部分,同时也引起世界各国的广泛关注。尽管世界各国对转基因农业产品的最终上市以及转基因技术的物种应用范围的态度和限制各有不同,但各国在转基因基础研究领域丝毫不敢懈怠,纷纷将其列为最优先发展的高新技术产业之一。

美国是转基因技术应用最多的国家。根据农业农村部数据,目前美国已批准了22种转基因作物产业化,每年种植转基因作物11.3亿亩左右,占其耕地面积的40%以上,其中玉米、棉花、大豆、甜菜等转基因品种种植面积均超过90%。

璧山艺术赋能"空心村"成网红打卡地

艺术博物馆、美术馆、小剧场、咖啡馆……走进重庆市璧山区七塘镇莲花穴村落,眼前所见的建筑和业态,让人一瞬间会怀疑自己并非置身于乡村。但大面积的农田、古朴的农房,又让人相信,这确实是一个小村落。

周末接待游客1 000名左右,端午节小长假接待游客2 000余名,莲花穴无疑是近年来乡村旅游的热门"打卡地"。但就在3年前,这里还是一个非常典型的"空心"村落:20余名常住人口分散在8栋破烂不堪的土坯房里,还有许多房子因无人居住而破败不堪,环境卫生也脏、乱、差。

经过四川美术学院课题小组持续1年的前期摸底调查,并根据村民家庭实际情况分门别类对其原有房屋、环境进行策划、规划和设计后,2019年初,由璧山区七塘镇政府、四川美术学院、重庆市雕塑学会等机构共同打造的一个艺术乡建试点项目——莲花穴院落艺术活化项目正式启动。

一栋木架倒塌、杂草丛生的破败房屋,在保留土墙、修复木架结构后,整理出来的空间,成了一个美术馆。

在保留砖木结构、老土墙的基础上,一座老屋依靠钢结构的支撑,在保障安全的同时增添了几分现代气息,成为民宿。

村落中心凋敝的建筑也被改造修复,就势布局了咖啡厅、露天剧场等场地,不仅拾回了村落中心的历史记忆,也成了公共休闲空间。

莲花穴一天一个样,村民们也越看越喜欢。2021年,艺术家们干脆把重庆第二届雕塑大展"搬"到了莲花穴,200多件雕塑作品在这里展出,让不起眼的小村落瞬间变身艺术现场。

展出结束后,部分艺术作品也就此"留"在了莲花穴,如房屋墙壁上一只穿墙的猫、稻田里的飞机、窗户上扭曲的防护栏……让莲花穴越发具有艺术气息,也因此吸引了游客接踵而至。

得益于此,有村民如今在咖啡厅找到了工作,每月可收入3 000多元,村集体每月营收也稳定达到1万多元。更让艺术家们高兴的是,在项目的"熏陶"下,不少村民对美有了更高的追求。村民甘退学用一块玻璃板黏合在砖块上,自己动手制作出一张条凳。"这都是我自己想出来的。"她笑呵呵地说。

资料来源:栗园园.璧山艺术赋能"空心村"成网红打卡地[N].重庆日报,2022-06-17.

从本案例分析可看出以下几点。

(1) 农村绝不仅仅是农业,而是多种产业的复合体,这就是目前政府政策所倡导的乡村一二三产业融合发展,在第一产业农业基础上,衍生出建筑、旅游、产品加工、餐饮服务等行业,从而增加农民收入。

(2) 农业村落有很多古建筑可以挖掘,传统村落的有效整理,可实现村落环境整治和乡村文明治理,更好地发挥村落的社会功能,创造宜居、宜业、宜养的生活环境。

(3) 依托农业村落,依托特色地域环境,将农业农村空间与艺术结合起来,与旅游服务结合起来,与乡村乡愁结合起来,就会创造出适合自己的发展特色,发挥其经济功能和文化传承功能。

【复习思考题】

1. 农业的特点是什么？
2. 什么是现代农业？现代农业的基本特征是什么？
3. 什么是精准农业？
4. 什么是智慧农业？
5. 简要分析农业的贡献。
6. 简要分析乡村振兴战略的总体要求。
7. 结合实际论述农业多功能包括哪些方面。

【即测即练】

第二章

农村土地利用及其制度

本章学习目标

1. 把握土地使用权及其特征。
2. 把握地租和级差地租。
3. 掌握土地集约经营的类型。
4. 掌握土地适度规模经营的概念和政策导向。
5. 把握农地流转的概念和形式。
6. 把握农地流转的规范管理。

经营权入股唤醒撂荒地

在重庆市城口县双河乡天星村四社,连片的 30 余亩食用菌种植大棚内,十来个村民正在采摘新生出的香菇。这一片大棚由村里的艺农园专业合作社负责生产、经营,每天要雇用不少村民来采摘香菇。

"原来我家撂荒了 7 亩地。"60 多岁的脱贫户徐东定说,由于身体等原因,几年前他就不再种植那些零碎的土地,"没想到现在全成了种菌子的大棚。"

2019 年,村里建起专业合作社发展食用菌,需要流转土地。徐东定爽快地将 7 亩地流转出去,每年每亩有 300 元租金,流转期限为 10 年;土地经营权作价入股,他也成了合作社的"股东"。

这样,徐东定不仅每年可以获得租金,也可以获得分红,同时还可以在食用菌大棚内打工。

现在,每年 7 亩地能为他带来五六千元的收入。"现在地没有荒,人也有事干,多好哇!"徐东定很满意。

据了解,在撂荒地的利用中,大多由村集体经济组织实施。它们结合本村实际发展特色产业,并吸纳了大量村民就地务工,让撂荒地成为不少村民的务工地。

资料来源:龙帆.城口实施"三变"改革 经营权入股唤醒撂荒地[N].重庆日报,2021-05-23.

本案例包含以下几个方面的农业经济学问题。

(1) 土地制度。集体拥有土地所有权,农民具有土地使用权,土地所有权、使用权和经营权可以适当分离。

(2) 地租。农民凭借土地使用权可以索取一定生产剩余,也就是地租。

(3) 土地集约经营和规模经营。通过土地资源整理及合理配置,促进土地集约经营和规模经营,提高土地产出效益。

(4) 土地流转。股份合作形式是土地流转的一种重要形式,通过合理的流转机制,可兼顾各方利益,实现多方共赢。

第一节 农业土地资源

一、农业土地资源的概念

土地,在经济学上是指地球上的陆地和水域以及土壤、气候、地貌、岩石、水文、植被等一切自然条件。由于土地质量的差异性和用途的多样性,一个国家或地区的土地往往是千差万别的,但根据一定标准,可把土地分为各种类别。土地分类的标准有多种:按地形可分为山地、高原、丘陵、盆地、平原;按土壤质地可分为黏土、壤土、沙土等;按土地所有权的性质可分为国有、集体所有或私有(在我国目前无私有);按土地特征可分为耕地、森林、草地、内陆水域及其他土地等;按土地用途可分为农用地、非农用地及未利用土地等。

众所周知,我国是一个山地多、平原少的大国,根据自然资源部数据,其中,山地占33%,丘陵占10%,高原占26%,盆地占19%,平原只占12%。中国"地大物博",指的是国土辽阔、资源总量多,在许多方面居于世界前列。但是由于中国人口众多,按人口平均的资源占有量,绝大多数低于世界人均水平,所以中国自然资源有限性十分突出。

农业土地资源是农业生产的最基本生产要素,是指在农业(包括种植业、林业、牧业、渔业)生产中,为农业生物生长发育提供场所和主要营养来源的地面表层。农业土地资源主要由土壤、气候、地貌、岩石、水文等要素构成。

二、农业土地资源的特点

(1) 土地供给的稀缺性。农业土地资源总量和利用量的有限性决定了它在供给上的稀缺性。随着需求量的增加,这种稀缺性显著地表现出来。由于土地使用价值的特殊性,特别是土地的这种稀缺性,在商品经济和土地属于不同的所有者条件下,即使完全未投入人类劳动,土地的供给也是有价的,被当作有价之物进行交换。这种由资源的稀缺性所赋予的土地价值称作土地资源价值。随着人口增长和社会经济的发展,对土地的需求量越来越大,土地供给与需求之间的矛盾日益尖锐。土地供给的稀缺性,一方面表现为供给总量与需求总量的不平衡;另一方面表现为某些地区和某种用途的土地权属、地价、地租等经济关系和经济问题,它迫使人们珍惜土地、节约利用土地和集约经营土地。

(2) 土地利用的区位性。土地位置的差别造成其用途不同和生产力的差别,人们在利用土地时,必须根据土地自身的自然环境条件和所处的社会经济条件的适宜性进行区位选择,发展最合适的生产项目,以获取最大的经济效益。

(3) 土地利用方向变更的困难性。同一块土地往往有多种用途,一旦开发利用投入某项生产,要改变其利用方向则十分困难,还会造成巨大的经济损失。就农业用地来看,造成其用途改变困难的原因在于:一是农产品生产具有严格的季节性,土地利用方向无法在不适宜的季节中间改变;二是不同的农作物对土地质量有特殊要求,短期内迅速增加或减少适合某种农产品生产需要的土地是较为困难的。这就要求在确定土地的用途时,慎重考虑,做全面长远的规划,避免人、财、物的浪费和生态环境的破坏。土地利用方向变更的困难也决定了农产品供给价格弹性较小,农业生产不能迅速地适应市场价格的变动进行调整。

(4) 土地利用报酬递减的可能性。在一定面积的土地上,连续追加其他生产要素的投入,在达到一定阶段之前,产量会随着投入的增加而不断增加。但是当投入增加到一定数量之后,每增加一单位的投入所能新增加的产量会越来越少,这就是西方经济学中所称的土地报酬递减规律。

(5) 土地利用后果的社会性。各个生产部门对土地利用的后果,不只是影响本部门的经济效益,而且会影响到整个国家和社会的生态环境与经济效益。在农业生产中,如果土地利用不合理,破坏了土地所依存的生态循环和生态平衡,就会破坏土壤结构,使土壤肥力下降,出现严重的后果。为此,国家必须对土地进行必要的宏观管理。

(6) 性能质量的差异性和收益的级差性。由于农业土地资源位置、类型各不相同,所以其性能质量也存在明显的差异性。土地性能质量的差异性导致土地经济价值上的差异,进而引起土地收益的级差性,即等量资本投资投在不同土地上的生产率和收益不同。

三、我国农业土地资源利用

(一) 严守 18 亿亩耕地红线

国家自然资源部调查结果显示,2022 年底,我国耕地面积 19.14 亿亩,人均耕地面积只有 1.36 亩,不到世界平均水平的 40%。同时,我国耕地资源空间分布不均衡,总体质量不高,超过一半的耕地"靠天收"。2022 年 6 月 25 日是第 32 个全国"土地日",主题为"节约集约用地 严守耕地红线"。党的二十大报告指出:"牢牢守住十八亿亩耕地红线,逐步把永久基本农田全部建成高标准农田。"2022 年中央一号文件提出:"落实'长牙齿'的耕地保护硬措施。实行耕地保护党政同责,严守 18 亿亩耕地红线。"

2023 年、2022 年中央一号文件在耕地建设保护方面着墨较多,出台了一系列"长牙齿"的硬举措,归纳起来就是"保数量、提质量、管用途、挖潜力"。

(1) 保数量,就是严守 18 亿亩耕地红线。其重点是"三个定":一是定线,就是按照耕地和永久基本农田、生态保护红线、城镇开发边界的顺序,统筹划定落实三条控制线。二是定位。要足额带位置逐级分解下达耕地保有量和永久基本农田保护目标任务,哪块地是耕地、哪块地是永久基本农田都要落到具体的地块上,要做到清清楚楚、一目了然。三是定责。由中央与地方签订耕地保护目标责任书,并作为刚性指标,实行严格考核、一票否决、终身追责。

(2) 提质量,就是提高耕地质量。根据 2022 年中央一号文件精神和 2023 年农业农村部农田建设任务的通知要求,一是要抓高标准农田建设,2022 年我国建设 1 亿亩高标准农田,累计建成高效节水灌溉面积 4 亿亩,2023 年继续新建 4 500 万亩高标准农田。同时要加大中低产田改造力度,提升耕地的地力等级。按照《农业农村部关于推进高标准农田改造提升的指导意见》,2023—2030 年,全国年均改造提升 3 500 万亩高标准农田。二是要抓黑土地的保护,深入推进国家黑土地保护工程,实施黑土地保护性耕作 8 000 万亩。三是要加强耕地占补平衡的全程监管,确保补充耕地可以长期稳定利用,真正实现补充耕地的产能与所占耕地相当。

(3) 管用途,就是强化耕地的用途管制。一是对于耕地转为建设用地的,要严格地限制,加大执法监督力度,严厉查处违规违法占用耕地从事非农建设的行为。二是对于耕地转为其他农用地的,要严格地管控。三是对于耕地种植用途,要严格落实利用的优先序。耕地主要用于粮食和棉、油、糖、蔬菜等农产品以及饲草饲料的生产,永久基本农田重点用于粮食生产,高标准农田原则上全部用于粮食生产。

(4) 挖潜力,就是挖掘潜力增加耕地。要支持将符合条件的盐碱地等后备资源适度有序地开发为耕地,对于一些具备开发条件的空闲地、废弃地,可以在保护生态环境的基础上,探索发展设施农业,破解耕地、光热等资源的约束。

(二) 精打细算把握耕地种植用途管控

地上种什么、不种什么,多种什么、少种什么,必须精打细算,要有一个优先序的安排,按照农业农村部要求,概括起来就是三点原则。

(1) 耕地 18 亿亩也好,19.14 亿亩也好,主要用于粮棉油糖菜和饲草料的生产,用专业的话讲,就是一年生的禾本科作物,多年生的不行。

(2) 永久基本农田 15.46 亿亩,要重点用于粮食生产。

(3) 10 亿亩高标准农田,原则上要全部用于粮食生产。按照这个要求,完善法律法规,同时合情合理地把握耕地种植用途的管控问题。

第二节 农村土地制度

一、土地制度

(一) 土地制度的概念

土地制度的概念可以分为广义和狭义两种。广义的土地制度泛指与土地所有、土地使用、土地管理及土地利用技术等有关的一切制度。狭义的土地制度是指土地所有、使用与管理的土地经济制度及相应的土地法权制度。一般意义上的土地制度均是指狭义的土地制度,本书所指的概念也是如此。

土地制度包括土地经济制度和相应的土地法权制度。土地经济制度是人们在一定的社会制度下,在土地利用关系中形成的土地关系总和;土地法权制度是人们在土地利用中形成的土地关系的法权体现。土地经济制度是土地法权制度形成的基础,土地经济制度决定土地法权制度;而土地法权制度又反过来具有反映、确认、保护、规范和强化土地经济制度的功能。所以说,土地经济制度与土地法权制度是同一问题的两个方面。

(二) 土地所有制

土地所有制是指人们在一定社会制度下拥有土地的经济形式。它是整个土地制度的核心,是土地关系的基础。土地所有权是土地所有制的法律体现形式,土地所有制是土地所有权的经济基础。土地所有权是土地所有者所拥有的受国家法律保护的对其所有的土地占有、使用、收益和处分并具有排除他人非法干涉的权利,其主体是土地所有者,客体是土地。

土地所有权有以下基本属性:第一,土地所有权的绝对性。这仅仅是与债权相对而言的。债权的行使必须以债务人的积极协助为条件,而土地所有权与一切财产所有权一样,不需要他人的协助即可实现。第二,土地所有权行使的排他性。排他性即法学上的独占性,这意味着其他人不得干涉土地所有者行使土地所有权。第三,土地所有权权能构成的充分性(全面性)。这意味着土地所有权是一种充分的、全面的物权,包括占有、使用、收益和处分等全部权利。第四,土地所有权权能组成的可分离性和可复归性。土地所有权所包括的土地各项权能在一般情况下是统一的,归属于一个主体,但在特定情况下,这些组成部分可以与土地所有权相分离,土地所有者可以取得一定的补偿,或限定使用期限,所有权不会丧失,可以复归所有者。

(三) 土地使用权制度

土地使用权制度是对土地使用的程序、条件和形式的规定,是土地制度的另一个重要组成部分。土地使用权是指依法对一定土地占有、使用并取得部分土地收益的权利,是土地所有权的权能之一,是土地使用制度的法律表现形式。

土地使用权是土地所有权派生出来的土地权能的一个重要组成部分,它具有以下特征:第一,土地使用权的派生性和独立性。土地使用权是由土地所有权派生出来的一种权利。它不仅包括占有、使用、收益等权能,而且包括部分处分权,从而具有相对的独立性。第二,土地使用权的依法从属性。土地使用权的发生以土地所有人行使所有权为前提,其存续受所有权的制约。第三,土地使用权的直接支配性。土地使用权是直接附属于土地的,因而,土地使用权人能够直接占有和使用该物。而且土地使用权的直接支配性,还使土地使用者拥有排他的权利,即排斥他人在无其他法律依据并未经使用权人许可的条件下对土地实施占有、使用、收益和处分等行为。第四,土地使用权的可转让性。土地使用权人不仅可以自行支配土地,而且可以依法将土地使用权转让给他人。在土地所有者与土地使用者分离时,土地使用权实际上就是土地使用者从土地所有者手中分得一部分土地产权。第五,土地使用权的有期限性。法律规定土地使用权的年限表明,土地使用权人所拥有的土地使用年限并非是无限的,在特殊情况下,土地所有人可以依法收回。

在任何一个社会，只要存在土地所有权，土地使用权就不是自由和任意的。在土地所有权和使用权分离的情况下，土地所有者和土地使用者都要按照一定的规范来确定双方的权利与义务。而这种经济行为又受到国家政权的干预、调节和必要的限制。

二、我国农村土地制度变化及现状

我国农村土地制度从1949年以来，先后经历了土地改革、农业合作化、人民公社以及家庭承包责任制等形式，逐步建立了现在的农村土地制度形式。其过程大致可以分为以下几个阶段。

第一阶段从1949年到1952年，为土地改革阶段。针对当时农村土地分配严重不均的情况，开展了土地改革运动，没收、征收地主和富农阶级的土地，无偿分配给无地、少地农民，把封建土地所有制改为农民土地所有制。

土地改革在确立中国的农村土地归农民所有的同时，也将一些林地和城市郊区的土地划归国有，形成了农村土地国有与农民所有并存的制度。作为国有的农村土地，在以后的改革中基本上没有改变其所有制，而农村土地的农民所有制则发生了一系列变化。

第二阶段从1953年到1957年，为开展农业合作化运动阶段。国家对个体农民经济进行社会主义改造，逐步将农民土地私有制改变为农业生产合作社集体所有制。中国农业合作化运动是分为相互联系的三步进行的，因而土地是逐步由农民个人所有转变为合作社集体所有的。第一步，建立农业生产合作组，即在土地和其他生产资料私有制与分散经营的基础上实行劳动互助；第二步，建立初级农业生产合作社，即在土地和其他生产资料私有制的条件下，实行土地入股，统一经营，集中经营，集中劳动，统一分配，合作社给予土地和其他生产资料一定的报酬；第三步，建立高级合作社，即在土地等基本生产资料公有制的基础上，实行统一经营、统一分配。高级社取消了土地报酬，农民个人所有的土地无偿转归农业生产合作社所有。

第三阶段从1958年至1978年，为人民公社阶段。土地由农业生产合作社集体所有制变为人民公社所有制。1958年8月，中共中央在北戴河召开的政治局扩大会议上，通过了《中共中央关于在农村建立人民公社问题的决议》，决定在全国农村普遍建立政社合一的人民公社，并提出扩大公社规模，在并社过程中自留地、零星果树等都将逐步"自然地变为公有"。会议后，短短的一个多月内，全国农村除西藏自治区外基本上实现了人民公社化，社员自留地等全部收归公有。至此，个体农民土地私有制宣告结束。

1959年2月27日到3月5日，中共中央在郑州举行了以解决人民公社所有制和纠正"共产风"问题为主题的政治局扩大会议，会议起草了《关于人民公社管理体制的若干规定（草案）》，规定人民公社实行"三级所有，队为基础"的体制，从而确定了我国农村土地以生产队为基本所有单位的制度，并且恢复了社员的自留地制度。1960年11月3日，中共中央发出了《关于农村人民公社当前政策问题的紧急指示信》（简称"十二条"），要求各地彻底纠正"一平二调"的"共产风"以及浮夸风、命令风、干部特殊化风和瞎指挥风，允许社员经营少量自留地和小规模的家庭副业，恢复农村集市贸易。1966年，"文化大革命"开始后，自留地又被当作资本主义尾巴割掉了。

第四阶段从1978年至今,通过土地家庭承包制度,进一步明确农村土地的集体所有制。家庭承包制的实质是将农地的使用权均分到农户,通过劳动努力与获得剩余直接挂钩的形式,形成激励机制,提高农民生产积极性。家庭承包经营从耕地开始承包,然后扩大至林地、草地等农地资源。1978年开始的家庭承包经营制规定第一轮土地承包期为15年;1993年以后,进一步明确,在原定的承包期基础上,再延长30年不变。2008年,党的十七届三中全会进一步明确农民土地承包经营权长久不变,并强调完善农地管理制度,鼓励土地承包经营权流转。党的十九大报告进一步指出:"保持土地承包关系稳定并长久不变,第二轮土地承包到期后再延长三十年。"

经过多年的变革和调整,我国当前的农村土地制度有以下几个特点:第一,土地所有权主体特定性。土地只能是国家所有和农村集体经济组织所有。第二,土地所有权交易的限制性。土地所有权不能进行交易,能够进行交易的只是土地使用权等权能。第三,土地使用权的相对独立性。土地的承包经营权实际上就是一种土地使用权。《中华人民共和国农村土地承包法》(以下简称《农村土地承包法》)明确规定土地承包经营权可以流转,并且受到保护。

第三节 地价与地租

一、土地价格

土地价格是为购买土地而支付的用货币表示的交换价值,是土地未来地租的资本化。地租是土地所有者凭借土地所有权占有的生产经营者创造的部分剩余价值(超额利润)。无论什么社会,土地所有者把土地交给他人使用时都必须取得一定数量的地租。土地是自然物,不是劳动产品,因而无价值。但在商品经济条件下,土地可以像其他商品一样进行买卖,因而也有价格。土地价格与地租额成正比,与利息率成反比,用公式表示为

$$土地价格 = \frac{地租额}{利息率}$$

土地市场价格的形成主要是由土地供求状况决定的。当土地供不应求时,地价上涨;当土地供过于求时,地价下跌。土地价格在总体上随着供求关系的变化而变化。

在实践中影响土地价格变动的主要因素有如下方面。

(1) 地理位置。一般说来,土地与正效应因素(如商业中心)距离越近,地价就越高;反之,则越低。土地与负效应因素(如污染源)距离越远,地价就越高;反之,则越低。

(2) 自然环境。自然环境包括生态状况、土质、地质、地势、水文、风向等。这些条件越好,地价就越高;反之,则越低。

(3) 基础设施。基础设施包括交通、水、电等基础设施和医院、学校等公用服务设施。这些设施投资,有的含于土地中,直接影响地价;有的则通过影响周围环境而间接影响地价。

(4) 社会因素。社会因素包括居民素质、社会治安、人地比例等。

(5) 一般因素。一般因素包括土地制度、城市规划、城市性质及宏观区位、土地利用计划、土地相关政策、人口状态、经济发展状况等,它们对地价的总体水平产生影响。

土地价格总的变化趋势如下。

(1) 随着社会经济发展水平特别是第二、三产业发展水平的提高和城市化的迅猛发展及人们生活水平的提高,土地价格总体上呈不断上升趋势。

(2) 土地价格的上升不是直线的,而是在一定时期内上下浮动,呈现周期性变动特征。这主要是国民经济周期性变动和政府调节的影响所致。

(3) 各地区的自然、社会政治条件不同,经济发展水平各不相同,因而土地价格变动具有明显的地域差异性。

二、地租

地租是土地所有者凭借土地所有权将土地转给他人使用而获得的收入,它是土地所有权借以实现的经济形式。从不同的角度可以将地租分为多种类型。下面重点介绍绝对地租和级差地租。

(一) 绝对地租

绝对地租是土地所有者凭借对土地所有权的垄断而取得的地租,它是农业劳动者所创造的农产品价值超过生产价格的余额。

在资本主义经济中,由于农业的资本有机构成总体上低于工业和社会平均资本有机构成,等量资本在农业中比在工业中能带来更多的剩余价值,加之农业中土地所有权的垄断,阻碍着社会资本自由转入农业,这就使农业中较多的剩余价值得以保留下来,不参加社会的利润平均化过程,即农产品不按社会生产价格出售,而按高于生产价格的价值出售,由此形成超额利润,被土地所有者占有便成为绝对地租。可见,农业劳动者创造的剩余价值是形成地租的源泉;农业资本有机构成低于社会平均资本有机构成,是形成绝对地租的基本条件;土地所有者的垄断,是形成绝对地租的根本原因。

在社会主义市场经济条件下,土地为国家和农业各集体经济单位所垄断,农业的资本有机构成总体上低于工业的资本有机构成,因此仍然存在绝对地租。社会主义市场经济中的绝对地租,是国家和集体掌握的经济杠杆,正确使用这一杠杆,可以促进土地资源的合理利用。

(二) 级差地租

级差地租是等量资本投入条件较优(包括土地肥沃程度较高或地理位置较好)的土地上,或者生产率不同的各个资本连续投入同一块土地上而产生的超额利润。前者叫作级差地租Ⅰ,后者叫作级差地租Ⅱ。

级差地租Ⅰ与级差地租Ⅱ,虽然有不同的表现形式,但二者在实质上是一致的,它们都是农产品个别生产价格与社会生产价格的差额所形成的超额利润。在二者的关系上,级差地租Ⅱ要以级差地租Ⅰ为前提和基础。这是因为,从历史上看,级差地租Ⅰ的产生先于级差地租Ⅱ;而且,从一定时期的运动看,级差地租Ⅰ也是级差地租Ⅱ的出发点,级差地租Ⅱ可以转化为级差地租Ⅰ。但二者也是有区别的,主要表现在如下方面。

(1) 形成的条件不同。级差地租Ⅰ是等量资本投在不同条件土地上的生产率不同而产生的超额利润；级差地租Ⅱ则是在相同条件的土地上追加投资的生产率不同而产生的超额利润。

(2) 占有方式不同。级差地租Ⅰ在订立土地租约时，就规定完全为土地所有者占有；级差地租Ⅱ是在租约期内由租地农场主追加投资形成的，归农场主所有。当租约期满后，因追加投资而形成的肥力，已和土地自然结合在一起，土地所有者在订立新的租约时，通过加租把这部分地租据为己有。

(3) 最低投资额不同。级差地租Ⅰ一般与粗放经营相联系，最低投资限额低；而级差地租Ⅱ则一般与集约经营相联系，所需投资的限额较高。

级差地租是一定自然、社会、经济条件的产物，土地肥沃程度和地理位置好坏不同，是级差地租形成的自然物质条件；土地特别是优等地和中等地数量的有限性，引起土地占有和经营的垄断，是级差地租产生的社会原因；农业集约经营的水平和效果不同，是级差地租产生的经济原因。

级差地租的形成虽然与自然力有关，但并非纯粹自然的恩赐，级差地租归根到底是劳动者的劳动创造的。因此，社会主义市场经济中的级差地租，其分配应主要归为改善土地条件、提高土地肥力而投入劳动的劳动者所有。

在我国农村土地实行家庭承包经营的条件下，农户家庭承包前土地的肥力是过去集体经营的结果，由此而产生的级差地租Ⅰ应主要归集体所有，家庭在确定土地承包关系时，根据土地的优劣规定承包任务和提留比例，实现对这部分级差地租的占有。土地承包关系确定后，承包者在使用土地的过程中，通过追加投入、改善土地条件、提高土地肥力而产生的级差地租Ⅱ，应主要归承包者所有，集体不得因此而增加提留任务。在集体调整土地承包关系或者农户间转包土地时，如果原来的承包者在承包土地期间，由于追加活劳动和物化劳动的投入，改良了土壤，提高了土地的生产能力，应由集体或新的承包者在经济上对原来的承包者给予补偿。

我国级差地租的分配，还要考虑国家在级差地租形成中的重要作用。国家进行农业基本建设投资，改善农村交通运输条件，发展农业科学技术和农业教育，为农业提供良种和其他优质农业生产资料等，对级差地租的形成起了重要作用。因此，国家通过税收、价格干预等形式，适当提取部分级差地租是合理的。国家掌握这部分收入后，将增加对农业的投资，进一步改善农业生产条件，促进农业生产的发展。

第四节 农业土地集约和适度规模经营

一、土地集约经营

对土地的利用方式有两种，即粗放经营和集约经营。粗放经营是指在技术水平较低的条件下，在一定面积的土地上投入较少的生产资料和活劳动，进行粗耕粗作，广种薄收，主要靠扩大农田面积来增加农产品产量及收入的经营方式。集约经营与之相反，是指在一定土地面积上投入较多的生产资料和活劳动，应用先进农业技术装备和技术措施，进行精耕细作，主要依靠提高土地生产率来增加农产品产量和收入的经营方式。在实际中，人们常说的农业集约经营主要指土地集约经营。

(一) 土地集约经营的类型

根据投入生产要素密集程度不同,土地集约经营可分为以下三种类型。

(1) 劳动集约型。劳动集约型指在单位面积土地上投入较多的劳动去获得较多的产量和收入的方式。它具有劳动直接创造价值、所需货币成本低、效益高、易实行等特点,比较适合像中国这样农业剩余劳动力数量较多的国家采用。其内容既可以是投入较多的劳动力实行精耕细作,加强生产管理,提高复种指数和土地利用率;也可以是增加劳动投入进行农业基本建设,兴修农田水利,改良土壤,提高土地质量,改善土地利用条件。

(2) 技术集约型。技术集约型指通过采用较多的先进技术在单位面积土地上获得较高产出和收入的方式。技术集约又分为基础技术集约、应用技术集约和管理技术集约等。基础技术集约既包括农业基础技术如遗传育种、生物工程等投入的增加,也包括对农民进行的技术知识和理论培训等智力投资活动的增加;应用技术集约则指采用更多的先进实用技术,直接提高农产品质量和产量,降低生产消耗,如选种、育苗、施肥、灌溉、综合防治病虫害等技术投入的增加;管理技术集约是采用先进的经营管理制度和方法,改善土地经营的组织,加强经济核算,节约成本支出,在一定面积土地上获得较高的经营效益。

(3) 资金集约型。资金集约型指通过在单位面积土地上投入较多的生产资料,更多地使用物化劳动而提高产出和收入的方式。它通常适合在经济比较发达、农业投资较为宽裕、农业劳动力工资水平较高的条件下采用。

(二) 提高中国土地集约经营水平的途径

中国土地集约经营水平的提高,应当从中国的实际情况出发,有区别、有步骤、有重点地进行。现阶段,首先应充分利用中国丰富的农业劳动力资源,实行集约经营。其次要积极采用现有的技术与资源,进行技术改造,逐步实行资金集约。根据中国实际,提高中国土地集约经营水平主要有以下几种途径。

(1) 加大资金投入,提高农业技术装备水平,改善农业生产条件。其主要措施有:第一,实行农业机械化、电气化,以及用其他先进农业技术装备农业。第二,搞好农业基本建设,包括平整土地、修筑梯田、改良土壤、兴修农田水利设施等。这是合理利用土地资源、提高集约化水平和土地生产率的途径,也是扩大农用地、提高土地利用率的有效办法。

(2) 广泛应用现代农业科学技术,进一步提高土地生产率。如普遍采用良种,增加每亩使用化肥和有机肥数量,不断提高肥料的质量。用现代技术防治病虫害和杂草,合理密植,改进耕作方法和耕作制度等。

(3) 扩大复种面积,提高复种指数。在同一块耕地上,一年内种植和收获一次以上的作物叫复种,这样使用的土地面积叫作复种面积。在中国的气候条件下,大部分地区的耕地都可以做到两年三熟或者更多,但目前利用并不充分。因此,因地制宜地创造条件扩大复种面积、提高复种指数就成为中国开展土地集约经营的一条主要途径。

(4) 搞好经营管理,提高农业整体素质。其主要措施有:第一,对农业生产结构进行战略性调整,建立农、林、牧、渔密切结合的农业结构;不断提高需要投入较多的劳动、技术、资金等生产要素的经济作物、畜牧业、农产品加工等在生产结构中的比重。第二,逐步实现农业的区域化种植和专业化生产。第三,改革与完善农村经济政策,特别是土地制度,进一步调动农民积极性。第四,改善经营管理,讲究经济效果。

二、土地适度规模经营

土地适度规模经营是指根据农业生产发展的客观要求和社会、经济、技术、自然条件的可能,将土地生产要素适当集中使用,从而获得最大经济效益的经营方式;更简单地说,是指在最适宜的土地面积上的经营。当某一土地面积的经营能获得最佳经济效益时,这一土地面积即为适度规模经营。从世界农业发展的实践来看,这种经营方式或早或晚都要实行,是一种带有普遍性的经济现象,它反映了在市场经济条件下,农业和农村经济发展的客观规律与必然趋势。

党的二十大报告指出:"发展农业适度规模经营。"实行土地适度规模经营,对中国来说具有重要意义。实行土地适度规模经营有利于更充分合理地利用农业机器设备,采用先进农业科学技术和先进经营管理方法,提高农业劳动生产率,降低农产品成本,进而提高农产品的市场竞争力和农业经济效益。

坚持农村土地集体所有,实现所有权、承包权、经营权三权分置,引导土地经营权有序流转,坚持家庭经营的基础性地位,积极培育新型经营主体,发展多种形式的适度规模经营,巩固和完善农村基本经营制度。

(一)土地适度规模经营基本原则

(1)坚持农村土地集体所有权,稳定农户承包权,放活土地经营权,以家庭承包经营为基础,推进家庭经营、集体经营、合作经营、企业经营等多种经营方式共同发展。

(2)坚持以改革为动力,充分发挥农民首创精神,鼓励创新,支持基层先行先试,靠改革破解发展难题。

(3)坚持依法、自愿、有偿,以农民为主体,政府扶持引导,市场配置资源,土地经营权流转不得违背承包农户意愿,不得损害农民权益,不得改变土地用途,不得破坏农业综合生产能力和农业生态环境。

(4)坚持经营规模适度,既要注重扩大土地经营规模,又要防止土地过度集中,兼顾效率与公平,不断提高劳动生产率、土地产出率和资源利用率,确保农地农用,重点支持发展粮食规模化生产。

(二)土地规模经营推进方式

归结起来,土地规模经营的推进方式主要有以下几种。

1. 现代农业加工企业带动下的农业适度规模化

采用现代工业化的生产经营管理手段,以农产品为原料进行加工、生产的工业化农业经济组织,即农业加工企业。通常达到适度规模化的目标有四条途径:一是依靠分散的面广量大的小规模农户生产供应。但这种生产不利于标准化,不利于质量控制。二是在企业制定生产技术与质量技术标准的基础上,通过企业与农户或生产基地签订合同的形式,落实生产原料的生产、供应数量、质量以及其他事宜。三是企业自身直接建立原料生产基地,或通过租赁土地,或通过征收土地,或通过土地等生产要素入股等方式来实现。这最有利于原料产品质量控制,进而保证加工产品的质量。四是通过出口订单来解决。这种方式是外贸企业依据国外订单或合同数来指导国内基地生产。订单越大,生产基地规模就越大。

2. 农产品流通市场带动下的农业适度规模化

有形无形市场、实物虚拟市场既具有集中与配送的功能,又具有筛选信息指导生产的功能,还具有产业技术应用积聚和创新积累的功能。市场是中介,一头联系生产,一头联系消费者,一头联系创新应用。山东寿光的蔬菜产业规模化生产与经营就是在市场带动下的成功范例,形成了全国种苗、蔬菜产品、蔬菜生产、蔬菜技术、蔬菜文化、蔬菜生产资料、蔬菜物流配送、蔬菜包装业集散地等,形成了农业产业优势、技术优势、质量优势、竞争优势,进而形成强大的市场促进产业规模扩张的优势。

3. 农业外贸企业带动下的农业适度规模化

农业资源的特定区域性和稀缺性与消费的全球性和多样性的存在,使农产品的国际贸易成为客观的需求。农产品国际贸易的前提必须是提供符合出口消费国要求的品种和品质,这就要按照外贸企业的生产加工要求和生产技术标准生产加工农产品。出口的规模决定着生产规模,而且是统一标准和要求下的集中连片规模生产,如外资采取租借方式实现对农村土地的占有,引入国外先进的种植、养殖以及农产品深度加工技术,不但可以在短期内提高农产品的科技含量和质量指标,通过机械化、规模化生产降低生产成本,而且可以借助其成熟的市场渠道,逐步实现外资食品加工企业和餐饮业的国内原料配送。

4. 家庭农场或农业大户带动下的农业适度规模化

家庭农场或农业大户是有别于普通农业生产经营户规模、方式和效益的经营农业种、养、加、销、服等农业生产项目的农户。家庭农场或农业大户所具有的要素配置能力、生产经营能力、市场开拓能力、扩张能力、辐射能力等都比一般农户或小型农业生产经营者强,尤其是在工业化、城市化、现代化促进下的农民非农化进程加快,使农业结构发生重大变化的情况下,相当一部分农业生产项目已由过去的分散农户生产经营逐步被农业规模家庭农场或农业大户所取代。如农村的蔬菜生产、生猪生产、家禽生产、水产品生产、特种高效经济作物生产等。

5. 农业合作经济组织带动下的农业适度规模化

简言之,农业合作经济组织主要是围绕某一产业或产品的经营服务,在章程的引导下,农民自愿投资入股、自主经营、自负盈亏的合作生产经营组织形态。一般其实体性强,内部联系比较紧密,具有产供销全过程服务的功能,对入股的农民除按股付息外,还按产品的购销量向其返还利润。这是目前推进农业规模化重要的组织形式和手段。

6. 农户土地股份合作下的农业适度规模化

中国实行的是双层经营的农业土地生产经营形式,集体土地使用权的市场化流转非法律制度化,是现行农业土地流转与重新整合的法律制度性的约束。然而随着城市化的推进,农民身份非农化和农业现代化进程加快,以土地适度集中为基础、以现代企业制度为科学架构的土地股份合作制,必然成为现实与未来的发展趋势。

  7. 农业社会化服务下的农业适度规模化

  现代农业中出现的具有社会性质的农机跨区作业服务、农业病虫害统测统防技术服务、农业生产资料供应服务、农产品购销经纪人服务、土地托管服务、农产品公司委托农户代养代种等服务与生产,均是按照成本效益理论与市场供求理论从传统的农业生产经营环节中剥离出来的,而且同时使自身服务规模与服务对象生产规模得到扩大的农业社会化服务,都是农业生产经营自身的一种服务性或生产性外包。

  8. 政府典型引导与扶持下的农业适度规模化

  政府推动农业适度规模化经营的作用方式关键是引导和扶持,着重体现在三个方面:一是对各级管理服务部门包括社团组织的引导,体现利益激励;二是对企业的引导,重在增强带动力,着眼于引导龙头企业带动规模种养业和农民增收;三是对广大农民的引导,重点是通过支持,增强他们规模经营的能力。发展高效农业的动力在市场,主体是农民,责任在政府,政府要稳定农业生产,保护农民基本利益,创造生产经营条件推动农业发展,通过政策引导扶持农业适度规模化经营。

三、土地适度规模经营的政策导向

  近年来,农业农村部会同有关部门指导各地认真贯彻落实中央决策部署和有关法律规定,发展多种形式的土地适度规模经营。

  一是引导农村土地经营权有序流转。2021年1月,农业农村部修订出台《农村土地经营权流转管理办法》,明确了做好土地经营权流转工作应当遵循的基本原则和具体要求,鼓励各地建立流转市场,为流转双方提供政策咨询、信息发布、合同签订、交易鉴证等服务;印发《农村土地经营权出租合同(示范文本)》和《农村土地经营权入股合同(示范文本)》,进一步规范农村土地经营权流转行为。

  二是培育新型农业经营主体。近年来,农业农村部积极采取有力举措,突出抓好农民合作社和家庭农场两类农业经营主体发展,支持新型农业经营主体开展粮食规模生产。2022年,农业农村部印发《农业农村部关于实施新型农业经营主体提升行动的通知》,引导支持新型农业经营主体高质量发展。

  三是加强农业社会化服务体系建设,促进服务带动型规模经营发展。"大国小农"是我国的基本国情农情,当前最现实、最有效的途径就是通过发展农业社会化服务,将先进适用的品种、技术、装备和组织形式等现代生产要素有效导入小农户生产,促进小农户和现代农业发展有机衔接。2021年7月,农业农村部印发《农业农村部关于加快发展农业社会化服务的指导意见》,提出要大力培育服务主体,积极创新服务机制,发展多元化、多层次、多类型的农业社会化服务,促进服务带动型规模经营快速发展。同时,鼓励集体经济组织为承包农户开展多种形式的生产服务,通过统一服务降低生产成本、提高生产效率。

第五节 农地流转

《中共中央 国务院关于做好2023年全面推进乡村振兴重点工作的意见》(以下简称"2023年中央一号文件")指出:"引导土地经营权有序流转,发展农业适度规模经营。"2021年,农业农村部颁发了《农村土地经营权流转管理办法》,鼓励支持多种方式流转土地,规范流转程序和流转管理。

近年来,各地高度重视农村土地经营权流转工作,在各级政府的大力支持和推动下,完善支持政策,创新农地流转形式,搭建服务平台,强化规范管理,使我国农地流转呈现快速发展的良好势头。截至2022年6月,根据农业农村部数据,全国已有1 474个县(市、区)建立流转市场,2.2万个乡镇建立流转服务中心,全国家庭承包耕地土地经营权流转面积超过5.32亿亩。

一、农地流转的内涵

从理论方面来看,农村土地的流转包括两个方面,即土地归属关系的流转和土地利用关系的流转。其中,土地归属关系的流转主要是指土地所有权关系的流转,如土地买卖、土地赠予、土地征收等。而土地利用关系的流转主要是指以土地所有权关系不变为前提条件,在土地利用主体之间实现土地利用关系的转变,这些转变包括土地出租、承包地的转包等方面。

土地承包经营权是我国特有的一项用益物权。所谓农地流转,主要是指农民依据《农村土地承包法》,对于土地承包经营权实施流出、转让等权利处置。流转农村土地承包经营权,具有一定的现实需求和客观内在原因,由于我国不能流转土地所有权,那么流转土地承包经营权,就可以实现农地资源的有效配置及合理利用,这也是一种必然性选择。《中华人民共和国民法典》(以下简称《民法典》)及《农村土地承包法》等相关法律条文中,都明确肯定了农民拥有流转土地承包经营权的权利。

二、农地流转的特征

(1) 仅限土地经营权流转。我国农村土地的性质为集体所有制,农民只具有土地承包经营权,而没有土地所有权,因此我国农村土地流转实现了三权分置,即土地所有权、使用权和经营权分置,农民仍然保留土地使用权,只是将经营权转移给其他生产经营者。

(2) 流转形式多样化。从近年农地流转情况看,流转形式呈现多样化的特点。从我国情况看,农村土地流转形式包括互换、土地股份合作、季节性出租、反租倒包、转包、租赁、土地信托等方式,转包和租赁仍是现阶段流转行为的主导。

(3) 流转主体多元化。从农村土地流转主体看,有专业大户,同时还有部分家庭农场、农业合作社、农业企业、集体统一经营及其他等,并且从利用方向看,都呈现出集约化、规模化的趋势。

(4) 流转步伐逐渐加快。近年来,我国农村土地流转速度不断加快。浙江海盐县深化土地流转机制改革,海盐县人民政府办公室印发《关于进一步健全农村土地经营权流转机制的意见》，促进全县土地规范有序流转。2021年，根据海盐县农业农村局统计，全县新增土地流转面积2 582亩，累计流转面积21.55万亩，土地流转率达77.97%，有效盘活了农村土地资源，实现为农增收。河南省新乡市峪河镇大力推进土地流转，发展现代农业，截至2022年4月，根据新乡市农业农村局统计，全镇共流转土地39 520亩，涉及5 125户，占全镇可流转耕地面积的60%，其中，12个村土地流转率达90%以上。

三、农地流转的主体

根据农业部门资料，除农户之间流转外，近年来一些专业大户、家庭农场、农民专业合作社、农业龙头企业、工商企业等规模经营主体也参与农地流转，并呈现逐步增加的趋势。

（一）专业大户

从各地情况看，专业大户是农地流转的重要主体，各地注重采取优惠政策，鼓励种植大户发展规模经营，促使土地向种田能手集中。专业大户长期从事农业生产经营，具有一定专业知识，有丰富的农业生产和市场营销经验。有些专业大户是农民专业合作社的带头人，拥有大型机械设备；有些农业大户有长期的市场营销背景，具有很强的组织能力。地方政府在提供土地流转优惠政策的同时，也注重对专业大户生产技能及营销技能的培训，使他们在流转农村土地方面具有较强的优势。同时，各地也积极支持专业大户利用代耕代种、农田信托等多种形式经营土地，使专业大户土地经营规模不断扩大。广西右江平果市坡造镇大力推进土地流转，土地承包经营权向种养大户和优势产业集中流转。截至2021年9月，根据平果市农业农村局数据，该镇已建成以2万亩种桑养蚕脱贫奔康产业园、2 000亩香蕉脱贫奔康就业园、40万羽林下养鸡脱贫奔康创业园、3 000亩土地提质改造升级等为主体的土地流转规模化经营示范基地。据平果市政府统计，2021年以来，该镇土地流转达4万余亩，占全镇耕地的80%，流转费用达500万元，涉及农户600余户。

（二）家庭农场

在浙江、上海等经济发达地区，家庭农场发展迅速，成为推进农地流转、发展现代农业的重要力量。总体上看，家庭农场与专业大户相比，有更严格的规范和要求，特别是家庭农场一般都是从事优质、高效农业经营，要求具备一定的经营规模，有一定的年龄条件限制，并且要在市场监督管理部门注册。同时，政府推出优惠政策，鼓励农村土地向家庭农场集中，促进土地规模经营。海盐县农业农村局数据显示，到2022年10月，全县共有工商注册家庭农场1 450家，总经营面积15.07万亩，总收入5.52亿元，涵盖全县农业主导产业。

从浙江省家庭农场经营类型看，现在有种植型、种加结合型、种养结合型、养加结合型、种养加结合型几种类型，相当一批家庭农场是从粮食种植大户转变而来，以粮食种植为主，同时有相当多的家庭农场从事蔬菜水果种植，面向优质、高效农业。多数家庭农场相对经营规模较小，没有加工能力，主要还是依托龙头企业或专业合作社，采取订单农业等形式，销售初级产品。一些相对规模较大的家庭农场从事农产品加工，但多数是粗加工，还有一些是种养结合型。从一些相对规模较大的家庭农场调查情况看，种植型及种加结合型相对比例较大。

(三) 农民专业合作社

近年来,全国各地以农地流转为手段,以农业规模化、基地化、产业化为主线,积极培育和壮大主导产业,探索出依托农民专业合作社、加速土地流转、实现多方共赢的发展思路。

农民把承包地交给各类农民专业合作社托管,或以土地入股合作社,探索土地入股流转和股份合作发展规模经营,不仅有利于农作物良种、新技术、大型机械的推广运用,农民在获得土地流转收入的同时,还能获取相应的务工收入。根据农业农村部典型经验介绍,天津旺达农机服务专业合作社在上级部门的支持下,开展了土地托管服务,由合作社和农户签订合同,承担全部种粮生产环节。这样一来,托管农田的农户可以专心外出务工。2021年,该合作社承担了1.8万亩农田托管服务,农户和合作社实现"双赢"。

从实际情况看,土地流转型股份合作社主要有以下两种类型:第一,单纯土地入股型股份合作社。一般由农民单一土地入股组建合作社,合作社以入股土地为经营对象,统一对外租赁或发包,取得的收益按农户土地入股份额分配。入股土地既可以是农户承包耕地,也可以是集体非农建设用地。单纯土地入股型股份合作社可以以村民小组为单位组建,也可以以村为单位或跨社区组建。第二,土地入股参与经营开发型股份合作社。以土地入股形式参与开发经营,又可以划分为两种形式:一种是由农民承包土地入股组建土地股份合作社,而后由合作社将土地资源折股作价参与股份制企业的经营,合作社通过参股获得收益,按农民入股土地份额分配合作社收益;另一种是农民以承包土地入股,并吸收资金、技术等参股,联合建立股份合作社,实行统一经营,农民按入股土地所占股份参与分配。

(四) 农业龙头企业

农业龙头企业是农地流转的重要动力,也一直是政府支持的重点。多年来,通过"龙头企业+农户""龙头企业+合作社+农户"等形式,整合农村土地承包经营权,推进农地流转,实现规模经营,保障农业龙头企业原料供应的数量和质量。而农业龙头企业则依托基地,带动专业大户,在推广农产品生产技术、改善农业生产管理、促进农产品市场流通、提高农产品价格及增加农民收益方面发挥了积极的作用。例如,根据新渝报消息,重庆酉阳县花田乡张家村探索"龙头企业+村集体经济组织+农户"的模式,大力发展生态茶叶产业,带动当地农户务工200余人。2022年,张家村集体经济组织联合社与酉阳县桑竹农业开发有限责任公司签订劳务承包协议,承包村里4 800多亩茶叶的管护权,管护总费用200余万元,村集体经济组织可增加30万元收入。

农业龙头企业流转土地的形式主要有以下几种:第一,租赁、反租倒包。龙头企业投资建立农业生产基地,采取统一集约经营,或采取"基地+农户"形式,以现代农业操作模式,实现规模效益。第二,股份制或股份合作制。龙头企业与农户建立利益联结机制,农户以土地参股,龙头企业以资本、技术、管理参股,龙头企业实行统一经营管理,农民获得土地租金、劳务收益及股份分红,龙头企业和农民实现双赢。第三,"龙头企业+合作社+农户"。"龙头企业+合作社+农户"形式是农地流转一种较好的模式选择,它能够把龙头企业的市场优势及专业合作社的组织优势有效结合起来,可以兼顾农户和龙头企业双方的利益,借助专业合作社的组织优势,提升农民在市场中的地位,增强农民抗风险能力,确保农民的合理权益。同时,龙头企业借助合作社的力量,将农户组织起来,有序流转农户承包土地,减少了组织管理成本,保障了原料的稳定供应和可靠质量。目前,这种模式普遍存在,在专业合作社较弱、缺乏加工能力的条件下,可以选用这种模式,将农户有效组织起来,构建产加销一体化的产业组织体系,实现农业规模经营。

(五)工商企业

农业比较效益较高,加上政府优惠的支持政策,吸引了大量工商资本投入现代农业中来。工商企业具有雄厚的资金实力,具备良好的市场营销和管理优势,工商企业与土地结合起来,工商企业、农户与流转土地建立新型的合作关系,就会使工商资本产生明显的经济效益,使工商资本、农户都获得预期的经济回报。原本热衷于在城市经营的工商资本,近年来开始向农村发展。不少工商资本下乡兴办企业,与农民建立紧密利益联结机制,促进了农民就业增收。根据达州市新闻联播消息,开江县创新"稻田+"产业发展模式,加快促进农村一二三产业融合发展。到2021年12月,四川省开江县引进新农商大平台作为产业运营商,负责园区效益单元开发、新型农业经营主体培育和社会化服务体系建设。同时通过资本入股、作价入股和土地入股等方式,整合各类要素资源,组建开发公司,引进四川缘满集团有限公司、中国中化集团有限公司、马鞍山牧牛湖水产品有限公司等企业5家,投资12.3亿元,参与园区开发建设。

工商企业凭借其雄厚的资本及营销网络,加上集中流转的家庭承包耕地资源,会使土地资源获得最佳的产出效果。工商企业投资农业,特别是把发展工业的理念引入现代农业,采用办工业的思路和方法来改造与嫁接传统农业,不仅可以提升农业产业层次和水平,并且可以使企业迸发出无限的生机与活力。从实际情况看,工商企业主要通过以下两种形式流转土地:第一,创建现代农业园区。工商企业投资农业,通过建设科技园区、示范基地,积聚生产要素,综合开发农业资源,将农业的产品产出、休闲、观光、教育等功能融为一体,促进农业的社会化生产,提高了农业经营效益和产出水平。第二,"农户流转土地+工商企业投资+股份化经营"。工商企业借助其雄厚的资本实力,重组乡村各类农业生产要素,通过反租倒包、租赁农民承包土地、土地折价入股等方式,采用公司或股份经营模式,实行统一经营管理,实施产加销一体化策略,从事高效生态农业开发。

四、农地流转形式

(一)转包

转包发生在农村集体经济组织内部成员之间,转包人从土地承包权人获得经营使用土地的权利,获取承包土地的收益,并支付转包费用。

(二)出租

出租是将承包来的土地经营权租赁给本集体经济组织以外的经营户或企业。

(三)互换

承包方之间为了方便耕作或各自需要,对属于同一集体经济组织的地块进行交换,交换相应的土地承包经营权。

(四) 转让

转让就是承包土地的农户将全部或部分土地承包经营权让渡给其他从事农业生产经营的农户,由其行使和履行相应的土地承包合同的权利和义务,转让后原土地承包关系自行终止,原承包方承包期内的土地承包经营权全部或部分消失。以转让方式流转承包地的,原则上应在本集体经济组织成员之间进行,且需经发包方同意。

(五) 土地托管

土地托管就是农民将承包土地委托给合作社或其他龙头企业,由它们负责土地生产管理和运营过程,既可以是全托管型,也可以是部分托管型。全托管型是产前、产中、产后的"一条龙"服务模式,合作社或其他龙头企业收取服务费,在合同里注明各项附属条件,并向农户保证达到定额的产量或收益。同时,还可以就农业生产的某个环节或过程实行托管,如耕种、灌溉、收割过程。

(六) 土地入股

土地入股就是农民用承包土地折价入股合作社或农业龙头企业,农民凭借入股土地和股份份额获得土地保底租金,参与股份分红,与合作社或农业龙头企业形成利益共享、风险共担关系。同时,农民还可以在入股企业务工,获取相应的劳务收入。

五、农地流转的实践模式创新

(一) 城乡双置换模式

城乡双置换模式以城乡用地统筹、社会保障统筹为基本特征,在快速发展的城市化地区较为常见,是未来推进城镇化农地流转的主要形式。城乡双置换模式的核心是农民在依法、自愿的基础上,农村宅基地向城镇房产转换,并用土地承包经营权置换社会保障。土地承包经营权置换完成,即可参照当地失地农民社会保障体系标准按照年龄段的不同纳入城镇职工保障体系,同时享受城镇居民基本医疗保险待遇。这其中根据宅基地和承包地是否同时置换又有细微差别。浙江嘉兴的"两分两换"模式即是将宅基地和承包地分开、搬迁与土地流转分开,该模式以宅基地置换为核心,推动承包地的置换,同时又保持这两种置换之间的独立性;而江苏无锡的"双置换"模式则是需要同时进行宅基地和承包地的置换。

(二) 股份合作社模式

股份合作社模式的核心为集体资产、集体土地确权后,将每户农民的承包地、宅基地等资产股份化进行统一流转,形成以土地为纽带的紧密经济联合体。在我国各地的土地流转实践中,股份合作社模式又有多种差异,形成了成都温江区及双流区、扬州、苏州等各地迥异的发展模式。例如,扬州土地股份合作社在农民土地入股的基础上,采取三种类型的经营模式：其一是内股外租型。农民将自家承包的部分土地承包经营权入股建社，合作社将集中成片的土地，委托村委会承租给农业龙头企业或种养业规模经营大户，农民依据股权份额享受土地租金。其二是自主经营型。合作社将农民入股的土地，按农业生产发展需要，集中规划布局，由合作社统一经营，收益分配是保底实物分配加逐年递增的红利分配。其三是联合经营型。土地股份合作社与农产品加工企业或专业合作社联合，以项目或园区建设为纽带，其成员参与生产、加工与流通，形成利益共享、风险共担的经营机制。收益分配是保底收益加红利分配。

（三）农村土地信托模式

农村土地信托模式，指的是在坚持土地集体所有和保障农民承包权的前提下，由政府出资设立的信托机构接受农民委托，按照土地使用权市场化的需求，通过规范的程序，将土地经营权在一定期限内依法、自愿、有偿转让给其他公民或法人进行农业开发经营活动。农村土地信托流转，本质上既是一种土地使用权财产管理的制度安排，也是一种土地承包人与受托人之间权利义务的法律关系，其核心为政府搭台下的土地流转服务体系建设。通过建立政府平台上的土地流转服务网络，使大户安心经营、农户放心委托、流转规范有序。土地信托的成功取决于建立一套完整的服务体系并提供完善的服务内容。例如，益阳的土地信托流转，以政府平台上的信托公司为基础，成立农机、农技、劳务服务公司，为农业专业经营者提供社会化服务。通过这些服务公司来连接市场、大户和农民。而绍兴市柯桥区则建立了区、镇、村三级服务体系。区设立土地信托服务中心，设在区经营管理总站内，负责土地信托服务的日常工作，并相应建立区土地信托协调领导小组，由区政府分管农业的副区长任组长。镇设立土地信托服务站，负责辖区内土地信托服务。村的土地信托服务由村经济合作社承担。土地信托服务体系所提供的服务内容主要包括三个方面：一是土地流转前的土地使用权供求登记和信息发布；二是土地流转中的中介协调和指导鉴证；三是土地流转后的跟踪服务和纠纷调解。

六、加强农地流转的规范管理

（一）健全土地承包经营权登记制度

建立健全承包合同取得权利、登记记载权利、证书证明权利的土地承包经营权登记制度，是稳定农村土地承包关系、促进土地经营权流转、发展适度规模经营的重要基础性工作。完善承包合同，健全登记簿，颁发权属证书，强化土地承包经营权物权保护，为开展土地流转、调处土地纠纷、完善补贴政策、进行征地补偿和抵押担保提供重要依据。土地承包经营权确权登记原则上确权到户到地，在尊重农民意愿的前提下，也可以确权确股不确地。

（二）完善土地流转价格形成机制

发挥市场在土地流转中的基础作用，提倡采用协商、投标等方式或按谷物实物折价、粮食成本收益、物价指数调节流转价格、承包年限逐年递增、农用地定级估价的基准地价等办法合理确定土地流转价格。探索建立土地流转价格评估制度，由县（市、区）土地流转服务组织定期公布土地流转指导价。

（三）严格规范土地流转行为

土地承包经营权属于农民家庭，土地是否流转、价格如何确定、形式如何选择，应由承包农户自主决定，流转收益应归承包农户所有。流转期限应由流转双方在法律规定的范围内协商确定。没有农户的书面委托，农村基层组织无权以任何方式决定流转农户的承包地，更不能以少数服从多数的名义，将整村整组农户承包地集中对外招商经营。

（四）加强土地流转管理和服务

加快发展多种形式的土地经营权流转市场。依托农村经营管理机构健全土地流转服务平台，完善县、乡、村三级服务和管理网络，建立土地流转监测制度，为流转双方提供信息发布、政策咨询等服务。引导承包农户与流入方签订书面流转合同，并使用统一的省级合同示范文本。依法保护流入方的土地经营权益，流转合同到期后流入方可在同等条件下优先续约。加强农村土地承包经营纠纷调解仲裁体系建设，健全纠纷调处机制，妥善化解土地承包经营流转纠纷。

（五）加强土地流转用途管制

坚持最严格的耕地保护制度，切实保护基本农田。严禁借土地流转之名违规搞非农建设。严禁在流转农地上建设或变相建设旅游度假村、高尔夫球场、别墅、私人会所等。严禁占用基本农田挖塘栽树及其他毁坏种植条件的行为。利用规划和标准引导设施农业发展，强化设施农用地的用途监管。采取措施保证流转土地用于农业生产，可以通过停发粮食直接补贴、良种补贴、农资综合补贴等办法遏制撂荒耕地的行为。

第六节 农村土地制度改革的进展和创新模式选择

一、当前农村土地制度改革的进展

党的二十大报告指出："深化农村土地制度改革，赋予农民更加充分的财产权益。"目前，我国农村土地改革主要集中在农村承包地、集体经营性建设用地和宅基地这"三块地"上，这"三块地"的改革进展是不同的。

一是农村承包地完成了从"两权分离"到"三权分置"的改革，为农业农村现代化的推进打下了坚实基础。中央适应时代发展的需要，把原先的"土地所有权"与"土地承包经营权"的"两权分离"深化为"三权分置"，2018年修订的《农村土地承包法》从法律上确立了农村承包地"三权分置"制度，这是我国农村改革的又一次重大创新。农村承包地确权登记颁证工作从2014年开始，历时5年基本完成。据农业农村部统计，截至2020年，全国农村承包地确权登记颁证超过96%，2亿农户领到了土地承包经营权证。确权颁证是农村土地"三权分置"的具体实现形式，稳定了农民和各类经营主体预期，促进了农村土地流转及适度规模经营，满足了改革发展的需要。

二是农村集体经营性建设用地入市的制度障碍已经消除。从2013年起,国家启动实施了农村综合改革标准化试点工作;2015年起,中央启动了对农村土地征收、集体经营性建设用地入市、宅基地改革的三项改革试点,中共中央办公厅和国务院办公厅联合印发了《关于农村土地征收、集体经营性建设用地入市、宅基地制度改革试点工作的意见》,此后,农业农村部等部门先后分四批在全国范围内开展了农村集体产权制度改革试点。试点改革取得了一些成效和经验,新修订的相关法规政策也体现了部分试点的经验措施,其中重要的一项改革措施是:2019年修订的《中华人民共和国土地管理法》取消了多年来集体建设用地不能直接进入市场流转的二元体制,消除了农村集体经营性建设用地入市的制度障碍等。2022年中央一号文件指出:"稳妥有序推进农村集体经营性建设用地入市。"2023年中央一号文件指出:"深化农村集体经营性建设用地入市试点。"国务院《"十四五"推进农业农村现代化规划》指出:"在符合国土空间规划、用途管制和依法取得的前提下,积极探索实施农村集体经营性建设用地入市制度,明确农村集体经营性建设用地入市范围、主体和权能。严格管控集体经营性建设用地入市用途。允许农村集体在农民自愿前提下,依法把有偿收回的闲置宅基地、废弃的集体公益性建设用地转变为集体经营性建设用地入市。"

三是农村宅基地改革进行了许多积极探索。2023年中央一号文件提出:"稳慎推进农村宅基地制度改革试点,切实摸清底数,加快房地一体宅基地确权登记颁证,加强规范管理,妥善化解历史遗留问题,探索宅基地'三权分置'有效实现形式。"随着中国经济社会快速发展,宅基地的功能定位正在从"居住保障"转化为"居住保障中谋求财产功能"。为适应新形势的变化,不少地区进行了以谋求财产功能及改善居住条件为导向的探索,一些农民通过出租、共享宅基地等形式获利。这种"共享农房"既能使农村居民改善居住条件、获得收益,也能满足城市居民度假居住等需求,是一种较为有效的合作共享方式,但是这种合作是有条件的,一般是在自然条件比较优越的少部分地区才能够实现。农村宅基地"退出权"改革虽然一直在进行积极的试点,但由于补偿资金、承接主体等方面的约束,改革还未取得实质性突破。

四是合村并镇和"小田变大田"改革取得了积极进展。2023年中央一号文件提出:"规范优化乡村地区行政区划设置,严禁违背农民意愿撤并村庄、搞大社区。推进以乡镇为单元的全域土地综合整治。""总结地方'小田并大田'等经验,探索在农民自愿前提下,结合农田建设、土地整治逐步解决细碎化问题。"2023年合村并镇试点地区包括吉林、黑龙江、辽宁、河南、河北、山东6个省份,并且大规模展开。通过合村并镇,解决耕地抛荒、人口流失、农村空心化问题,也是实现农村土地资源合理利用的有效途径。同时,各地结合高标准农田建设实际,积极探索"小田变大田"改革。2023年3月,安徽省印发了《安徽省"小田变大田"改革试点工作实施方案》,要求2023—2025年,每年新增"小田变大田"改造面积500万亩以上,到2025年,累计改造面积由1460万亩扩大到3000万亩。

二、农村土地制度创新的模式选择

上述机遇无疑为农村土地制度模式的创新提供了契机和推动力量。当然,农村土地制度模式的创新或变革不可能以孤立的、不加分析地与农村现实环境相割裂的方式进行,其创新应在我国特定的历史进程和社会环境下,围绕当前土地制度存在的主要问题,利用上述机遇,使农村土地制度向产权明晰、权责分明转变,实现土地有效流转,促进土地集约化、规模化经营,适应生产力发展要求,提高土地资源配置效率,增加土地收益,保障农民利益,具体来说就是使农村土地制度向资产化模式方向发展,使农村土地真正成为一项资产,使农民真正享有土地资产的所有权或财产权(财产使用权),增加农民的财产性收入,推进农业规模化经营,实现农民收益和农业收益的最大化。

(一)私有化模式

我国农村现行的土地产权"集体所有制",实际上属于"共有"产权制度,其本身也有一定的缺陷。尽管它可以做到"共同劳动,平均分配",达到分配的公平,但它束缚了生产力的发展,不能使农民富裕起来。要使农民富裕,发展农村商品经济,解放和发展农业生产力,提高农民生产的积极性,必须变革旧的土地产权关系,明晰土地产权的主体。"科斯定理"告诉我们,发展商品经济的前提条件是把各种资源的产权界定清楚,而我国现行的土地承包经营制度产权主体不明、权责不明,已成为农业经济发展的障碍。因此必须实现土地承包经营制度的改革和创新,明确界定土地的产权。从历史发展经验来看,可以把承包经营给农民的土地直接界定为农民的个人财产。将土地所有权划归农民,使土地作为一项资产固化在农民的手中,从而提升土地的价值,农民可以通过自由出售和租赁获取合理的财产性收入,从而获得进城的原始积累,加速农村劳动力向城市的转移。但土地资产的私有化与我国现行的社会主义公有制会形成直接的冲突,在我国各地发展不均衡的情况下,容易引发土地兼并和一些严重的社会问题,因此不适宜采用。

(二)资产量化模式

在坚持土地国家所有的前提下,以现有的农村经营承包责任制分配给农民的土地为基础,将土地产权一次性量化给农民或按照一定期限量化给农民,土地所有权由国家成立专门的土地管理部门或土地经营管理公司进行管理,农户永久性拥有或在规定期限内拥有对土地的占有、使用、处置及收益权,可以在市场上进行自由流转,使土地作为一项资产流动起来,进而使土地向种田能手集中,实现土地资源的优化配置,提高土地收益,同时也保障了现有农民的利益。对于量化给农民的土地,国家可成立专门的农村基层土地管理部门对其经营利用情况进行监督和管理,同时要明确其相应的使用土地的权利和义务以及对土地的继承、转让、出租、抵押及土地改变用途等进行管理。在具体量化时,可将土地一次性免费量化给农民,也可以按一定期限量化给农民,但期限不宜过短,可参考城市居民房产使用权那样规定为70年期限或规定一定期满可以续签并允许农民后代继承,允许农民像城市居民一样,对房产有自由出租、转让、抵押土地等权利,使农民获得财产性收入和土地收益。此种模式,较为符合我国社会主义公有制的实际,也有效保障了农民的利益,不致造成社会的不稳定,但从制度经济学上产权效率的角度来讲,明显不如私有化模式效率高。

(三)土地股份制模式

所谓土地股份制,就是在坚持土地集体所有的前提下,以现有的分配给农民个人的土地为依据,将其土地使用权作股,分给农民土地股份,把现在由集体所有按人平均分配土地的"均田制"转变为土地股份共有制,将收集的土地经过公开竞拍或投标,出让土地的实际使用权。竞拍得到土地使用权者在进行农业生产时要优先吸纳本村镇农民就业,农民可成为农业工人并获得工资,同时农民还可以在获得一份收益保障的情况下,安心进城务工,促进农村劳动力的转移和工业化的发展。而拥有土地股权的农民可以获得收益或分红,并拥有对土地实际使用者的选择权与监督权,以保障其自身利益。同时还可以根据农村人口增减情况,相应调节农民的土地股份,而不对土地进行调整,实现增人减人不动地,避免土地越分越小。分散化、零散化也不利于农业实现集约化、规模化生产经营的发展趋势,提高农业生产效率。土地股份制的运作与股份公司一样,可由拥有股份的村民成立股东大会,设立董事会,负责处理股份土地使用权的流转、确定股利分配方案、对土地的实际使用者进行监督。土地股份制符合市场经济的要求,把集体土地所有权的占用权、使用权、收益权进一步分开,土地由集体所有,收益权由具有承包经营权的农户享有。农民通过出让土地使用的财产权获得财产性收入,达到规模经营和提高农业效率的目的,实现土地资源的优化配置。

(四)永佃权模式

土地产权的清晰界定,可有效克服负外部性、降低交易成本、提高资源配置效率。但我国农村集体土地产权归集体所有,在对土地私有制、资产量化和股田制尚存在较多争议和缺陷的情况下,土地承包经营期限的确定无疑成为明晰产权、农民实现收益的关键。尽量延长土地承包经营期限,可以有效克服负外部性和农民的短期行为,增加对土地的投入,实现土地资源的有效配置。永佃权一般具有无限期、永久性、继承性和可转让性的特征,使永佃权人享有较为充分的物权,使农民对农地的使用、收益权大大扩展,并有法律保障,可以明晰和稳定农地产权,保护农民的土地利益,有利于土地的自由流转,提高农村土地的使用效率,促进联合经营或合作经营,加大农田基础建设和水利设施投资,使农地逐渐集中到种田能手手中,实现规模经济,使农民获得财产性收入,因此较符合我国农村实际,在推行上具有较大的优越性。

案例分析

雇个"田保姆"省心又增收

"去年我把240亩地托管给水稻合作社,到秋一算账,比往年自己打理多挣5万多元。"双鸭山市集贤县福利镇高丰村村民潘延福拿着刚刚签完的2022年土地托管合同,开心地和身边的人介绍着土地托管带来的好处。

平时不耽误打工,秋后不耽误收成。给土地找个"保姆",好处显而易见。在潘延福的带动下,高丰村34户村民也高高兴兴和高丰水稻合作社签订了土地托管合同。

"我们合作社目前托管土地面积达800亩,涉及90余户,现在越来越多的村民认识到了土地托管的好处,签约农户一年比一年多。"集贤县高丰水稻种植专业合作社理事长刘德辉说,土地集中托管后,通过农资联采直供、规模化机械化作业和订单预约,生产成本降低了;规模化连片种植,引进新品种、新技术,可增加产量;实施订单农业,粮食销售价格也比农户自己种地自己卖要高出一大截儿。

集贤县升昌镇永胜村村民高忠成2022年早早把土地托管到了永胜农机合作社。"岁数大了,自己种力气头儿不足,正犯愁呢。这回好了,雇个'田保姆',省心省力不说,收成还有保障。"高忠成说。与高忠成相比,村民樊相起土地托管的劲头更足。樊相起把土地托管到合作社的同时,自己还在合作社里当起了农机手。平时检修机器干零活月薪3 000元,农忙时一天能挣两三百元,一年下来可额外多挣四五万元。

资料来源:毛红娜,杨昕宇,潘宏宇.雇个"田保姆"省心又增收[N].黑龙江日报,2022-03-25.

从本案例分析可以看出以下几点。

(1) 土地托管是一种重要的农地流转形式,农民省心省力,获取预期收益,可以安心在外打工。

(2) 土地托管实现农业规模化经营,采用新技术、新品种,特别是采用先进、智慧型农业农机设备,从而大大提高农业生产效率。

(3) 农民把经营权交给合作社,而农民仍保有承包使用权,实现了"三权分置",放活了农地经营权,有效利用了农地资源。

【复习思考题】

1. 什么是土地使用权?它具有哪些特征?
2. 什么是地租和级差地租?
3. 什么是土地适度规模经营?
4. 什么是农地流转?
5. 简要分析土地集约经营的类型。
6. 简要分析土地适度规模经营的政策导向。
7. 简要分析农地流转形式。
8. 试论述如何加强农地流转的规范管理。

【即测即练】

第三章

农业经营制度

本章学习目标

1. 把握农业家庭承包经营的含义。
2. 把握改革开放以来农地政策演变的基本脉络。
3. 掌握"三权分置"下经营权最核心的权利内容。
4. 把握农户兼业的概念和现阶段农户兼业化的原因。
5. 把握新型职业农民的培育目标。

小岗村农民的创举

在中国国家博物馆里,收藏着藏品号为 GB 54563 的一纸契约,这就是广为人知的安徽省凤阳县梨园公社小岗村农民"包产到户"的"地下协议"。它作为中国当代史的珍贵文物被收藏。

小岗村属凤阳县,以前是地地道道的贫困地区,吃粮靠返销,花钱靠救济,生产靠贷款。1978 年安徽特大灾荒后,凤阳人"走四方"更是达到了高潮。小岗生产队共有 20 户人家(包括两户单身),共 115 人。在全县推行包工到组时被划分为两个组,麦子刚种齐,两个组就闹起来了,于是又划分为 4 个包干组,没干多少天,各组又出了新矛盾,后又划分为 8 个小组,每组两三户人家,基本上是父子或兄弟组,但仍矛盾重重、人心不齐。眼看春耕在即,于是有的社员说,要想有口饭吃,只有一家一户地干。1978 年 12 月 16 日(另一说是 12 日)夜,小岗生产队 18 户没有外出的农民(有 2 户外出)聚集在一间破屋里,由生产队副队长严宏昌主持召开了一次"分田单干"的秘密会议。严宏昌说:"如果大家答应我两个条件,我就同意这么干。第一,夏秋两季打的头场粮食,要先把国家的公粮和集体提留交齐,谁也不能当种子;第二,我们是明组暗户,瞒上不瞒下,不准对上级和队外任何人讲,谁讲谁就是与全村人为敌。"一位老农补充道:"我看再加一条,今后如果队长因为我们包干到户坐班房,他家的农活我们全队包,他的小孩全队人养到 18 岁。"大家异口同声表示同意。就这样,在众目睽睽之下,严宏昌执笔,神情极为严肃地写下了这纸契约。

值得一提的是,小岗村农民的"地下协议"正好签订在中共十一届三中全会召开前夕。

这不是巧合,而是说明了当时的"天下大势";同时也说明了小岗村"包产到户"能够获得成功的关键所在。从小岗村开始,引发了轰动全国乃至世界的家庭联产承包责任制。

资料来源:郑有贵.目标与路径:中国共产党"三农"理论与实践60年[M].长沙:湖南人民出版社,2009.

本案例包含以下几个方面的农业经济学问题。

(1)农业家庭承包经营的概念。在坚持土地等生产资料集体所有的前提下把土地承包给农户。

(2)农业家庭承包经营制度的优越性。农业家庭承包经营制度可以充分调动农民的积极性。

(3)农业经营体制创新。创新应按照明晰产权、优化资源配置的思路,保障农民主体地位。

所谓农业家庭经营,就是指以农民家庭为相对独立的生产经营单位,以家庭劳动力为主所从事的农业生产经营活动,因此又称其为农户经营或家庭农场经营。农业家庭承包经营,就是在坚持土地等生产资料集体所有的前提下把土地承包给农户,由农户家庭独立经营。

第一节 我国农业家庭承包经营

一、农业家庭承包经营体制的产生

实践证明,中国农村从合作化到集体化的演变,违背了社会经济发展规律,不符合农业的产业特点。实行"政社合一""三级所有、队为基础"的农村人民公社制度,严重地阻碍了农业生产力的发展。农民没有经营自主权,市场不能发挥配置资源的基础性作用,结果农业不仅不能满足社会经济发展的需要,而且农民的自我生存也难以保障。根据经济日报"党史中的经济档案",到20世纪80年代初,大约有2.5亿农民食不果腹,处于绝对贫困的状态,其他农民也并不富裕。这种情况迫使农民在当时政治制度所不允许的情况下实施农业微观经济体制改革。①

(一)家庭承包经营的萌发阶段

1978年秋到1980年9月是家庭承包经营的萌发阶段。1978年秋,安徽省部分地区率先恢复包产到组、包产到户责任制,揭开了中国农业体制改革的序幕。1978年底中国共产党十一届三中全会到1979年9月十一届四中全会,围绕农业生产责任制展开了赞成和反对两种思想的争论。理论的模糊与政策不明确并没有妨碍这种制度的推进。据统计,到1980年3月,全国实行不联产的各种包工责任制的核算单位,占到全国生产队总数的55.7%,包产到组的占全国生产队总数的28%,从安徽、四川、贵州、云南、广东几省发展到全国。①

---

① 李秉龙《农业经济学》。

(二)家庭承包经营的全面发展阶段

1980年9月到1981年底是家庭承包经营的全面发展阶段。1980年9月,中共中央下发了75号文件,即《关于进一步加强和完善农业生产责任制的几个问题》,这是中央召开的省、区、市"一把手"座谈会的会议纪要,在包产到户问题上指出,在那些边远山区和贫困落后的地区,群众对集体丧失信心,因而应当支持群众包产到户的要求,既可以包产到组,也可以包产到户。在一般地区,已实行包产到户的,如群众不要求改变,就应允许继续实行。该纪要为包产到户正了名。全国各地又开始了一次巨大而深刻的变革,多种形式的联产责任制迅速发展。据1981年10月统计,全国农村基本核算单位建立的各种责任制形式已占97.7%,其中,包产到户占10.9%、包干到户占39.1%。[①]

(三)家庭承包经营的确立阶段

1982年春到1984年初是家庭承包经营的确立阶段。1982年1月,中共中央批转《全国农村工作会议纪要》,该文件指出:"目前实行的各种责任制,包括小段包工定额计酬,专业承包联产计酬,联产到劳,包产到户、到组,包干到户、到组,等等,都是社会主义集体经济的生产责任制。"政策上的肯定,使包产到户、包干到户在联产责任制中的比重在1982年底达到了78.7%。1983年1月,中共中央在当年的一号文件《当前农村经济政策的若干问题》中进一步肯定了包产到户责任制,并宣布了对人民公社体制进行改革。1983年10月,中共中央、国务院发布了《中共中央 国务院关于实行政社分开、建立乡政府的通知》。到1983年底,全国实行联产承包的队数达到586.3万个,占生产队总数的99.5%。[①]中共中央在《中共中央关于一九八四年农村工作的通知》(简称"1984年中央一号文件")中提出了土地承包期一般应在15年以上,生产周期长和开发性的项目可以更长一些,打消了农民担心政策会变的顾虑。1984年底,家庭承包经营在全国全面铺开,农业生产取得了前所未有的增长。

1992年,中国正式提出了建立社会主义市场经济体制。1993年,全国人大常委会制定了农业法,在法律层面肯定了农业家庭承包经营;同年,国家将这一经营体制写进了宪法:农村集体经济组织实行家庭承包为基础、统分结合的双层经营体制。到1999年底,全国除了第一轮承包尚未到期外,基本上完成了承包工作,承包期至少30年不变。2002年,全国人大常委会通过了《农村土地承包法》,对农业家庭承包中以农地为核心的一系列问题作出更为详细的法律规定。2008年党的十七届三中全会明确提出农民土地承包经营权长期不变,进一步完善了土地承包经营权制度。党的十九大报告进一步明确指出:"保持土地承包关系稳定并长久不变,第二轮土地承包到期后再延长三十年。"

二、家庭承包经营与统分结合的双层经营体制

家庭承包经营是农业经营体制的基础,是中国农村集体经济组织内部的一个经营层次,家庭承包经营与集体统一经营是相互依存的统一整体。党的二十大报告指出:"巩固

[①] 李秉龙《农业经济学》。

和完善农村基本经营制度,发展新型农村集体经济。"1978年至今,我国农村改革已经历了40多年。废除人民公社制度,实行以家庭承包经营为基础、统分结合的双层经营体制,并把这一体制确立为农村基本经营制度,是农村改革40多年来最重要的制度成果。

(1) 统分结合双层经营体制的确立。把以家庭承包经营为基础、统分结合的双层经营体制确立为农村基本经营制度,大体是在实行家庭联产承包责任制之后。1986年1月,《中共中央、国务院关于一九八六年农村工作的部署》中提出:"地区性合作经济组织,应当进一步完善统一经营与分散经营相结合的双层经营体制。"1991年11月党的十三届八中全会通过的《中共中央关于进一步加强农业和农村工作的决定》(以下简称《决定》)首次明确提出:"把以家庭联产承包为主的责任制、统分结合的双层经营体制,作为我国乡村集体经济组织的一项基本制度长期稳定下来,并不断充实完善。"1998年10月党的十五届三中全会通过的《中共中央关于农业和农村工作若干重大问题的决定》提出:"长期稳定以家庭承包经营为基础、统分结合的双层经营体制。"1999年3月第九届全国人民代表大会第二次会议通过的《中华人民共和国宪法修正案》规定:"农村集体经济组织实行家庭承包经营为基础、统分结合的双层经营体制。"至此,农村基本经营制度得到确立。

(2) 统分结合双层经营体制的充实和完善。自实行家庭联产承包责任制、确立双层经营体制为农村基本经营制度后,这一制度在稳定中不断得到充实和完善,主要表现为两个方面。

一是延长土地承包期,赋予农民更加充分而有保障的土地承包经营权。2008年10月党的十七届三中全会通过的《中共中央关于推进农村改革发展若干重大问题的决定》提出:"赋予农民更加充分而有保障的土地承包经营权,现有土地承包关系要保持稳定并长久不变",并要求"搞好农村土地确权、登记、颁证工作"。

二是完善双层经营,创新农业经营体制机制。《决定》提出,完善双层经营体制,包括完善家庭承包经营和集体统一经营。"稳定和完善家庭承包经营,要认真完善土地和其他各业的承包合同管理,明确双方的权利、责任和义务"。"目前多数地方集体统一经营层次比较薄弱,要在稳定家庭承包经营的基础上,逐步充实集体统一经营的内容。一家一户办不了、办不好、办起来不合算的事,乡村集体经济组织要根据群众要求努力去办"。并提出"积极发展农业社会化服务体系""逐步壮大集体经济实力"。2008年10月党的十七届三中全会通过的《中共中央关于推进农村改革发展若干重大问题的决定》提出:"推进农业经营体制机制创新,加快农业经营方式转变。家庭经营要向采用先进科技和生产手段的方向转变,增加技术、资本等生产要素投入,着力提高集约化水平;统一经营要向发展农户联合与合作,形成多元化、多层次、多形式经营服务体系的方向转变,发展集体经济、增强集体组织服务功能,培育农民新型合作组织,发展各种农业社会化服务组织,鼓励龙头企业与农民建立紧密型利益联结机制,着力提高组织化程度"。并提出有条件的地方可以发展专业大户、家庭农场、农民专业合作社等规模经营主体。"两个转变"的提出,特别是统一经营由单一主体向多元主体转变,是对改革实践的科学总结,极大地完善和创新了双层经营体制。

(3) 党的十八大以来,农村改革进入全面深化的新阶段。农村经营体制创新取得了一系列新突破、新发展。其主要表现在如下五个方面。

一是稳定完善农村土地承包关系,健全土地承包经营权登记制度。党的二十大报告指出:"巩固和完善农村基本经营制度,深化农村土地制度改革。"党的十九大报告指出:"完善承包地'三权'分置制度。保持土地承包关系稳定并长久不变,第二轮土地承包到期后再延长三十年。"2014年11月中共中央办公厅、国务院办公厅印发的《关于引导农村土地经营权有序流转发展农业适度规模经营的意见》提出,建立健全土地承包经营权登记制度,是稳定农村土地承包关系、促进土地经营权流转、发展适度规模经营的重要基础性工作。"在稳步扩大试点的基础上,用5年左右时间基本完成土地承包经营权确权登记颁证工作,妥善解决农户承包地块面积不准、四至不清等问题"。截至2020年,全国农村承包地确权登记颁证超过96%,2亿农户领到了土地承包经营权证。

二是完善农村土地"三权分置"办法,加快搞活土地经营权。2016年10月中共中央办公厅、国务院办公厅印发《关于完善农村土地所有权承包权经营权分置办法的意见》,明确提出将土地承包经营权分为承包权和经营权,实行所有权、承包权、经营权"三权"分置并行,加快搞活土地经营权。2018年修订的《农村土地承包法》从法律上确立了农村承包地"三权分置"制度。这是继家庭联产承包责任制后农村改革又一重大制度创新,丰富了双层经营体制的内涵和党的"三农"理论,为优化配置土地资源、发展适度规模经营、促进农业现代化开辟了新路径。

三是赋予土地承包经营权抵押、担保权能,开展农村承包土地的经营权抵押贷款试点。2013年11月党的十八届三中全会通过的《中共中央关于全面深化改革若干重大问题的决定》提出,在坚持和完善最严格的耕地保护制度前提下,赋予农民对承包地占有、使用、收益、流转及承包经营权抵押、担保权能。2015年8月,国务院印发《国务院关于开展农村承包土地的经营权和农民住房财产权抵押贷款试点的指导意见》,经全国人大常委会授权,在农村改革试验区、现代农业示范区范围内的232个县(市、区)开展农村承包土地的经营权抵押贷款试点,试点期间暂停执行相关法律条款。2018年修订的《农村土地承包法》第47条规定:"承包方可以用承包地的土地经营权向金融机构融资担保,并向发包方备案。受让方通过流转取得的土地经营权,经承包方书面同意并向发包方备案,可以向金融机构融资担保。"

四是培育新型经营主体,构建新型农业经营体系。2017年5月,中共中央办公厅、国务院办公厅印发《关于加快构建政策体系培育新型农业经营主体的意见》,提出:"构建框架完整、措施精准、机制有效的政策支持体系,不断提升新型农业经营主体适应市场能力和带动农民增收致富能力。"党的十九大报告指出:"构建现代农业产业体系、生产体系、经营体系,完善农业支持保护制度,发展多种形式适度规模经营,培育新型农业经营主体。"国务院《"十四五"推进农业农村现代化规划》指出:"实施家庭农场培育计划,把农业规模经营户培育成有活力的家庭农场。完善家庭农场名录制度。实施农民合作社规范提升行动,支持农民合作社联合社加快发展。"2022年《农业农村部关于实施新型农业经营主体提升行动的通知》提出:"突出抓好农民合作社和家庭农场两类农业经营主体发展,着力完善基础制度、加强能力建设、深化对接服务、健全指导体系,推动由数量增长向量质并举转变。"

五是稳步推进农村集体产权制度改革,探索形成农村集体经济新的实现形式和运行机制。2016年12月，中共中央、国务院印发《中共中央 国务院关于稳步推进农村集体产权制度改革的意见》，对推进这项改革进行了全面部署，明确提出以推进集体经营性资产改革为重点任务、以发展股份合作等多种形式的合作与联合为导向，用5年左右时间基本完成这项改革。农业农村部等部门先后部署5批试点，覆盖全国涉农县市区。截至2021年，改革阶段性任务已基本完成，全国共建立乡村组各级农村集体经济组织约96万个。2020年通过的《民法典》以法律的形式明确农村集体经济组织为一类特别法人，依法取得法人资格。为落实中央决策部署，农业农村部联合有关部门印发《农业农村部 中国人民银行 国家市场监督管理总局关于开展农村集体经济组织登记赋码工作的通知》，向农村集体经济组织发放登记证书，并赋统一社会信用代码。这一重大改革的推出，对于坚持中国特色社会主义道路、完善农村基本经营制度、增强集体经济发展活力、引领农民逐步实现共同富裕具有深远历史意义。

第二节 我国农村实行家庭承包经营的必然性

我国农民首创的土地家庭承包经营责任制，充分调动了农民的生产积极性，成为推动我国农业和农村经济快速高效发展的根本性动力，极大地解放了农村生产力，带动了整个城乡经济的大发展，启动了我国由计划经济体制转向社会主义市场经济体制的全面改革。从近年来农村土地家庭承包的实践来看，目前我国农村推行的土地家庭承包经营制度是适应社会主义初级阶段基本国情的，有利于农村生产力的进一步发展，且仍具有旺盛的活力。因此，必须长久地坚持稳定和完善土地家庭承包制度。

一、家庭承包经营符合农村生产力发展的要求

中国农业在一定程度上还要"靠天吃饭"，在绝大多数地区还是以手工劳动为主。这种不发达的状况，在相当长的时期内难以有较大的改观。在这样的生产力水平下，发挥劳动者的主观能动性和生产积极性，对于搞好农业生产具有更为重要的意义。而发挥劳动者的主观能动性和生产积极性要靠生产关系来调节。在生产资料所有制的性质确定之后，决定生产关系的重要因素就是在生产过程中处理好人与人的关系和劳动成果的分配关系。在以手工劳动为主的农业生产中，劳动者一般不受生产工具的监督。人民公社时期的集体劳动无法保证每个劳动者都能尽心尽力地工作，不可避免地导致"出工不出力"现象的发生。这种情况，主要是在当时的生产力水平下，农业搞集中劳动与农村实际具有的生产水平不相适应，管理手段达不到准确考核劳动者付出多少劳动的水平。过去也搞了劳动定额、搞了评工记分，但由于农业劳动的实际效果一般总是要等最终成果出来后才能评定，生产过程中的定额和工分往往很难准确评价劳动者付出劳动的真实情况，结果是出了工不能保证真出了力、有了数量不能保证有质量，这样无形中会导致奖懒罚勤的现象出现，客观上鼓励了"出工不出力"的行为。从根本上说，这确实是一个生产关系与生产力发展水平不相适应的问题。这种不相适应，不是土地的集体所有制导致的，而是农业生产过程中存在管理问题，即生产过程中人与人的关系和劳动成果的分配有问题。这两个问题解决不好，农民当然没有积极性。家庭承包经营可以比较好地解决对劳动的监督和计

量问题,使全体家庭成员付出的劳动与获得的最终成果直接挂钩,每一天、每一个生产环节上付出的劳动,都决定着最终的收成,一分耕耘,一分收获。这样,减少了管理者和被管理者之间的矛盾,能比较准确地体现按劳分配的原则,充分发挥农民的主观能动性和生产积极性。因此,这是农村生产关系的一个重大改革。

二、家庭承包经营符合农业生产自身的特殊规律

农业的劳动对象是有着自己生命活动规律的动植物,大多生长在自然环境中,而自然界的变化,如降水、气温、光照等,往往具有很大的不确定性,对动植物的生长产生各种不同的影响。因而,农业的经营决策,要考虑各种经济因素,更要考虑各种自然因素,及时作出生产决策,才有可能最大限度地减少损失,达到预期的经营效果。这就要求农业的经营决策者随时随地了解生产现场的实际情况,决策的过程尽可能减少层次和环节,及时作出快速反应。而家庭经营的决策方式,恰好符合农业生产的这种特殊要求。家庭经营在生产的组织形式上同样符合农业生产的特殊性。由于动植物的生命活动是一个连续、不可逆的过程,每一个环节都不允许出任何差错,即使查出了问题也不可能返工。只有等到收获,才能根据产量来评价各个生产环节的综合情况。从这个角度看,家庭的经营规模是可以分割的,但农业的生产过程却很难被分割。只有让一个生产者负责农业生产的全过程,使他在各个生产环节付出的劳动与最终的产量挂钩,才可能准确地评价付出劳动的质和量,这样才能充分调动其积极性,否则就难以对其进行准确的监督和检查。

农业生产的生产时间与劳动时间不一致决定了必须让农民自主地安排劳动时间。作物的生长有一个自然过程,这个自然过程就是农业中一个周期的生产时间。农业中的劳动时间,只是作物生长过程中的某几个阶段,并不需要农民每时每刻都在地里耕作。也就是说,农业的生产时间要比劳动时间长得多。这两个时间之间的差别,就构成了农业劳动者的剩余劳动时间。在人民公社统一经营体制下,剩余劳动时间很难得到充分利用,造成了很大浪费。实行家庭承包经营后,家庭对劳动时间和劳动力的安排都有了充分的自主权。农户除了种好承包地之外,还可以大搞家庭副业、多种经营,并逐步发展起形式灵活多样的乡镇企业、开发式农业以及劳动输出等,从而实现向生产的广度和深度进军,明显增加农民的就业和收入。以上说明,农民在经营体制上普遍选择以家庭承包经营为基础的形式,绝不是偶然的,也正是由于这种形式符合农业生产自身的特殊规律,才具有普遍的适应性和旺盛的生命力。

三、家庭承包经营符合我国农民的愿望

家庭承包制是中国农民在生产实践中的伟大创新,是农民实践经验的总结和推广,它响应了中国农民发自内心的呼唤,符合农民的愿望和要求,因此,家庭承包经营具有牢固的群众基础。尽管在改革以后农业发展过程中,围绕农村人地关系,也曾出现各种各样的问题,但问题多是局部的和个别的,不影响实行家庭承包经营的主流。中央关于稳定家庭承包制的决策来自广大农民的社会实践,是应农民的强烈要求而及时作出的,代表着广大农民群众的心声。特别是中国共产党第十七届三中全会明确提出农村土地承包经营权长久不变的政策,更是广大农民的长久期盼和要求。该项政策的实施,有利于调动农民的生

产积极性;有利于农户对生产进行长远规划,克服短期行为;有利于增强农户对土地投入的自觉性;有利于农户加强农田水利建设,增强农业发展后劲。应在此基础上,完善农村土地管理制度,鼓励和支持农村土地承包经营权流转,推进农业规模经营,充分发挥土地资源的作用。

四、家庭承包经营具有广泛的适应性和旺盛的生命力

农业家庭经营的形式并非我国独创,无论是社会主义国家还是资本主义国家,无论是在古代还是在现代,大都采取了农业家庭经营的形式。从技术路线来看,家庭经营既适宜于以手工劳动为主的传统农业,亦适宜于以先进技术和生产手段为主的现代农业;既适宜于小规模农场,亦适宜于大规模农场。从历史和世界范围看,过去传统农业采用了家庭经营并取得了成功,而目前发达国家的现代农业也仍然主要采取家庭经营形式。从生产关系来看,农民的家庭经营方式并不构成一个生产关系的独立的历史范畴,它从属于一个社会主导生产关系,家庭经营既适宜于封建社会制度,也适宜于资本主义制度,同样适宜于社会主义制度。应当说,农民家庭经营方式在生产关系上是中性的,这既得到了历史的验证,也正在得到现实的检验。农业家庭经营具有广泛的适应性与旺盛的生命力。

改革开放以来我国农业的迅速发展,证明农业实行家庭承包经营是完全正确的选择。实行家庭联产承包责任制,农民获得了生产经营的自主权,使之从过去高度集中统一的管理体制中解脱出来,灵活、方便而有效地组织生产。这种经营权的转变具有划时代的意义,它从根本上解决了农业的发展动力问题,极大地解放了农业生产力,是农业生产持续、快速、健康发展的重要保证。农业实行家庭承包制后短短几年,我国农民就基本解决了旧体制下几十年没能解决的温饱问题。由于家庭承包经营活化了农村劳动资源,促进了农村的分工、分业和非农产业发展,不仅增加了农民收入,而且促进了农村工业化与农村城市化,整个农村经济呈现出一片繁荣景象。目前,绝大多数地区农村开始了向小康迈进的步伐。我国农业改革与发展的实践无不说明家庭承包经营是正确的选择。

第三节 改革开放以来农地政策演变的基本脉络

40多年来的农地政策经历了一个循序渐进的过程,大体可分为四个阶段。

第一阶段(1978—1983年):由人民公社体制内部的责任制到全国基本实行土地承包到户。1978年12月党的十一届三中全会以后,为了改变人民公社内部存在的"吃大锅饭"现象,促进农业和农村经济的发展,中共中央提出要在人民公社体制内部普遍实行生产责任制和定额计酬制。1978年12月召开的党的十一届三中全会提出了《中共中央关于加快农业发展若干问题的决定(草案)》,决定的基本精神是要稳定人民公社体制内部普遍实行的生产责任制和定额计酬制。

1980年9月,中共中央印发《关于进一步加强和完善农业生产责任制的几个问题》的通知,充分肯定了各种形式的生产责任制,并着重讨论了包产到户问题,指出:"对于包产到户应当区别不同地区、不同社队采取不同的方针。""在那些边远山区和贫困落后的地区,长期'吃粮靠返销,生产靠贷款,生活靠救济'的生产队,群众对集体丧失信心,因而要

求包产到户的,应当支持群众的要求,可以包产到户,也可以包干到户,并在一个较长的时间内保持稳定。"到 1981 年底,全国农村已有 90％以上的生产队建立了各种不同的农业生产责任制。① 与前几个文件相比,这个文件除了对包产到户的态度更宽容外,更为重要的是指出了包产到户可以在一个较长的时间内保持稳定。1982 年 1 月,中共中央批转的《全国农村工作会议纪要》宣布包产到户、包干到户正式成为社会主义集体经济的责任制,使发展包产到户和包干到户成为名正言顺的事,大大促进了包产到户和包干到户的发展。

1983 年 1 月中共中央关于印发《当前农村经济政策的若干问题》的通知指出:当前农村工作的主要任务,一是稳定和完善农业生产责任制,对于林业、开发荒山等都要抓紧建立联产承包责任制;二是实行政社分开。至此,原来的人民公社体制解体,代之以土地承包经营为核心内容的家庭联产承包经营责任制。到 1983 年,实行联产承包责任制的基本核算单位已上升到 99.5％,其中实行家庭联产承包责任制的占 98.3％。①

第二阶段(1984—1993 年):土地承包期延长到 15 年以上。第一阶段的重点是明确农村土地政策安排的大方向,即土地由原来集体所有、集体统一经营变为集体所有、农户承包经营,实现农地所有权和使用权分离。第一阶段涉及的都是些方向性的大问题,加之经验不足,各地在政策执行过程中引发了一些问题,最为突出的就是:①土地按人口或劳力均分;②承包期过短,一般为 2~3 年,土地调整频繁,农民缺乏稳定感,不敢对农地进行长期投入;③无承包合同或承包合同不健全。这些问题不解决,农村以土地承包经营为核心内容的家庭联产承包责任制就不可能稳定。为此,中共中央又先后出台了一系列具体的土地政策。1984 年 1 月,《中共中央关于一九八四年农村工作的通知》中指出:"土地承包期一般应在十五年以上。生产周期长的和开发性的项目,如果树、林木、荒山、荒地等,承包期应当更长一些。在延长承包期以前,群众有调整土地要求的,可以本着'大稳定,小调整'的原则,经过充分商量,由集体统一调整。""鼓励土地逐步向种田能手集中。社员在承包期内,因无力耕种或转营他业而要求不包或少包土地的,可以将土地交给集体统一安排,也可以经集体同意,由社员自找对象协商转包。""对农民向土地的投资应予合理补偿。"这样,就保证了土地承包经营在较长时间内的稳定,给农民吃了长效"定心丸",而且允许土地转包。《决定》指出,要"把以家庭联产承包为主的责任制、统分结合的双层经营体制,作为我国乡村集体经济组织的一项基本制度长期稳定下来"。

第三阶段(1993—2008 年):土地承包期再延长 30 年不变。我们通常把前面提出的 15 年不变叫作第一轮土地承包,但是其起始年限是从 1984 年算起,还是从刚开始实行土地承包到户的年份算起,各个地区不尽相同。有些地区是从 1984 年算起,那么第一轮承包是 1999 年到期;有些地区是从刚开始实行责任制时算起,第一轮承包就应在 1999 年前到期;还有些地区,早在 1978 年就实行了包产到户,那么第一轮承包到 1993 年就到期了。这时就出现了一个衔接问题,第一轮承包到期后,是否还要实行家庭承包经营呢?针对这一情况,中共中央于 1993 年提出了再一次延长土地承包期的政策,而且针对第一轮土地承包过程中出现的一些问题采取了相应的政策措施,这就是第二轮土地承包的开始。

1993 年 11 月《中共中央、国务院关于当前农业和农村经济发展的若干政策措施》指

---

① 李秉龙《农业经济学》。

出:"以家庭联产承包为主的责任制和统分结合的双层经营体制,是我国农村经济的一项基本制度,要长期稳定,并不断完善。为了稳定土地承包关系,鼓励农民增加投入,提高土地的生产率,在原定的耕地承包期到期之后,再延长三十年不变。开垦荒地、营造林地、治沙改土等从事开发性生产的,承包期可以更长。为避免承包耕地的频繁变动,防止耕地经营规模不断被细分,提倡在承包期内实行'增人不增地、减人不减地'的办法。在坚持土地集体所有和不改变土地用途的前提下,经发包方同意,允许土地的使用权依法有偿转让。少数第二、第三产业比较发达,大部分劳动力转向非农产业并有稳定收入的地方,可以从实际出发,尊重农民的意愿,对承包土地作必要的调整,实行适度的规模经营。"1998 年10 月,中共中央十五届三中全会通过了《中共中央关于农业和农村工作若干重大问题的决定》,指出要坚定不移地贯彻土地承包期再延长 30 年的政策,同时要抓紧制定确保农村土地承包关系长期稳定的法律法规,赋予农民长期而有保障的土地使用权;对于违背政策缩短土地承包期、收回承包地、多留机动地、提高承包费等错误做法,必须坚决纠正;少数确有条件的地方,可以发展多种形式的土地适度规模经营。这个文件的出台,意味着今后对土地承包关系的管理将逐步步入法制轨道。

第四阶段(2008 年至今):土地承包期长久不变。2008 年,党的十七届三中全会通过了《中共中央关于推进农村改革发展若干重大问题的决定》,再次将稳定基本经营制度向前推了一大步,并提出了鲜明的要求:"以家庭承包经营为基础、统分结合的双层经营体制,是适应社会主义市场经济体制、符合农业生产特点的农村基本经营制度,是党的农村政策的基石,必须毫不动摇地坚持。赋予农民更加充分而有保障的土地承包经营权,现有土地承包关系要保持稳定并长久不变。"党的十九大报告进一步指出:"巩固和完善农村基本经营制度,深化农村土地制度改革,完善承包地'三权'分置制度。保持土地承包关系稳定并长久不变,第二轮土地承包到期后再延长三十年。"党的二十大报告再次提出:"巩固和完善农村基本经营制度""深化农村土地制度改革"。

第四节 家庭承包制的绩效与缺陷

一、家庭承包制的绩效

20 世纪 50 年代后期,我国在农村长期实行的人民公社制度严重脱离国情,严重阻碍了农业生产力的发展。最先对这一制度发起冲击的是贫困的农民。早在集体统一经营还处在形成和调整时期的 1956—1962 年,就曾经三次出现"包产到户"的土地经营形式。这种尝试在 20 世纪 70 年代末改革之初更为普及,先后经历了包产到组、包干到组、联产计酬、包产到户、联产承包、分户承包等不同形式,直到家庭承包制。

家庭承包制从根本上否定了人民公社体制,解决了体制下的劳动监督和激励不足问题,使即将陷入崩溃的农村经济摆脱了困境,促进了农业生产的迅速发展。家庭承包制巨大绩效主要来源于重新赋予农业以家庭经营特性。历史和大量事实证明,家庭经营在内外激励决策灵活和照料细致等方面比其他形式更具有优势,更符合农业生产特性,同时能够有效解决农业生产的控制与剩余索取问题,形成理想的自我激励和约束机制。正是由于家庭经营的优越性,无论是发展中国家还是发达国家的农业都普遍以家庭经营为基础。在现代化程度非常高、各种先进的生产组织相当发达的美国,农业生产仍然是以家庭经营为主,而且数量相当大,其他国家也是如此。应当指出,在土地私有制下,西方农民更多选择家庭经营而不是其他形式,主要还是因为家庭经营在内部控制、人事协调、剩余索取等方面比其他组织形式更具优势,更适合农业生产的自身特点和规律。

总之,家庭承包制打破了传统计划经济时期人民公社对生产力的禁锢,将家庭经营引入农业生产中,克服了原来体制僵化、运行费用高昂等缺陷,并释放了改革前所积累的生产物质要素,从而产生了巨大的经济效益,推动农业生产力连续上了几个台阶。农村社会的这场变革,其贡献远远不止农产品的有形增长,更具深远影响的是以此为契机,推动了农村经济结构的变革,有力地推动了国民经济的增长。

二、家庭承包制的缺陷

家庭承包制并不是十分完善的。随着时间的推移,家庭承包制的内在缺陷越来越明显地暴露出来,具体表现在以下几个方面。

(一)土地产权主体模糊不清

在家庭承包制下,农村土地所有权依然归农民集体所有,农户以承包方式获得土地使用权,这就没有从根本上触动土地的集体所有权,集体土地产权主体不清的问题依然存在。按照我国现行法律,农村和城市郊区的土地,除由法律规定属于国家所有的以外,属于农民集体所有。但是,"集体"究竟指哪一级,规定较为含糊。在《中华人民共和国宪法》中,笼统界定为集体所有。在《民法典》中,界定为乡(镇)、村两级所有。在《中华人民共和国农业法》和《中华人民共和国土地管理法》中,则是乡(镇)、村或村内农业集体经济组织所有。在集体所有制的框架下,产权主体模糊往往导致各个"上级"借土地所有者的名义来侵蚀农民的土地产权,使农民在现实中缺乏充分行使自己土地权利的能力。例如,虽然农户和集体要签订书面土地承包合同,但在现实中随意解除土地承包合同、侵犯农民合法权益的事情经常发生。再如,土地征用权是政府特有的权力,但国家只有为公共目的才能行使土地征用权,并且必须给予一定的补偿。而我国在土地的征用中,对公共目的限定不足,存在土地征用权的滥用现象,而且政府征用土地补偿费过低。

(二)农民的产权残缺

产权不是单项权利,而是一组权利。产权是否完备,除了要看权利约束的结构,还要看所有者是否能够充分地行使产权。如果产权所有者拥有排他的使用权、独享的收益权和自由的转让权,就称其拥有的产权是完整的;如果这方面的权利受到了禁止限制或侵蚀,就称为产权残缺。家庭承包制度实现了土地所有权与使用权的分离,农户拥有了承包经营权,但农户的权利并不是充分和完备的。家庭承包制对农民拥有土地产权的内容没有明确界定,这就使对农民产权权能和内容的解释具有极大的随意性,导致现实中经常出现侵害农民权益的事情。同时,家庭承包制下农民产权权利的不充分还表现在不适应经济发展的变化和要求上。例如,在现行制度下,农民缺乏抵押土地使用权以获取银行贷款的权利。在土地流转过程中，承包经营权又发生分化，演变成承包权与经营权两部分。实践的发展要求对农户土地产权进一步明确界定。

（三）土地经营规模小

首先，家庭承包制基本采取按人平均承包土地的办法。按照集体所有制的定义，集体成员对土地的权利是平等的。因此，土地使用权似乎只能按人口平均分配到户。由于人多地少，分到每个农户家庭的土地必然不多。而且，平均分田的内涵还要推广到农地的质量，这就使每个农户获得的土地好坏搭配、远近插花，导致农地经营规模细小、分散。其次，家庭承包制在平均分配承包地时一般不考虑农户之间人力资本的差异，结果就会导致一些农户由于劳动力不足或是不长于农耕，土地种不过来，而另一些农户则由于相反的原因，致使土地资源与人力资本非优化配置。

（四）土地流转制度不健全

土地流转对于土地资源缺乏的中国来说，具有重大的意义。这主要表现在以下三点：①可以使土地不断地从经济效益差的农民手中转移到经济效益好的农民手中，使有限资源发挥最大效益；②可以使土地的经营规模扩大，有利于农业从传统农业向现代农业的转化；③可以为农村劳动力在一定范围内脱离土地创造可能性。我国政府虽然早就认识到了土地流转的重要意义，在中央文件中早已提出农地有偿转让的政策，并且有了土地承包法关于土地流转的法律依据。但是，农民土地承包经营权流转比较随机，相当一部分农民在出让土地时不签订合同，只是口头约定，不仅没有法律效力，也为日后的土地纠纷埋下了祸根。而且，很多村民在土地承包经营权流转操作中程序不规范，未向村委会备案，导致土地经营权归属不明确等。同时，土地流转中介组织缺乏，功能不完善，加之兼业化严重，限制了土地流转的规模。

第五节 三权分置

党的二十大报告指出："深化农村土地制度改革，赋予农民更加充分的财产权益。"党的十九大报告指出："深化农村土地制度改革，完善承包地'三权'分置制度。"《中华人民共和国国民经济和社会发展第十四个五年规划和2035年远景目标纲要》指出："完善农村承包地所有权、承包权、经营权分置制度，进一步放活经营权。""三权分置"既与土地集体所有、家庭承包经营的两权分置制度一脉相承，更是农村土地产权制度的又一重大创新。从法律规定和基层实践看，"三权"既有各自功能，又存在整体效用，重点应该是放活经营权，实施"三权分置"的核心要义就是赋予经营权应有的法律地位和权能。

一、"三权分置"架构中土地经营权的定位

放活经营权是实施"三权分置"的根本出发点。当前，我国经济社会发展进入新的历史阶段，"三农"问题面临的形势也发生深刻的变化，从赋予广大农户土地承包经营权，到允许更多愿意从事农业的生产经营主体拥有土地经营权，以"三权分置"推进农村改革进

一步深化。

放活经营权是实施"三权分置"的重要目标。从产权制度演变规律看,现代产权制度要与社会化大生产和现代市场经济相适应,其主要特征是归属完整、权责明确、保护严格、流转顺畅。"三权分置"通过落实所有权、稳定承包权,进一步确定权利归属,最主要的目的和成果就是使土地资源合理配置,经营权得以灵活高效施行。

放活经营权是实施"三权分置"的实践依据。随着我国工业化、城镇化深入推进,大量农业人口转移到城镇,农村土地经营权流转规模不断扩大,土地承包权主体同经营权主体分离的现象越来越普遍,各类新型经营主体蓬勃发展,已经成为发展现代农业的一支有生力量。"三权分置"符合农村实际,顺应了农民集体、承包农户和经营主体的需求,通过合理界定他们在经营土地上的权利内容,厘清与土地所有权、承包权之间的关系,极大地促进现代农业发展。

二、放活经营权与坚持所有权、稳定承包权的关系

"三权分置"下,处理好"三权"关系是个难点,直接关系到各自权能内容和权利边界的设置。

一是经营权的权属性质及确认形式。目前来看,将土地经营权定性为债权,同时完善其权能设置并加强保护比较符合实际。而且,从我国经济社会发展阶段和土地经营制度演变过程看,可行又比较稳妥的方案,并不一定非要通过法律形式将权属性质确定为唯一形态,而是从问题出发、从实践需要出发,解决土地细碎化、小规模经营制约现代农业发展、经营主体需要稳定经营预期等具体问题即可,为实践留下灵活空间。

二是经营权与承包权的关系。"两权分置"下所有权派生承包权,已经得到各界广泛认同理解。当承包农户将土地租赁出去时,转移部分权能而产生相对独立的经营权,带来了"三权"问题。而"三权分置"与"两权分置"是一脉相承的,不是推倒重来建立一种新的逻辑,因此承包权派生经营权是符合规律且易于接受的。依据这种思路,经营权是承包农户与经营主体协商一致下产生的,其权能内容就应该是开放的、丰富的、个性的、无限变化且存在多种可能的。因此,放活经营权就应该是多样化的,经营权的具体实现形式也应该是多样化的,土地出租、土地入股、土地托管、联耕联种、代耕代种等都有其适应性,都可以进行积极探索。

三是经营权与所有权的关系。对于已经实行家庭承包的农村土地,所有权不直接派生经营权,但在各自行权过程中仍会相互制约。一方面,所有权的行使不得阻碍经营权的正常行使,如农民集体不能无故干预、阻挠、破坏经营主体的生产经营行为;另一方面,经营权的行使要受制于所有权,如农民集体有权阻止经营主体损害、破坏土地和农业资源的行为,再流转或抵押经营权的要经农民集体备案。

三、"三权分置"下经营权权利内容的设置

经营权权利内容设置的出发点应该是在依法保护集体所有权和农户承包权的前提下,平等保护经营主体依流转合同取得的土地经营权,保护其发展农业生产的积极性和稳定预期。与土地所有权、承包权一样,经营权的内涵也极为丰富,其最重要、最核心的权利

内容集中在以下方面。

一是占有使用收益的权利。允许并鼓励承包农户将土地流转出去，目的是吸引更多有能力、有意愿的经营主体发展农业生产。因此，应当明确，无论是流转出土地经营权的承包农户，还是以其他方式租赁出土地的农民集体，都不得妨碍经营主体自主利用流转土地从事农业生产经营以及获得相应收益的权利，以保护好经营主体自我决策、自主经营的积极性，灵活应对市场风险变化并作出理性决策。要注意的是，经营主体要在遵守流转合同约定和国家土地管理有关规定的前提下，行使占有、使用、收益的权利。同时，随着国家支农惠农政策的贯彻实施，经营主体也被纳入覆盖范围，既要发挥财政补贴支持政策的正向激励作用，还要警惕骗取国家资金、侵害承包农户利益的现象。

二是合理利用土地的权利。《民法典》规定："承租人应当按照约定的方法使用租赁物。""承租人经出租人同意，可以对租赁物进行改善或者增设他物。"与传统承包农户不同，通过流转土地发展农业生产的新型经营主体，往往需要通过改良土壤、建设基础设施，甚至构筑附属设施，以最大限度地提高土地的农业产出效用。因此，应该鼓励这些能够使土地资源得到更加有效利用的行为，并按照"谁受益，谁补偿"的原则，引导流转双方在合同中约定有关事项，使经营主体在流转到期后获得合理补偿。在政策允许范围内，还应当引导符合条件的经营主体承担基础设施建设项目，合理管护项目形成的资产。

三是再流转土地经营权或设定抵押的权利。党的十八届三中全会首次明确"赋予农民对承包地占有、使用、收益、流转及承包经营权抵押、担保权能"。《中共中央 国务院关于全面深化农村改革加快推进农业现代化的若干意见》（简称"2014年中央一号文件"）进一步明确"允许承包土地的经营权向金融机构抵押融资"。2016年，中国人民银行会同农业部等相关部门出台了《农村承包土地的经营权抵押贷款试点暂行办法》（银发〔2016〕79号），对承包农户和农业经营主体以承包土地的经营权向银行业金融机构申请抵押贷款时应符合的条件和操作规程等作出了具体的规定。中国银保监会办公厅2019年印发了《中国银保监会办公厅关于做好2019年银行业保险业服务乡村振兴和助力脱贫攻坚工作的通知》，要求稳妥有序推进农村承包土地经营权、农民住房财产权、集体经营性建设用地使用权抵押贷款试点。要注意的是，在抵押物处置中，必须坚守土地公有制性质不改变、耕地红线不突破、农民利益不受损的底线。实践中，一些经营主体为了提高土地产出效率或劳动生产率，需要再流转土地，以降低交易成本、发挥规模经营效益，其目的是发展农业生产，这也是放活经营权的具体方式之一，应当允许。同时，考虑到经营权是从承包权派生而来，再流转涉及承包农户的利益，因此必须经承包农户书面同意，也避免经营主体以此囤地居奇、从中牟利。

四是流入土地被依法征收的，依法获得相应补偿的权利。土地被国家依法征收后，土地权属、性质将发生根本性变化，原有的承包关系不再存在，因此在承包权上派生出的经营权也自然不复存在。目前，《中华人民共和国土地管理法》《中华人民共和国土地管理法实施条例》以及相关法律规定中的补偿对象，主要针对农民集体和承包农户及经营主体，补偿内容涵盖土地补偿费、安置补助费、地上附着物补偿费、青苗补偿费等，前两项涉及农民集体，后两项则涉及承包农户与经营主体。应该按照"谁投资，谁受益"的原则，地上附着物、青苗补偿费归投资建设者所有。但是，如果承包农户和经营主体在合同中确有特别约定的，应该按照约定确定其所有。

第六节 农户兼业化

农户兼业是指农户在进行农业生产的同时,还从事某些非农业生产经营活动,这样的农户被称为兼业农户。国际上一致将兼业农户划分为两种类型:一是以农业生产经营收入为主,辅之以兼业收入的一兼农户;二是以非农业生产所获得的工资性收入为主,将农业生产视为保障性收入的二兼农户。我国在农业普查的统计过程中,使用了纯农业户、农业兼业户、非农兼业户和非农户四种分类。纯农业户是指家庭全年生产性纯收入中80%以上来自农业,或家庭农村劳动力的绝大部分劳动时间从事农业;农业兼业户是指以农业为主、兼营他业,在家庭全年生产性纯收入中有50%~80%来自农业,或者农村劳动力一半以上的劳动时间从事农业;非农兼业户是指以非农业为主、兼营农业,在家庭全年生产性纯收入中有50%~80%来自非农业,或者家庭农村劳动力一半以上的劳动时间从事非农业;非农户是指家庭全年生产性纯收入中有80%以上来自非农业,或家庭农村劳动力的绝大部分劳动时间用来从事非农业。

从与我国农业经营结构相似的日本、韩国经验来看,随着经济的发展,农户兼业会不断深化,最终形成相对稳定的兼业结构。根据以往的研究,农户兼业的直接动因是农业过剩人口的产生及农业相对地位的下降。这些研究及各国发展的经验证据都表明,由于经济制度、农业技术水平、劳动力市场以及经济发展阶段等的不同,农户兼业的影响因素及各个时期的兼业水平会不一样。近年来,由于我国的国民经济持续保持一个比较高的发展水平,农业在GDP中的份额不断下降,农村剩余劳动力也有增加的倾向,非农行业对农村劳动力保持了一定的"拉力"作用。因此,根据国外的经验及理论推测,我国的农户兼业化有了进一步的发展。

一、现阶段农户兼业化的原因

(1)现阶段的农户家庭收入的不足是农户兼业最直接的动因。为摆脱低收入的局面,兼业是一种简便方法,具有明显的速效性。我国农民的人均纯收入水平低,与城镇居民收入的差距进一步扩大,使农户的兼业经营在提高收入水平上具有非常重要的意义。在农民的相对收入低下的同时,农民支出却保持了较大幅度的增长。农业收入尽管仍然占有重要地位,但其比重却在逐年下降,而非农收入不断增加,成为农民收入的重要来源,这与农户兼业化是分不开的。

(2)农业收入的基础作用及保有土地的积极意义是农户兼业的保证。一方面,从事农业生产对农户家庭来说并非无利可图,农业收入是许多农户的基本收入;另一方面,土地的资本特性随着市场经济的深入日益显现。农村土地的升值加上农民对于土地的眷念,使农民在一定程度上仍然愿意继续经营农业。

(3)农业劳动力的剩余为农户兼业提供了可能。这主要表现在以下几个方面:①农业劳动力的绝对剩余。既然数量众多的农业剩余劳动力不能被农业完全消化掉,那么出路就在非农行业了。②农业生产的季节性剩余。农业劳动有忙、闲之分,具有明显的生产间隙性。在农业生产间隙进行兼业化经营,以寻求现有资源约束条件下收益的最大化,这是市场经济中农民作为"经济人"的理性行为。③家庭劳动力质与量的差异。在家庭弱质劳动力能够完成农业作业的情况下,获得非农就业机会较大、创收能力较强的青壮劳动力往往倾向于寻找农外就业机会,增加家庭整体收入。

综上所述,现阶段农户家庭收入的不足产生了兼业的必要性,家庭劳动力的剩余使兼业成为可能,而农户对农业生产的依赖使兼业成为现实。由于这些原因不可能在短期内消失,农户兼业化即使存在地区差异,进一步深化也是必然的。与西方发达国家相比,目前我国的农户兼业经营为过渡型,尚未形成比较稳定的永久型兼业。也就是说,现在的兼业农户可能仅仅是由纯农户向非农户转变的中间户型,其中的大部分将来会完全脱农,农户数量也应该有较大幅度的减少。只有当农户平均收入水平与城市居民的收入水平相当接近时,兼业农户才有可能保持相对的稳定,形成所谓的永久型兼业。

二、国内外农户兼业化状况分析

(一) 美、日农户兼业化状况

1. 美国农户兼业化

美国以家庭农场经营为主体,而且大多数是小型农场。家庭农场既不是低收入,也不是低财富。许多家庭农场把农场和非农工作结合在一起获取收入,非农职业的农场就是主要经营者不将农耕作为主要职业,超过80%的这些经营者在农场外从事工作。大规模农场的主要经营者不太可能离开农场从事其他工作。

许多小型农场的经营者并不认为农耕是其主要职业,因为从农耕获取的收入很少,甚至没有现金收入。这些小型农场从非农渠道获得实质性收入。农户经常利用离农收入来支付农场费用,而自营职业和工资/薪金是农户主要离农收入来源,公共和私人养老金、利息和股息支付、资产出售、社会保障支付以及其他收入来源提供了离农收入的相当大比例,特别是退休型农场。小型农场经营者,特别是退休型、离农职业型及低销售额农场经常报告农业亏损。

根据美国农业部统计,2019年每个家庭农场平均总收入123 368美元,其中,来自农耕的平均收入21 730美元,占家庭农场平均总收入17.6%;来自自营职业和工资/薪金的离农收入73 320美元,占家庭农场平均总收入59.4%;来自养老金、利息、股息等收入28 318美元,占家庭农场平均总收入23%。从此可以看出,美国家庭农场总收入中绝大部分来自非农收入,农耕收入只占有很小部分,兼业化不仅非常普遍,而且是农民收入的主要来源。

2. 日本农业兼业化

根据日本农林水产省统计,2020年日本农业经营体之中,个人经营体(农户)按主副业划分,主业经营体(专业农户)23.1万个,与5年前相比,减少了6.1万个。准主业经营体(以农业收入为主、副业收入为辅)14.3万个,与5年前相比,减少了11.6万个。副业经营体(以副业收入为主、农业收入为辅)66.4万个,与5年前相比,减少了12.6万个。其结果,个人经营体(农户)之中,主业经营体占22.3%,准主业经营体占13.7%,副业经营体占64%。从此可以看出,日本农业兼业化相当严重,绝大多数农户是以副业收入为主,农业收入占据次要位置,收入来源转向二、三产业。

(二)我国农户兼业化现状

根据第三次全国农业普查结果,2016年全国农业经营户20 743万户,其中,规模农业经营户(要求一定条件,比如一年一熟地区露地种植农作物面积达到100亩及以上)398万户。而规模农业经营户之中,又以东北地区比例最高,达到7%,全国规模农业经营户占农业经营户的比例仅为2%。人多地少的矛盾一直阻碍着我国农业规模化经营和农民收入水平的提高,迫使农民将目光转向城乡建筑、餐饮、运输、家政等服务性行业,从事农业以外的兼业经营。

随着城乡一体化发展,不以农业收入为主的普通农户数量快速增长。据全国农村经营管理统计,非农户(非农收入占80%以上)和非农兼业户(非农收入占50%~80%)数量从2009年的3 993万上涨到2016年的4 698万,7年时间增加了700多万户,平均每年增加100多万户。从三次产业就业角度来观察,农业从业人员数量下滑速度明显,第一产业从业人员占全社会就业总量的比重从1978年的69.6%下降到2000年的50.0%,再继续下降到2016年的28.3%,每年下降1个多百分点,绝对数量每年减少1 000万人以上。

根据《中国统计年鉴2021》数据,2020年农民人均收入17 131.5元,收入结构中,工资性收入占40.7%,经营性收入占35%。而1980年,非农业收入占农民人均收入21.8%,农业收入占78.2%。随着大量农村富余劳动力向第二、第三产业转移,工资性收入成为拉动农民收入增长的重要来源。如果没有农民走出土地选择兼业经营,多数农民仍在温饱线上徘徊。

三、农户兼业化对农业生产的影响

(1) 农户兼业化对农业生产发展尚未产生明显的消极作用。从总体上考察,农户兼业化尚未对农业生产产生根本影响。①由于农户经营的耕地面积相对较小,而农户劳动力又处于一个相对剩余的状态,大量滞留在农村的剩余劳动力目前尚不能充分消化在非农产业当中,绝大部分还需要在降低农业生产成本、增加农业效益上下功夫,以使现有资源发挥最大作用,从而提高收入水平。②目前较低程度的农户兼业化尚不足以对农业生产产生大的不良影响。由于大量农业剩余劳动力存在,而农户总量达2.3亿个(第三次全国农业普查数据),兼业还不足以对农业生产产生大的不良影响。③兼业农户的家庭收入普遍要高于纯农业户,农业投资实力较强。因此,一般来说其抗市场风险能力、农业信息收集能力以及市场应变能力都要优于纯农业户。从农业投入的角度分析,农户兼业化对农业有一定的积极作用。

(2) 农户兼业化对农业生产的潜在影响不容忽视。农户兼业对农业生产的潜在影响主要表现在以下几方面:首先,农户兼业的深化在一定程度上影响到农业的规模经营。虽然农业的规模经营更多地由土地政策、农户收入水平等因素决定,但当农户更倾向于永久型兼业时,土地的流转会比较困难。其次,由于土地边际报酬递减,而兼业户无法摆脱向非农产业资源、时间、精力投入上的倾斜,农户兼业化有使农业生产率降低、农业劳动力老弱化和妇女化的潜在可能。农村大量年轻劳动力向农业外产业流出可能导致未来农业劳动力的不足。与此同时,传统的精耕细作农业生产技术可能逐渐消失。最后,在农村过剩农业劳动力转移过程中,部分农民或多或少地存在撂荒现象,使我国农业生产上耕地稀缺的矛盾进一步激化,给粮食增产带来一定困难。

四、农户兼业化的发展思路

我国农村的农户兼业化正处于进一步深化的过程中,因此有必要将农户兼业化问题与农业、农村的可持续发展联系起来,运用制度创新的办法进行引导、疏通、诱致,使农户兼业化与农业农村现代化的大目标一致。具体来说,一是要充分认识到农户兼业对提高农民收入的作用。积极进行户籍制度和移民管理制度创新,组织和鼓励农民从农村走出去。要继续深化户籍制度改革,解除对农民进城的歧视性政策,提高农民在国民中的地位与身份,给予农民迁徙的自由和营造宽松的环境。同时要加强对农民的技能培训,为农民创造兼业的机会。二是要充分认识到农户兼业对农业生产的潜在影响,积极进行农业内部的土地流转机制创新。在坚持家庭联产承包责任制和土地承包权长久不变的基础上积极探索土地向农业大户集中的流转机制,以规模经济来促进农业生产的增长和纯农户收入水平的提高。三是完善农业社会化服务体系。考虑到我国农业经营人多地少的特征,兼业农户在我国农村将有可能保持相对稳定的高比例,因此应积极进行农业社会化服务体系的建设,以提高小规模兼业农户的农业生产水平。

第七节 新型职业农民培养

当前,解决好"三农"问题仍然是工业化、城镇化进程中重大而艰巨的历史任务。"三农"问题的核心在于农民。从根本上说,乡村振兴战略就是要解决农业、农村和农民问题,特别是要解决好农民增收、农民权益问题,这是乡村振兴战略的基本出发点和最终归宿。乡村振兴战略的主体是农民,特别是要培育好新型职业农民。2021年,农业农村部印发《"十四五"农业农村人才队伍建设发展规划》,要求培养造就一批高素质新型职业农民队伍。2022年,农业农村部实施新型农业经营主体提升行动,重点培养新型农业经营主体带头人。

一、乡村振兴战略的重点在于培育新型职业农民

关于农民概念,基本上可以分为两类,即传统意义上的小农经济的农民(peasant)和现代职业意义的农民(farmer)。美国社会学家 M. 罗吉斯认为农民是农产品的生产者和传统定向的乡下人,农民和自给自足的农业生产者是一个意思。而法国社会学家 H. 孟德拉斯则以第二次世界大战后法国农村的现代化历程为背景,认为在法国传统意义上的自给自足的农民已经不存在了,在农村从事家庭经营的是以营利和参与市场交换为目的的农业经营者,这种家庭经营本质上说已属于一种"企业"。他认为"农民是相对城市限定自身的。如果没有城市就无所谓农民"。

随着我国经济发展和社会的变迁,农民这一阶层不再是一个同质的群体,分化趋势越来越明显,既有传统意义上的农民,又有经营较多土地的专业农民,还有亦农亦工亦商的兼业农民以及农民企业家等。基于我国城乡二元结构的现状以及乡村振兴战略的需要,我们认为需要培养的新型农民应该是有文化、重科技、善经营、会管理、敢创新,有组织地

从事农业生产、经营或农业服务的农村居民。新型农民不是传统农民,他们是掌握了现代科学技术知识,又具有现代观念的农民;新型农民不是全体农民,他们是农民中的优秀分子,是在农村发挥组织、带动与示范作用的一个阶层。

乡村振兴战略的重点在于培育新型职业农民,是由我国国情和乡村振兴战略的内涵要求所决定的。

首先,培育新型职业农民符合我国的国情特点。我国是农业大国,正处在工业化和城镇化快速发展时期,一个突出的现象就是农民通过各种方式进城,为城市发展贡献人力资源。许多农村从事农业的劳动力以妇女和老人为主,把目前留在农村的全体农民培育成新型农民既无可能也无必要。因此,选择具有一定示范能力的农民进行培育,通过他们的带动作用促进农村社会的进步和发展,不仅成本小,也符合农村社区的传统特点,具有可行性和有效性。无论是劳动方式的变革,还是生活方式的进步,试验、示范、推广的模式都被证明是最有效的。要实现"产业兴旺、生态宜居、乡风文明、治理有效、生活富裕"的乡村振兴战略目标,必须首先培育新型职业农民,进而发挥其示范带动作用,促进乡村建设各项工作的有效开展。

其次,培育新型职业农民是乡村振兴战略的内涵要求。实现乡村振兴战略目标,就要培育各类新型人才,发展现代农业和其他产业,健全和完善各类社会化服务组织。乡村治理的完善、乡村文明的建设需要培育各类组织和人才,农民致富需要有优秀的带头人。应该看到,合作组织的缺位是影响我国乡村产业发展、乡村治理、乡村文明建设方面的重要因素之一。合作组织,无论是专业合作还是社区合作,都是将分散的农户组织起来的重要途径。在现代农业发达的西方国家,合作组织既有社区合作组织,也有专业合作组织和行业协会,涵盖农民、农村社区生产、生活、权益等方方面面。目前我国农民合作组织尚处于起步阶段,而且基本限于农业经营领域,合作的规模较小,生产经营水平较低。因此,新型职业农民的培养应着眼于扶持和培育农村合作组织的成长,培育新型合作组织的带头人,培育农民致富的带头人,培育各类农民企业家、专业管理人才和农村基层干部。

二、新型职业农民的培育对象与目标

新型职业农民的培育对象与目标主要包括以下几个方面。

(1)培养善经营、会管理、敢创新的农民企业家。熊彼特创新理论认为创新引起了经济发展,而经济发展的动力在于有见识、有组织才能、敢于冒险的企业家。"企业家精神"是企业家进行创新活动的主要动机,主要体现在企业家的"首创精神"、"成功欲"、甘冒风险、以苦为乐、思维的精明理智和敏捷以及企业家的事业心。"企业家精神"在激烈的市场竞争中推动了经济的增长。为了适应农业产业结构调整和农业产业化经营的需要,我们要选拔培养一批具有创业和创新精神、懂得专业化生产与规模化经营、会管理的新型农民,通过政策引导、资金扶持和提供完善的社会服务等,将他们培养成掌握先进技术、适应专业化生产经营要求、敢于创新的农民企业家,由此带动农业的发展和农民的增收。

(2)培养有文化、懂技术、善经营的农民致富带头人。乡村振兴战略的首要任务之一是大力发展生产,增加农民收入。只有大量的农业科技成果为农民掌握和运用,才能转化为现实的生产力。理论研究证明，示范是推广农业实用科技的最有效方法，一些专业村发展的实践也证明能人的示范带动是实现农业生产专业化的重要途径。因此，我们要根据农业生产和农村发展的需要，广泛地开展形式多样、方便农民的实用技术培训，推广农业科学技术，培养一批有文化、懂技术、善经营的骨干农民。要充分利用一切教育资源和条件，对现有农村专业户、科技示范户、初高中毕业的回乡青年、农村复员退伍军人以及具有一定基础的农村青年农民开展多渠道、多层次、多形式的科技教育培训，切实提高他们的科技文化素质，使他们成为促进农民共同致富的带头人。

（3）培养农村社会化服务组织的经营管理队伍。现代市场经济区别于传统小农经济的关键之处在于打破了细碎化的小农生产方式，实现了规模化的社会化大生产。市场经济的发展和现代农业的建设要求农民组织起来，以组织形式参与市场竞争，要积极引导和支持农民发展各类专业合作经济组织，建立有利于农民合作经济组织发展的政策制度环境。同时，要鼓励、引导和支持农村发展各种新型的社会化服务组织，如老年协会、民间文化协会、生活互助会、农村法律、财务等中介组织，为农民发展生产经营、丰富文化生活、提高生活质量和维护合法权益提供有效服务。目前，大部分农民市场意识不强，法律意识淡薄，缺少市场经营管理经验。农村社会化服务组织不健全，服务功能差，从业人员素质低。为了适应新农村建设的需要，必须加强对"农家店"店主、农村经纪人、各种社会化服务组织的带头人的培训，增强他们的市场经济意识和法律意识，帮助他们掌握现代经营管理知识，提高他们的综合素质，通过农村社会化服务组织的完善，使之成为广大农民联系市场、走向社会的桥梁和纽带。

（4）培养能带领农民共同富裕的农村基层干部队伍。农村经济社会发展离不开农村基层组织的领导和支持。一支好的农村基层干部队伍，能带领一个村发展生产、富裕生活、改善乡风、迈向小康。因此，要通过各类普通中高等院校、成人院校、农业职业院校等多渠道，加强对农村基层干部尤其是村组干部的教育培训，重点是围绕新农村建设的需要，使之掌握基本的农业农村政策法规、农业先进实用技术、农村治理及民主管理等方面的知识和经验，培养一批高水平、高素质的农村基层干部队伍。

"十四五"时期新型职业农民培育

2021年12月，农业农村部印发《"十四五"农业农村人才队伍建设发展规划》，要求全面推进乡村振兴，加快农业农村现代化，培养造就一支高素质新型职业农民队伍。

一、指导思想

立足新发展阶段、贯彻新发展理念、构建新发展格局、推动高质量发展，坚持把人力资本开发放在首要位置，不断扩大人才队伍规模，努力提升人才队伍素质能力，创新体制机制，完善支持政策，优化发展环境，全方位培养、引用、用好人才，促进人才下乡、返乡、兴乡，吸引各类人才在乡村振兴中建功立业，为全面推进乡村振兴、加快农业农村现代化提供有力支撑。

二、发展目标

到 2025 年,初步打造一支规模宏大、结构优化、素质优良、作用凸显,以主体人才为核心、支撑人才和管理服务人才为基础的农业农村人才队伍,形成各类人才有效支撑农业农村发展的新格局。

(一)队伍规模稳步壮大

主体人才队伍持续壮大、支撑人才队伍充实做强、管理服务人才队伍更加优化,打造一支推动乡村振兴的主力军,更好满足农业农村发展需要。到 2025 年,培育家庭农场主、农民合作社理事长等乡村产业振兴带头人 10 万人,辐射带动 500 万新型生产经营主体负责人发展壮大;农业科研人才量质双升,"神农英才"等领军人才有效增加;农业产业化国家重点龙头企业家超过 2 000 人;返乡入乡创业人员超过 1 500 万人,其中农村创业带头人 100 万人。

(二)结构素质明显优化

适应新产业新业态发展要求的各类人才不断涌现,支撑保障和示范引领的能力素质全面提升,人才结构和布局更加合理,人才供给更加有效,高层次领军人才比重进一步增加。

(三)作用发挥更加充分

农业农村人才在保障粮食和重要农产品有效供给、提高农业质量效益和竞争力、提升产业链供应链现代化水平等方面技术支撑更加牢固,在深化农村改革、提升乡村治理能力、加强乡村建设等方面的关键引领作用更加凸显。

三、壮大主体人才队伍

重点培育农村基层组织负责人、家庭农场主、农民合作社带头人三支队伍,提升乡村治理现代化水平,促进乡村产业转型升级,发挥乡村本土人才推动乡村振兴的主体功能和先锋引领作用。

(一)选优建强农村基层组织负责人队伍

农村基层组织负责人承担着建强基层党组织、推动乡村振兴、为民办实事、提高治理水平等重要职责,是贯彻落实农业农村政策的关键力量。要以满足乡村治理体系和治理能力现代化要求为目标,以选优配强人才队伍、持续提升素质能力为手段,完善监管考核制度,强化激励保障措施,增强农村基层组织带头人担当作为的能力和动力。

(二)扶持壮大家庭农场主队伍

家庭农场主是促进农业规模化、标准化、集约化生产经营,推动乡村产业发展的生力军。要以能力提升为支撑,以政策支持为保障,扶持壮大家庭农场主队伍,巩固提升家庭农场主生产经营能力和带动能力,推动农业适度规模经营提质增效。

(三)加快培育农民合作社带头人队伍

农民合作社在与农民建立紧密的利益联结关系,实现互助互促、合作共赢等方面发挥着重要作用,其带头人是提高农业生产经营组织化程度,引领小农户与现代农业发展有机衔接的骨干力量。要以提高规范运行和服务带动能力为核心,以完善指导服务和政策支持为支撑,加快培育一支能力强、素质高的农民合作社带头人队伍,提升现代农业发展水平。

资料来源:中华人民共和国农业农村部办公厅."十四五"农业农村人才队伍建设发展规划[Z].2021.

从本案例分析可以看出以下几点。

(1) 国家非常重视新型职业农民培育,把它提升到乡村振兴和农业农村现代化的战略高度。

(2) 培育新型职业农民要有新理念、新格局,要高质量发展。

(3) 新型职业农民培育的重点是农村基层组织负责人、家庭农场主、农民合作社带头人三支队伍,提升乡村基层治理水平,促进产业转型升级。

(4) 培育新型职业农民,要发挥其乡村产业发展的骨干带头作用,引领小农户与现代农业有机衔接,促进农业规模化、集约化经营,带动农户增收致富。

【复习思考题】

1. 什么是农业家庭承包经营?
2. 什么是农户兼业?
3. 简要分析"三权分置"下经营权最核心的权利内容。
4. 简要分析现阶段农户兼业化的原因。
5. 试论述改革开放以来农地改革的基本脉络。
6. 试论述新型职业农民的培育对象与目标。

【即测即练】

第四章

农产品供给与需求

本章学习目标

1. 把握农产品供给及需求的概念。
2. 把握影响农产品供给与需求的因素。
3. 掌握农产品供给及需求价格弹性。
4. 把握恩格尔系数的含义与意义。
5. 理解农产品均衡价格的形成及变动规律。

湖北各地小龙虾批发价普遍"大跳水"

进入2022年4月以来,湖北各地小龙虾批发价普遍"大跳水",出现市场偏冷、产品滞销等现象。

中小规格的小龙虾大量供应,价格却"大跳水",武汉周渔生态农业综合种养基地负责人余莉告诉记者:"今年池塘收购价都很低,去年1两的虾卖54元,6钱以上的虾至少卖38、40块钱,而现在6钱以上的虾30都很难得卖。"

武汉市白沙洲市场官方信息显示,4月18日小龙虾价格,最便宜的2~4钱每斤批发价11元,4~6钱每斤20元,1两以上每斤50元。白沙洲市场水产档口老板刘洪伟指着面前成筐的小龙虾对记者说:"现在我们档口每个月销量2000斤左右,和往年比少三分之二,与上个月相比价格跌了一半,3月份'小青'要20块左右,现在只要十一二块,'中青'以前30多块,现在才20块,跌十几块了,价格和销量都少了很多。"

不仅是价格,小龙虾的销量也出现了波动。洪湖市鸿信合作社与成都、重庆、杭州等批发市场和加工厂都签订了销售订单,进入4月份之后,受到疫情的影响,有些地方无法送货,有些物流流通时间较长,造成晚点,从而提高了小龙虾的损耗率,销量也降低了不少。"3、4月份的小龙虾还没成熟好,都是小虾子,只要运输途中稍微晚点,错过了卖货的最好时间,或多或少有一定死亡的,这些损耗都是我们自己来承担。"鸿信合作社社长李大军说。

近年来,小龙虾市场出现分化,小规格小龙虾量多、价低、滞销,而大规格小龙虾价高且供不应求。

资料来源：刘飞,李丽,马子昂."小虾多、卖价低、收益少"湖北用综合种养新模式破题[Z].湖北之声,2022-04-24.

本案例包含以下几个方面的农业经济学问题。

（1）农产品供给与需求的含义。供给与需求不仅和价格有关,而且受到购买能力及销售意愿的影响。

（2）农产品供给及需求价格弹性。所谓农产品供给及需求价格弹性,就是农产品供给及需求对农产品价格变化反应的灵敏程度。

（3）农产品供给影响因素。农产品供给受到价格、生产资料价格等因素影响。

（4）农产品需求影响因素。农产品需求受到价格、收入水平等因素影响。

第一节 农产品的供给及其影响因素

一、农产品供给的概念

某种商品的供给是指厂商在某一特定时期内,在各种价格水平下愿意而且能够提供的该商品的数量。农产品供给则是指在一定的时间和价格条件下,农业生产或经营者愿意并且能够出售的某种农产品的数量。农产品供给的形成有两个条件：一是农产品供给的能力；二是有出售农产品的愿望。任何商品的供给都是供给意愿与供给能力的结合,农产品也不例外。如果只有供给意愿而没有能力,或有能力但没有意愿,都不能构成农产品的有效供给。

农产品供给的基础是农业生产,但供给是一个市场概念,如果没有市场行为,就不构成供给。以粮食为例,如果收获后被存储在仓库里作为储备粮,或用于自给性消费,则不能叫作供给。由于生命物质与生物化学特性,在许多情况下,农产品的供给与工业品的供给不同,有着联合供给的特性,如羊肉和羊毛的供给,鸡肉和鸡蛋的供给。联合生产的存在使农产品的供给情况较工业品复杂得多,分析起来较为困难。如果拓展农产品的概念,如将农业生产所伴随的生态与环境收益也作为农产品来理解,则情况就更为复杂。为了得出一般的结论,我们在此仍然假定农业生产为单独生产,假定农产品只是传统的有形的农产品,如粮食、棉花、油料、肉禽蛋类等。

二、农产品供给函数

现实中,影响商品供给的因素非常多,如商品本身的价格、生产的技术水平、生产成本、相关商品的价格、生产者对未来的预期、政府政策等。以上因素可以简单归纳为价格因素和非价格因素。某种农产品的供给函数是指该农产品的供给量与其各影响因素之间的函数关系,如果把影响该农产品供给的因素作为自变量 a_i,把供给量作为因变量记作 Q_s,则农产品的供给函数可以写为

$$Q_s = f(a_1, a_2, a_3, \cdots, a_i)$$

在供求分析中,最为重要的是价格因素。假定非价格因素保持不变,仅仅考察农产品

本身的价格与其供给量之间的关系,则农产品的供给函数可以简化为

$$Q_s = f(P)$$

式中,P 为农产品的价格水平。

经济学中把某种商品的价格与其供给量之间的关系称为供给定理。其基本内容是：在其他条件不变的情况下,某商品的供给量与价格呈正向变动,即供给量随着商品本身价格的上升而增加,随商品本身价格的下降而减少。

农产品的供给量与价格之间的关系也符合供求定理。

三、影响农产品供给的因素

（一）农产品自身的价格

正常情况下,在其他条件不变的情况下,农产品自身的价格越高,农民愿意生产与出售的农产品数量越多；相反,价格越低,农民愿意生产与出售的农产品数量越少,这一点和其他商品一致。但由于农产品的生产周期较长,农民决定产量所依据的价格与产量并不同步,也就是说,当期的价格并不决定当期的产量,而只能影响下期的产量,这是多数农产品与工业品的不同之处。

（二）相关农产品的价格

从用途上看,相关农产品可以分为替代品与互补品。

替代品表示用途相似的商品,如小麦和大米,它们可以由不同的生产者生产,可以通过不同渠道获得,如国内生产与进口；互补品则表示必须共同使用才能发挥作用的农产品,如做蛋糕要用面粉与鸡蛋两种原料。

某种农产品替代品价格的变化,会使该农产品的供给量反方向变化。例如小麦价格的上涨,会使种植水稻相对无利可图,故水稻的供给会下降。而某种商品互补品价格的变化,则会使该农产品的供给量同方向变化。

从与资源的关系上看,相关农产品可以分为竞争性农产品和连带性农产品。

竞争性农产品是指对于资源的竞争,如同一片土地资源,如果用来生产粮食,就不能用来生产葡萄,这时候粮食与葡萄就成了竞争性农产品；连带性农产品又称为联合产品,是指使用同样的要素,不可避免地产生于同一个生产过程中的两种以上的产品,如鸡肉与鸡蛋,羊肉与羊毛。连带关系较为复杂,在此仅以最简单的连带关系为例。某种农产品竞争性商品价格的变化,会导致该农产品供给量反方向变化,如相对于小麦来说,竞争品葡萄价格如果上涨,农民就会有将小麦地改种葡萄的倾向,从而使小麦的供给量减少。相反,某种农产品连带性产品价格的变化,会引起该种农产品供给量同方向变化,如羊毛价格的上涨,会导致绵羊供给的增加,从而使羊肉的供给量也增加。

（三）生产要素成本价格

农业生产要素从大的方面可分为劳动、资本、土地与企业家才能。但具体到我国的农业,由于多数为分散的小农家庭经营,企业家才能这一要素可以忽略不计,对于一个家庭

来说,土地的数量变化较小,可以认为近似不变。所以生产要素或成本就主要由劳动与资本投入构成。

在我国,由于农村劳动力过剩,农业生产使用雇佣劳动的比率极低,农民在计算生产成本时,并不习惯于计算劳动力投入,随着非农就业机会与农业雇佣劳动使用量的增加,这种成本已经越来越显著,也引起了农民的重视,如果没有直接的雇佣费用,计算时应以农民投入相同时间与劳动强度在城镇从事非农工作的收入为参考。

劳动力的价格或使用费越高,农产品生产的成本就越高,供给量将越少;相反,劳动力越廉价,农产品生产成本就越低,供给量将越大。农业生产中的资本投入包括农业机械、畜力、农膜、种子、肥料、农药、饲料等,生产要素价格与农产品供给呈反方向变化,这与一般商品也无二致。

(四) 生产技术与方法

生产技术与方法包括:育种技术,防病和防灾能力,产量的提高,水土保持,耕作方法的改进等,还包括:复种指数,各种投入的效率,对水资源、能源、土地资源等的节约等。生产技术水平与供给能力呈正向相关关系,但生产技术的应用要有限度,以保证农业发展的可持续性。如过量投放化肥、农药,或复种指数过高,则会使土壤质量下降、生态环境恶化、食品质量下降,从而使长期供给能力下降。

(五) 农业资源条件

与工业生产不同,农业资源条件对于农产品的供给有非常大的影响。农业资源条件包括土质、地形、降水、光、温、热、动植物资源等,良好的自然条件有利于供给的稳定与增加;反之则会减少农产品供给。

(六) 政府政策和法律

政府对农产品价格、农产品进出口、土地、税收、农资生产与价格、环境保护等的政策与法律,都会不同程度地影响农产品的供给。如政府对粮食价格的补贴、对进口的限制等政策都会导致粮食产量的提高。

(七) 生产者对未来的预期

生产者对未来的预期会影响农产品的供给,包括对农产品价格的预期、对气候和政府政策等的预期。如果预期乐观,供给将会增加;否则会减少。

第二节 农产品的供给价格弹性

一、供给价格弹性的计算

弹性是用来表示因变量对自变量变化的反应强度或敏感程度的一个概念。对于任何存在因果关系的两个变量之间,都可以考察其弹性。以 Y 代表因变量,以 X 代表自变量,弹性大小可以用弹性系数来表示：

$$弹性系数 = \frac{因变量的变化率}{自变量的变化率} = \frac{\Delta Y/Y}{\Delta X/X} = \frac{\Delta Y}{\Delta X} \cdot \frac{X}{Y}$$

根据考察范围的不同,弹性系数又分为弧弹性和点弹性两种。弧弹性指曲线两点之间的弹性系数,点弹性则指一个点上,或自变量的变化量趋于零时的弹性系数。由此可知,弧弹性系数为

$$E = \frac{\Delta Y/Y}{\Delta X/X}$$

点弹性系数为

$$E = \lim_{\Delta X \to 0} \frac{\Delta Y/Y}{\Delta X/X} = \frac{dY/Y}{dX/X} = \frac{dY}{dX} \cdot \frac{X}{Y}$$

由于影响农产品供给的因素很多,所以关于农产品的供给,理论上也可以建立多种弹性系数,但如果不做特殊说明,我们一般所说的供给弹性是指供给量与农产品本身价格之间的关系,称作供给的价格弹性或简称供给弹性。

农产品供给价格弹性,又称农产品供给弹性,是指某种农产品的市场供给量对其价格变化反应的灵敏度,即农产品供给量变动率与价格变动率的比率。

由于价格与供给量的变化方向一般来说是一致的,所以供给弹性一般为正值。

二、供给弹性的分类

供给弹性按大小一般可分为五类。

(1) 当 $E_s > 1$ 时,称为供给富有弹性,表明价格变动幅度小于供给量的变动幅度。

(2) 当 $E_s < 1$ 时,称为供给缺乏弹性,表明价格变动幅度大于供给量的变动幅度。

(3) 当 $E_s = 1$ 时,称为单位弹性,表明价格变动幅度与供给量变动幅度相等。

(4) 当 $E_s = 0$ 时,称为供给完全无弹性,表明不论价格变化幅度多大,供给量都不受影响。

(5) 当 $E_s = \infty$ 时,称为供给无限弹性,表明价格不变,供给量在变化。

最常见的情况为前两种,即供给富有弹性和供给缺乏弹性,而后三种情况尽管存在,但并不常见。

三、影响供给弹性的因素

影响供给弹性的因素主要有以下几个方面。

(1) 农产品生产周期。生产周期长的农产品,在生产周期内价格变动,对供给量影响其微,所以在生产周期内供给弹性小,能影响下一个周期的供给量。生产周期短的农产品,价格变化快,容易调节生产计划,相对富有弹性。

(2) 改变生产规模的难易程度。不易改变生产或加工条件的产品,供给弹性小;反之则大。一般来说,对资金、技术密集型的产品改变生产规模或加工条件比较困难,供给弹性小;对劳动密集型的产品改变生产规模或加工条件较容易,供给弹性大。

(3) 价格变动的影响期长短。影响期越长,供给量对价格作出的反应越大,即供给弹

性大。对于在瞬间内生产者来不及对生产作出调整,无法变动供给量的,如某些鲜活易腐的农产品,不易储存,供给弹性几乎等于零。如果时间稍长些,生产者则可以对可变要素进行调整,供给弹性稍大。如果时间足够长,使生产者能够对所有可变要素和不变要素进行调整,形成新的生产能力或转移原有的生产能力,则供给弹性就大。

(4)产量增加引起成本增加的程度。如果产量增加的幅度大于成本增加的幅度,则供给弹性大;反之则供给弹性小。

总之,农产品由于受自然条件的影响大,生产周期一般较长,而且多为鲜活产品,不易储存,加之受到土地面积和生物本身生产能力(如出奶量、产蛋率、产崽数等)等条件的限制,不可能迅速或无限扩大规模,因而供给弹性较小。

第三节 农产品的需求及其影响因素

一、农产品需求的概念

对某种商品的需求是指消费者在某一特定时期内,在每一价格水平下愿意而且能够购买的该商品的数量。需求是购买欲望和购买能力的统一,缺少任何一个条件都不能成为经济学意义上的需求。因此不能把需求与一般所说的"需要""欲望""想要"等概念混为一谈。同理,消费者对农产品的需求是指在一定时期内,在各种可能的价格水平下,消费者愿意而且能够购买的该种农产品的数量。

二、农产品需求函数

现实中,影响商品需求的因素非常多,如商品本身的价格,消费者的收入水平,相关商品的价格,消费者的偏好与习惯,消费者对商品价格与未来收入的预期,市场的发育程度,政府政策等。与研究供给的情况一样,以上因素也可以简单归纳为价格因素和非价格因素。某种农产品的需求函数是指该农产品的需求量与其各影响因素之间的函数关系,如果把影响该农产品需求的因素作为自变量 b_i,把需求量作为因变量记作 Q_d,则农产品的需求函数可以写为

$$Q_d = f(b_1, b_2, \cdots, b_i)$$

在供求分析中,最为重要的是价格因素。假定非价格因素保持不变,仅仅考察农产品本身的价格与其需求量之间的关系,则农产品的需求函数可以简化为

$$Q_d = f(P)$$

经济学中把某种商品的价格与其需求量之间的关系称为需求定理。其基本内容是:在其他条件不变的情况下,某商品的需求量与价格呈反向变动关系,即需求量随着商品本身价格的上升而减少,随商品本身价格的下降而增加。需要注意的是,在这一定理中,价格是严格的自变量。

农产品的需求量与价格之间的关系一般而言也符合需求定理,即在其他条件不变的情况下,随着价格的提高,需求量会减少;随着价格的下降,需求量会增加。理解需求定理的关键是"其他条件不变"的假设,如收入水平、其他商品价格水平不变等;否则会得出

一系列似是而非甚至相反的结论。如在饥荒时,土豆的价格尽管不停地上涨,但土豆的消费量反而增加,因此有人认为土豆是特殊商品,不符合需求定理。这种推论显然忘记了饥荒这一基本背景。再如有人认为人们面对首饰、股票等商品,都会有"买涨不买跌"的心理,因而这类商品也是需求定理的例外,但这种行为恰恰是预期价格变化的结果,可见"其他条件"已经变了。

三、影响农产品需求的因素

如前所述,影响需求的因素很多,有价格因素和非价格因素,进一步区分它们,有助于理解需求的变化与均衡价格的形成。这里所说的价格因素是指所研究的农产品本身的价格,非价格因素则指除产品本身价格之外的所有其他因素,如消费者的收入水平,人口数量与结构,消费者的偏好等。

(1) 农产品本身的价格。这是研究中最为主要的变量,如需求定理所指出的,在其他条件不变的情况下,农产品本身的价格与其需求量之间具有反向相关关系。

(2) 消费者的收入水平。在其他条件一定时,一般来说,收入水平越高,消费者的购买能力越强,对某种商品的需求也会随之提高。但对于某些农产品,随着收入水平的提高,需求量可能不但不会增加,反而会减少。经济学上把这类商品叫作低档品,如随着人们收入水平的提高,对于谷物的直接消费量明显减少。

(3) 人口数量与结构。人口数量越大,对于农产品的需求量会越大;人口增长越快,对农产品的需求量的增长也就越快。这里的基本原因是,农产品以食品为主,而人人无疑都要吃饭。

人口结构包括人口的地理分布、年龄性别结构与社会结构。地理分布可以用人口密度来表示,人口密度越大,对农产品的需求量就越大。不同年龄层次的人,消费结构和需求也会有所差异,如婴幼儿对牛奶的需求量相对较大,而对于蔬菜和肉类的需求相对较小;男性较女性食量更大一些。社会结构包括人的职业、文化程度、社会地位与信仰等,这些因素对于农产品的需求也会产生影响,如素食主义者对于肉类的需求等于零等。

(4) 消费者的偏好。不同消费者对不同农产品有不同的偏好,所谓"萝卜青菜,各有所爱"。如果消费者都偏好某一种产品,则一定会造成该种产品需求量增加;反之亦然。

决定一个消费者偏好的因素很多,如年龄、性别、职业、文化水平、生长环境、阅历、社会地位、经济能力、政治倾向、社会思潮、广告宣传、医学知识等,都在一定程度上影响着人们的消费偏好。偏好并不是一成不变的,上述任何因素的变化都可能导致消费者偏好的改变。但在分析消费者行为时,我们假定对于某一个消费者来说,他的偏好是稳定的。

(5) 相关农产品的价格。相关农产品可以分为替代品与互补品两种。某种农产品替代品的价格与该农产品的需求量之间正向相关,如替代品价格上涨,会使该农产品相对便宜,故需求量上升。同理,某种农产品互补品的价格与该农产品的需求量反向相关,如某种农产品的互补品价格上涨,会使共同使用的费用提高,从而对该农产品的需求量下降。但由于农产品多属于初级产品,严格互补的农产品在现实中并不多见。

(6) 消费习惯与文化。由于宗教信仰、传统文化、农业结构、自然地理以及气候等因素的不同所形成的不同消费习惯会影响农产品的消费,如四川人、湖南人对辣椒的偏好,影响其食品结构,从而对农产品需求产生影响。再如北方的面食文化、南方的稻米文化会影响这两个地区对小麦与大米的需求。

(7) 其他产业发展对农产品的需求。随着国民经济的发展,饲料、纺织、化工、商业等行业对农产品需求不断增加,日益成为农产品市场需求的重要组成部分。如农产品加工业的规模越大,发展速度越快,对初级农产品的需求也越多。

第四节 农产品的需求价格弹性

一、需求价格弹性的概念

由于影响农产品需求的因素很多,所以关于农产品的需求,理论上也可以建立多种弹性系数,但如果不做特殊说明,我们一般所说的需求弹性是指需求量与农产品本身价格之间的关系,称作需求的价格弹性。

由弹性的一般定义可知,某种农产品需求的价格弹性是指农产品需求量的变化对于其价格变化反应的灵敏程度,或农产品需求量的变化率与其价格变化率之比。不同的农产品,其需求弹性是不同的,这种不同可以由弹性系数来区分。需求的价格弹性系数仍分为弧弹性与点弹性,以 E_d 表示需求价格弹性,Q_d 表示需求量,由定义可知,需求的价格弧弹性公式为

$$E_d = -\frac{\Delta Q_d/Q_d}{\Delta P/P} = -\frac{\Delta Q_d}{\Delta P} \cdot \frac{P}{Q_d}$$

点弹性公式为

$$E_d = -\lim_{\Delta P \to 0} \frac{\Delta Q_d}{\Delta P} \cdot \frac{P}{Q_d} = -\frac{dQ_d}{dP} \cdot \frac{P}{Q_d}$$

二、需求弹性的类型

需求弧弹性按大小一般可分为五类。

(1) 当 $E_d > 1$ 时,称为需求富有弹性,表明价格变动幅度小于需求量的变动幅度。

(2) 当 $E_d < 1$ 时,称为需求缺乏弹性,表明价格变动幅度大于需求量的变动幅度。

(3) 当 $E_d = 1$ 时,称为单位弹性,表明价格变动幅度与需求量变动幅度相等。

(4) 当 $E_d = 0$ 时,称为需求完全无弹性,表明不论价格变化幅度多大,需求量都不受影响。

(5) 当 $E_d = \infty$ 时,称为需求无限弹性,表明价格不变,需求量在变化。

最常见的情况为前两种,即需求富有弹性和需求缺乏弹性,而后三种情况尽管存在,但并不常见。

三、影响需求弹性的因素

影响需求弹性的因素主要有以下几个方面。

(1) 某种农产品对人们生活的必需程度。一般来讲,生活必需品,需求弹性小。因需

求量比较稳定,受价格影响小,如米、面、菜等,人们的需求量基本不因价格变动有太大增减。相反,非生活必需品,如水果、水产品等,人们会因价格的变化而有较大幅度增减。再如甲鱼、人参之类的农产品,则属于奢侈品,其需求弹性更大。

（2）某种农产品的可替代性。替代品种类越多,可替代性越大,其需求弹性也越大;相反,不易被替代的农产品,如食用油,需求弹性小。

（3）某种农产品本身用途的广泛程度。一般来说,农产品用途越广泛,其需求弹性越大;农产品用途越少,其需求弹性会越小。如玉米,因其可以用来加工食品、酿酒、加工饲料、作为生物能源的原料,其用途非常广泛,所以其价格的轻微变化就会引起需求量较大的变化。而甘蔗由于主要用于榨糖,其价格的变化对于需求量不会有太大影响。

（4）某种农产品在消费者支出中所占比重。如果所占比重小,消费者对这种农产品价格变化反应不灵敏,需求弹性小;反之,则需求弹性大。

（5）以农产品为原料的工业对某种农产品的依赖程度。如果某种工业对某种农产品的依赖程度大,则该农产品的需求弹性小;反之则需求弹性大。如橡胶制品业对天然橡胶的依赖程度非常大,使其对天然橡胶的需求弹性非常小。

四、需求交叉价格弹性

许多产品之间存在一种替代关系,如猪肉和牛肉之间,多消费猪肉就可少消费牛肉,牛肉价格的变动必然影响到猪肉的需求量。我们把某种农产品需求量对其相关农产品价格变动的反应灵敏程度叫作需求交叉价格弹性,某种农产品需求量的变动率与相关农产品价格变动率的比值叫作需求交叉价格弹性系数,用公式表示为

$$E_{xy} = \frac{\Delta Q_y / Q_y}{\Delta P_x / P_x} = \frac{\Delta Q_y}{\Delta P_x} \cdot \frac{P_x}{Q_y}$$

式中,E_{xy} 为商品 Y 对商品 X 的交叉弹性系数,即商品 X 价格变化对商品 Y 需求量的影响程度。

需求交叉价格弹性系数可以是正值,也可以是负值。如果两种农产品是替代品,则交叉弹性为正值;如果两种农产品为互补品,则交叉弹性为负值。

第五节 需求收入弹性与恩格尔系数

一、需求收入弹性

为了更精确地反映收入对需求量的影响,我们引进需求收入弹性的概念,它是指需求量的变化对消费者收入变化反应的灵敏程度。需求收入弹性系数等于需求量的变动率与收入变动率之比。如果以 I 表示收入,以 E_I 表示收入的弹性系数,则

$$E_I = \frac{\Delta Q_d / Q_d}{\Delta I / I} = \frac{\Delta Q_d}{\Delta I} \cdot \frac{I}{Q_d}$$

理论上,收入弹性系数也有点弹性与弧弹性之分,但常用的仍是弧弹性。

根据需求收入弹性,商品可以分为正常品和低档品。所谓正常品,是指随着收入水平的提高,需求量也提高的商品;所谓低档品,是指随着收入水平的提高,需求量不升反降

的商品。可见,正常品的需求收入弹性大于0,低档品的需求收入弹性小于0。进一步,正常品可以分为奢侈品和必需品,奢侈品是指需求收入弹性大于1的商品,也就是富有收入弹性的商品;必需品是指需求收入弹性小于1的商品,也就是缺乏收入弹性的商品。需要注意的是,这种划分与实际生活中所说的奢侈品或必需品的概念并不完全吻合。

农产品中尽管也有不少奢侈品,但大量及大宗的农产品却不幸属于必需品甚至是低档品。与多数工业制成品或劳务相比,其需求收入弹性普遍偏低。

在实际中,奢侈品、必需品和低档品是相对而言的,同一产品,对高收入者来说可能是低档品,但对低收入者来说则可能是奢侈品;同一产品对同一消费者来说,在一个时期内可能是奢侈品,但在另外一个时期内可能又是低档品。

如果从历史的角度来研究消费者对农产品的需求量变化的演变过程,可以大致分成几个不同阶段。在第一阶段,消费者收入水平很低,对农产品的需求量也很少。在第二阶段,随着收入的增加,消费者把增加的大部分收入用于食品消费,对农产品的需求量急剧增加。在第三阶段,随着收入的增加,消费者把增加的收入,除少部分用于食品支出外,更多地则用于改善生活的其他方面,如居住、衣着、教育等,因此,对农产品需求量增加速度放慢。在第四阶段,随着收入的增加,消费者对农产品的需求量不再增加,保持在一定的水平上,因为这时对农产品的消费量基本达到了饱和状态。在第五阶段,随着收入的继续增加,消费者对低档农产品的需求继续下降。这种历史性的分析,对我们了解消费者收入状况以及农产品需求所处的阶段是非常有用的,从而有助于把握农业发展所处的历史阶段。

了解这一特点的意义在于,如果收入提高后,人们并不提高甚至要减少对农产品的消费,那么收入的增加或整个经济水平的提高就不可能被多数农业生产者分享,投资者就不会有强烈的动机投资农业。这也是在各国的发展过程中农民收入提高缓慢的原因之一。

二、恩格尔系数

恩格尔系数是指食物支出与全部生活消费支出之比,用 E_n 代表恩格尔系数,其公式表示为

$$E_n = \frac{\text{食物支出}}{\text{全部生活消费支出}} \times 100\%$$

恩格尔系数以德国统计学家恩斯特·恩格尔(Ernst Engel)的名字命名。19世纪中叶,恩格尔在调查英国、法国和比利时等国不同家庭时发现了一个规律:一个家庭收入水平越低或越贫穷,其食品支出在收入中所占的比例越大;相反,一个家庭收入水平越高或越富有,其食品支出在收入中所占的比重越小。对于一个国家来说,情形也是如此,这一规律被称为恩格尔定律。

恩格尔系数在研究消费和经济发展中具有重要意义。

第一,恩格尔系数揭示了居民食品消费与收入之间的定量关系。恩格尔系数首次提出了食品消费与支出之间的数量关系,发现了收入水平的变化对食品消费的影响,揭示了消费受收入水平影响而变化的趋势和规律。

第二,恩格尔系数是衡量一个国家或一个地区人民生活水平的重要指标。联合国粮农组织将恩格尔系数作为判断生活水平的标准。一般而言,恩格尔系数越小,生活越富

裕;反之,则越穷。因此,通过比较分析恩格尔系数,可以粗略地反映一个国家或地区人民生活的贫富程度。

第三,恩格尔系数对于研究消费结构(如衣着等)具有重要意义。首先,恩格尔系数将消费结构进行分类,进而考察各类消费占总消费支出的比重。食品消费结构分析同样需要对食品进行分类,并考察各类食品消费占总食品消费的比重。其次,恩格尔定律同样可以运用于食品内部结构的分析上。食品最基本的组成部分是粮食,粮食又是食品中最缺乏需求弹性的,粮食消费比重的下降必然导致食品结构的变化。

联合国粮农组织依据恩格尔系数判定各国生活水平的标准如表4.1所示,表4.2是2015—2022年中国城乡居民恩格尔系数。

表4.1 联合国粮农组织依据恩格尔系数判定各国生活水平的标准

恩格尔系数/%	生活水平	恩格尔系数/%	生活水平
30以下	最富裕	50~60	勉强度日
30~40	富裕	60以上	绝对贫困
40~50	小康		

表4.2 2015—2022年中国城乡居民恩格尔系数　　　　　　　　　　　%

年　度	城镇居民	农村居民	年　度	城镇居民	农村居民
2022	29.5	33	2018	27.7	30.1
2021	28.6	32.7	2017	28.6	31.2
2020	29.2	32.7	2016	29.3	32.2
2019	27.6	30.0	2015	29.7	33.0

资料来源:国家统计局.中华人民共和国2015—2022年国民经济和社会发展统计公报.

第六节　农产品供求平衡与均衡价格的决定

一、均衡价格

均衡价格是指一种商品的需求与供给相等时的价格。需求与供给是两种既相互依存、又相互制约的力量。市场在供给与需求的共同作用下,形成了商品的均衡价格,而均衡价格的高低与变化趋势则反映了供求状况。市场在价格信号的指导下,重新配置资源,以达到或接近供求平衡。图4.1是均衡价格形成的几何图解。

图4.1中,S与D分别代表供给曲线与需求曲线,在两条曲线的交点E上,供给和需求达到了均衡,对应于均衡点的价格P_e为均衡价格,数量Q_e为均衡数量。

在均衡点上,没有过剩与短缺存在。但在现实经济活动中,由于各种原因,需求与供给之间往往在总量上、时间上、空间上、结构上产生偏差,经济学上把这种偏差叫作不均衡或非均衡。非均衡状态有两种:一种是过剩,即供给大于需求的状态;另一种是短缺,即需求大于供给的状态。

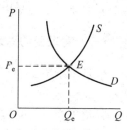

图4.1 均衡价格形成的几何图解

如图 4.2(a)所示,当市场价格高于均衡价格而处在 P_1 时,生产者愿意而且能够生产的产量即供给量为 Q_s,而消费者愿意而且能够购买的数量即需求量为 Q_d,此时不管相对于均衡数量还是相对于消费者的需求量,都存在过剩;如图 4.2(b)所示,当市场价格低于均衡价格而处在 P_2 水平时,消费者的需求量为 Q_d,大于生产者的供给量 Q_s,此时不管相对于均衡数量还是相对于消费者的需求量,都存在短缺。

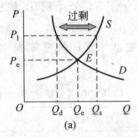
(a)

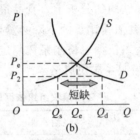
(b)

图 4.2 价格偏离均衡价格时产生过剩与短缺

那么,在供求不均衡时,价格又是如何调节的呢?下面以过剩为例说明这一原理。

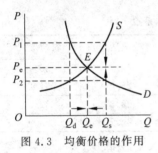

图 4.3 均衡价格的作用

如图 4.3 所示,当价格为 P_1 时,市场上供给大于需求,出现过剩。面对过剩的供给量,消费者这时愿意支付的价格仅为 P_2,而生产者由于成本等原因,愿意出售的价格为 P_1。为了成交,生产者与消费者双方都必须作出适当让步,妥协的结果是生产者降低价格,消费者提高支付意愿,使价格朝着均衡价格方向调整。在被迫降价的同时,为了避免更大的损失,生产者会减少产量或干脆退出,从而使过剩得到缓解。由于生产者降价,消费者能够购买到的数量即需求量也得到了相应提高,从而使供给与需求的差额进一步缩小,产量最终也朝着均衡数量方向调整。这一过程被叫作价格机制或"看不见的手"原理。

注意上述原理只有在产品市场与要素市场都是完全竞争的条件下才能成立,如果存在垄断力量或政府干预,则价格不一定会下降。

二、均衡价格的变动与供求规律

均衡价格会随着供给和需求的变化而变化,如前所述,供给与需求受很多因素的影响,以上讨论的是价格因素,接下来将要讨论的是非价格因素的影响。为了使问题简化,在此我们使用经济学中常用的比较静态均衡分析法。

(一)需求变动对均衡价格的影响

假定供给不变,非价格因素的变化导致需求曲线移动,均衡价格的变动如图 4.4 所示。

供给不变时,如果需求增加,图 4.4 中需求曲线由 D_0 移动到 D_1,会导致均衡价格与均衡数量增加;相反,如果需求减少,图 4.4 中需求曲线由 D_0 移动到 D_2,会导致均衡价格与均衡数量同时下降。

(二)供给变动对均衡价格的影响

假定需求不变,非价格因素的变化引起了供给的变化,均衡价格与均衡数量也会发生相应的变化,如图 4.5 所示。

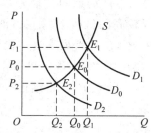

图 4.4 需求变动引起的均衡价格变动

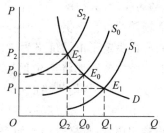

图 4.5 供给变动引起的均衡价格变动

需求不变时,如果供给增加,图 4.5 中供给曲线由 S_0 移动到 S_1,会使均衡价格下降,均衡数量增加;相反,如果供给减少,图 4.5 中供给曲线由 S_0 移动到 S_2,会导致均衡价格上升,均衡数量下降。

(三)供求定理

从上述对供给与需求变动的比较静态均衡分析中,我们可以得出供求定理:在供给不变的情况下,需求的变化会导致均衡价格与均衡数量同方向变化;在需求不变的情况下,供给的变化会导致均衡价格反方向变化、均衡数量同方向变化。

三、蛛网理论——一个动态分析

在分析均衡价格的形成时,我们使用了静态分析法;在分析均衡价格的变动时,我们使用了比较静态分析法。以上两种分析方法的特点是不考虑时间因素。但在现实中,由于农产品生产周期较长,其供给并不能随价格的变化快速调整,致使生产者的供给与市场价格信号形成一个时间差。

蛛网理论是由英国经济学家卡尔多(N. Kaldor)命名的,这一理论引进了时间因素,通过对属于不同时期的需求量、供给量、均衡价格和均衡数量相互作用的考察,分析农产品价格波动的原因及均衡结果。蛛网则形象地说明了随着市场价格的变化,农产品的供给和需求围绕均衡量呈蛛网状波动的现象。

蛛网理论的基本假设是:商品的本期产量 Q_t^s 取决于前期的价格 P_{t-1},而商品的需求量 Q_t^d 则取决于本期的价格 P_t。根据这一假设,并假定需求函数与供给函数均为线性,蛛网理论可以用以下三个联立方程来表示:

$$Q_t^d = \alpha - \beta P_t$$
$$Q_t^s = -\delta + \gamma P_{t-1}$$
$$Q_t^d = Q_t^s$$

式中,$\alpha, \beta, \delta, \gamma$ 均为常数,且均大于 0。

蛛网理论分析了农产品价格和产量波动的以下三种情况。

(一) 收敛型蛛网

当农产品供给弹性小于需求弹性时,价格变动对供给的影响程度小于对需求的影响程度,蛛网为收敛型,如图4.6所示。假定某种农产品第一生产周期的产量为 Q_1,此时,农产品市场需求量大于供给量,供不应求,消费者愿意以较高的价格 P_1 购买,消费者愿意购买的价格决定了市场价格为 P_1,远远高于均衡价格 P_e,生产者根据这一价格信号,决定在下一个生产周期将产量增加到 Q_2。由于产量大幅度增加,出现了供大于求的局面,消费者愿以低于均衡价格的价格 P_2 购买,使市场价格下降到 P_2。根据这一信号,生产者决定在下一个生产周期将产量削减到 Q_3。如此反复,价格最后收敛于均衡点 E,生产量逐步趋于稳定,价格也趋于稳定。

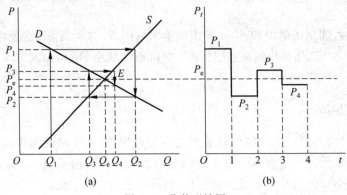

图 4.6 收敛型蛛网

(二) 发散型蛛网

当农产品供给弹性大于需求弹性时,价格变动对供给的影响程度大于对需求的影响程度,蛛网为发散型,如图4.7所示。其波动过程大致和前一种情况相同,只是在连续时期内价格和产量的波动越来越大,距离均衡点越来越远。因此,在这种情况下,均衡是不稳定或不存在的。

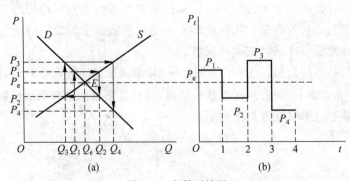

图 4.7 发散型蛛网

(三)封闭型蛛网

当农产品供给弹性等于需求弹性时,价格变动对供给和需求的影响相等。当价格下降时,需求增加的幅度与供给减少的幅度相等;当价格上升时,需求下降的幅度与供给增加的幅度也相等。产量与价格总是对等波动,从而在一个封闭型蛛网内循环,如图 4.8 所示。

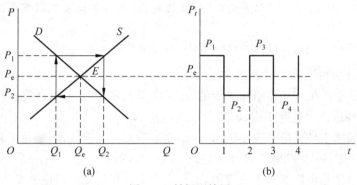

图 4.8 封闭型蛛网

蛛网模型虽然简单,但在一定程度上把握了农产品价格与产量动态变化的主要特征——波动。该模型的缺陷在于,将波动归因于生产者对价格的预期模式,即基于前期的销售价格。事实上,理性的生产者会根据经验不断修正自己的预期模式,因而农产品价格的波动并不会如模型所预测的那样剧烈甚至呈发散状态。

上河湾村"北菜南运"采收忙

大棚里的蔬菜如何销售到南方市场?这还得益于不断发展的棚膜经济。长春市九台区上河湾镇从以往的经验中,探索出一条"北菜南运"的新思路:通过与企业合作,建立起"企业+基地+农户"的利益联结机制,重点打造果蔬套种示范基地、富硒蔬菜新技术示范基地、蔬菜新品种示范基地。目前,全镇棚膜数量发展到 500 余栋,年收益超过 1 500 万元,为 3 000 多名农民提供就业岗位,产业发展呈现出强劲势头。

"'北菜南运'棚膜经济示范带基本成型。"上河湾镇党委书记谷春生说。按照"农业立镇、产业强镇、建设中心集镇"的发展目标,上河湾镇在全镇 4 个行政村先试先行,并由村党支部创办领办合作社。根据订单种植和规范化管理,积极鼓励农户参与生产,统一品种、统一种植、统一采收、统一销售,农企间优势互补、利益共享。

据合作方相关负责人介绍,南方每年六七月份进入梅雨季,而此时正处于当地蔬菜新一轮的种植阶段。企业瞄准市场供应量变小的窗口期,充分与北方农户合作,为他们提供种苗、肥料、农药以及免费的技术支持,让北方蔬菜进入南方市场。

自产自销,农民缺技术、没销路,束缚农业的发展,但在上河湾镇石羊村蔬菜大棚,这里不仅种出了产量高、耐储存、耐运输的"硬粉"西红柿品种,更实现了西红柿与豆角套种。种满西红柿的大棚内挂满了供豆角秧苗攀爬的藤条,充分利用上部空间,不仅实现一地多收,更有利于保持棚内的温度、湿度。

"以前,村里也有不少农户种植大棚蔬菜,但品种单一、种植零散。"石羊村党总支书记吕延东告诉记者,"企业对种植品种、生产技术和管理采取全程服务,并聘请专业的农艺师上门指导农户,全村110栋大棚高效实施套种、膜下滴灌、有机种植等先进农业技术,农户的收益至少提高10%。"正是"北菜南运"项目的实施,为石羊村大规模发展棚膜经济提供了契机。

资料来源:梁闯.上河湾村"北菜南运"采收忙[N].长春日报,2022-06-23.

从本案例分析可以看出以下几点。

(1) 产品的供求关系是由市场决定的,正是由于抓住了"北菜南运"这样的机会,上河湾镇农民的大棚蔬菜才打开了市场。

(2) 企业瞄准市场供应量变小的窗口期,充分与北方农户合作,满足了双方的共同利益诉求,实现南北方产销的有效对接,得到了市场的认可。

(3) 产品价格是由供求关系决定的,正是由于南方市场处于供应量变小的窗口期,产品相对短缺,上河湾镇大棚蔬菜才更具市场价值,产品销售价格会更高。

【复习思考题】

1. 什么是农产品供给?农产品供给需要具备哪两个条件?
2. 什么是农产品供给价格弹性?
3. 什么是农产品需求价格弹性?
4. 简要分析影响农产品供给的因素。
5. 简述恩格尔系数的含义与意义。
6. 试论述影响农产品需求的因素。

【即测即练】

第五章

农产品市场

本章学习目标

1. 把握农产品市场的概念和构成因素。
2. 掌握国际农产品流通模式。
3. 把握农产品零售市场发展趋势。
4. 掌握农产品批发市场类型。
5. 把握农产品期货交易的含义和期货市场的功能。
6. 把握农产品拍卖市场的关键环节。
7. 把握农产品电子商务概念和市场运营模式。

棉花期货 为产业高质量发展保"价"护航

近年来,受国际国内多种复杂因素影响,棉花及纺织品价格波动加大,给棉农、轧花厂、贸易商和纺织厂等上下游产业链的生产和经营带来了很大风险,越来越多的涉棉企业选择运用期货、期权等金融工具管理企业风险,指导企业的生产与经营。

"棉花期货2004年上市以来,经过17年发展,已比较成熟。其价格发现、规避风险的功能稳定发挥,产融结合不断深化发展。"中原期货股份公司副总经理薛海斌说。棉花期货在为企业经营提供有效的参考依据和风险管理工具的同时,也推动了棉花商业模式、产业结构等转型升级,对棉花产业的发展起到了积极作用。

由于产业供需变化加剧,棉花价格波动加大,传统现货贸易无法规避价格下跌风险,市场经营主体风险管理需求大幅提升,棉花期货为棉花期现货交易协同发展提供了可能。

以新疆为例,棉花从种植到收获再到市场交易,涉及棉花的上、中、下游产业链条,以及棉农、轧花厂、贸易商和纺织厂等相关主体。在整个链条过程中,棉花期货交易均有涉及。

具体来讲,棉农作为籽棉生产者,可根据期货价格推算调整籽棉销售价,获取最大种植收益,还可在适当价位建立期货空单,对冲籽棉现货销售价格下跌的风险;轧花厂从棉农手中收购籽棉,做成皮棉进行销售,但销售价格受供需基本面影响较大,存在销售价低于成本的风险,通常会根据自身的利润预期,在期货市场进行套期保值,实现稳定收入;贸易商大多具有成熟的基差贸易体系,是目前运用期货工具最为成熟的产业链条;纺织厂也可通过期货市场对采购的原料进行买入套期保值,锁定加工成本。

郑州商品交易所(CZCE)提供的数据显示,棉花期货交割顺畅,自2004年上市至2021年4月底,棉花期货累计生成仓单600万吨,累计完成交割156.4万吨,为涉棉企业利用期货工具创造了良好条件。

资料来源:田耿文.棉花期货 为产业高质量发展保"价"护航[N].农村金融时报,2021-08-09.

本案例包含以下几个方面的农业经济学问题。
(1)期货交易的概念。期货交易是一种远期合约交易。
(2)期货交易的特征。期货交易是一种买空卖空的行为。
(3)期货交易的功能。期货交易具有套期保值、发现价格、资源配置的功能。
(4)期货交易套期保值原理。套期保值是通过在现货及期货市场上做两笔数量相同、交易方向相反的交易,取得在一个市场上出现亏损、在另一个市场上获得盈利的效果。

第一节 农产品市场的概念及其分类

一、农产品市场的概念

市场是商品经济的范畴,凡是有商品生产和商品交换的地方,就必然有市场。农产品市场有狭义和广义之分。狭义的农产品市场是指农产品交易的场地,也就是把一定时间、一定地点进行农产品交易的场所称为农产品市场。广义的农产品市场是指一定时间、地点、条件下农产品交换关系的总和,即生产者、商人、消费者之间,以及生产者之间、商人之间错综复杂的交换关系,这些交换关系都是通过市场这根纽带相联系,从而构成农产品交换关系的集合体。

随着现代社会和市场经济的发展,农产品市场的活动范围和形式都在发生变化。农产品市场的活动范围不仅涉及产前活动如市场调查、市场预测、产品开发等,而且延伸到产品的售后活动,如售后服务、信息反馈等。农产品市场的形式也越来越多样化。随着市场经济的发展,现代市场的商品交换不一定要有场所,通过电话、计算机网络、传真等就可以进行业务洽谈和实际的商品买卖活动。

农产品市场是一个由诸多因素构成的整体,主要的构成因素有:①交易对象,即交易物,从进入市场的农产品商品看,在实物形态上,包括:农、林、牧、渔业的主副产品,以农产品为原料的加工制品,以及工业品等。②交易主体,即交易当事人及其相互关系。进入农产品市场的交易主体有农户、农业企业、加工厂家、商业经营者、消费者以及交易中间人。③交易条件,即交易的场所、设施和环境条件。④交易规范,即规范交易方式、交易行为的法律规定和宏观的监督、管理。交易规范包括法律规范、政策规范、共同约定规范和交易道德规范等。⑤交易市场组织。交易市场组织是为保证商品交换顺利进行而建立的协调、监督、管理和服务等部门。这些部门包括负责市场交易活动的流通组织机构,如公司、政府部门、商品交易所等,还有税务、市场监管、卫生等市场交易的服务机构等。

二、农产品市场的分类

农产品市场由不同类型的市场构成。按照不同的标准,可以把农产品市场划分为各种不同类型。

(一) 按农产品在购销过程中的集货序列划分

(1) 产地市场。产地市场又称初级市场。这是分散在农村并与集镇相结合的小型市场,它的基本形式是农村集市贸易。产地市场的特点是:接近产地,市场范围小,价格比消费市场低,采取现货交易。

(2) 集散市场。集散市场也叫中心市场或中级市场,从事农产品集中和分散的处理。集散市场的特点是:商品经营的范围大都跨越了县界或省界,一般位于交通要道或经济活动中心;交易方式多种多样;交通发达,市场设备好;市场价格比初级市场高,比消费市场低,而且价格与供求的变动能影响一个地区甚至全国某种农产品市场。

(3) 消费市场。消费市场也叫终点市场,它是指对某一产品的最终销售而不再转运的市场。消费市场多为产品的零售市场,农产品的消费市场主要集中于大城市、工矿区等人口密集的地方,许多消费市场同时又是中心集散市场。

(二) 按农产品在购销过程中的散货序列划分

(1) 农产品批发市场。农产品批发市场又称中心集散市场,是一种较高级的市场形式,它将来自各产地的农产品进一步集中起来,经过加工、储藏与包装,通过销售商销往全国各地。农产品批发市场作为区域性贸易场所,具有成交量大、环节少、集散快、效益高等优点,对于疏通城乡、地区间的农产品流通具有重要作用。

(2) 农产品零售市场。农产品零售市场又称农产品消费市场,它是通过零售方式直接为消费者提供农产品服务的最终交易场所。通过零售经营,农产品离开流通领域进入消费领域,真正成为消费对象,从而完成社会再生产过程。

(三) 按农产品交易方式划分

(1) 现货市场。现货市场是指买卖双方在商定交易条件后随即成交商品,且银货两清的市场。现货交易简便灵活,只要买卖双方相互协商同意,就可以任何方式在任何地点成交。农产品品种繁多,那些生产季节性强,易腐、易损等不易保存的鲜活商品如蔬菜、瓜果等,尤其适合于现货交易。

(2) 期货市场。期货市场是在现货市场的基础上发展起来的高级市场形式,是商品经济高度发达的产物。现货交易的特点是交易达成后货物交割同时或基本同时进行,而期货交易是交易成立与交割在时间上分离的交易。这种交易适合于贸易量大、规格、质量比较稳定,并且易于标准化的产品。

此外,农产品市场还可以分为买方市场和卖方市场,这是相对于市场商品供求状态而言的一种分类方法。

第二节 国际农产品流通模式

农产品流通体制和农产品市场体系的形成受社会体制、农业生产、经济发展水平等的影响。从国外农产品流通的成功经验看,农产品流通模式主要有三种:东亚模式、西欧模式与北美模式。

一、东亚模式

日本、韩国是东亚模式的主要代表。以日本为例,批发市场是日本农产品流通的主渠道,已经发展得相当成熟,农产品从农户生产一直到消费者手中通过批发市场的中心环节形成了一套严密的运作体系,使农产品的流通高效、快捷。拍卖是批发市场最重要的交易活动,绝大部分鲜活农产品由批发商通过拍卖销售给中间批发商或其他买者,只有个别特定品种的商品才进行对手交易。日本农产品批发市场有两个特别值得关注的方面:一是农协在农产品流通中的作用。农协组织农产品进入流通领域,把分散的农户组织起来,极大地增强了农民作为卖方讨价还价的能力,保护了农民利益。二是日本政府的宏观管理作用。日本政府早在1923年就制定了《中央批发市场法》,1971年又制定和颁发了《批发市场法》。此后,日本政府陆续出台了一系列实施法令,如《批发市场法施行令》《批发市场法施行规则》《食品流通审议会令》等,对农产品批发市场的开设、规划、运营、监督、审议等方面都做了具体规定。

东亚模式的主要特征有:①批发市场是农产品流通的主渠道,并十分注意培育和完善批发市场的功能作用。②流通环节多,成本较高。一般都要经过两级或两级以上批发渠道后才能把农产品转移到零售商手中。③流通规范化、法制化、效率高。尽管流通环节多,但农产品批发市场采用拍卖、投标、预售、样品交易,形成的价格公开、公正。

二、西欧模式

法国、德国、英国、意大利、荷兰等国是西欧模式的主要代表。以荷兰为例,荷兰是世界最大的花卉供应、交易中心,花卉业是荷兰国民经济的支柱产业。在荷兰花卉业发展中,花卉拍卖市场起到了举足轻重的作用。荷兰有大量的农业合作组织,如奶牛协会、农业与园艺合作社、花卉合作社等,它们在国内外建立起了灵活、高效的农产品销售网络,形成了畅通的农产品流通渠道。

西欧模式的主要特征有:①拍卖方式是批发市场农产品流通的重要形式。拍卖方式保证了农产品快速高效地流通,拍卖制度已相当规范和成熟,它不仅涉及交易方式,还涉及农产品的检测、储存和运输等流通环节。②农业合作社是农产品流通的中坚力量,在农产品流通中扮演了重要的角色,农业合作社负责收购农产品,在信息、科技、培训等方面积极为农户提供服务,提高农户组织化程度,保护农民利益,为农户取得贷款融资提供方便。③注重发展农产品生产、加工、销售一体化经营模式,并将产前、产后相关企业建在农村,重视农产品标准化生产。农产品标准化生产对商品流通至关重要。西欧各国大都推行三种农产品标准,即各国国内市场标准、欧盟市场标准和其他国际市场标准。西欧各国政府通过一系列立法,规定产品规格要求,设立专门处理违背标准化行为的组织。强调标准化生产是西欧模式的重要特征。

三、北美模式

美国、加拿大是北美模式的主要代表。以美国为例,美国大部分农产品流通是通过大型超市、连锁食品店来实现的,一些大型超市、连锁食品店纷纷建立自己的配送中心,直接到产地组织农产品的采购以减少中间费用。另外,美国农场经营规模较大,许多农产品生产者直接为零售企业提供多品种、大批量的农产品。

美国农产品批发市场交易流通比例有所萎缩,但批发市场仍然是传统而重要的流通方式,其作用不可忽视。美国农产品批发市场在长期的发展过程中,逐渐形成了一个健全的管理和运作体制,按其功能可划分为产地批发市场和终点市场。美国一些农业协会组织在农产品流通过程中起着重要作用,这些农业协会组织主要做沟通政府与生产者和经营者的工作,协调各方关系,加强信息交流和提供咨询服务等。

美国农产品批发市场的另一个显著特点是批发商的经营规模都很大,实力雄厚,既从事批发市场内经营活动,也从事农产品收购、加工和直接批量供应。

北美模式的主要特征有:①大型超市、连锁零售商左右着农产品的交易体系。②农产品产地市场比较集中,产地批发市场与零售商的交易量占绝大多数,销地批发市场大都分布在大城市,形成城市农产品集散市场。③流通渠道短、环节少、效率高。农产品从产地经物流配送中心,直接到零售商,流通速度快、成本低,从而提高了流通效率。

第三节 农产品市场的变革趋势

一、农贸市场风光不再

我国的农贸市场是20世纪80年代国家放开对粮、棉、油等农产品的管制而实行市场购销制度之后逐步发展起来的,这些农贸市场遍布城乡各地,以其商品丰富、经营活跃成为居民购买生鲜食品的主要市场。应当承认,农贸市场作为农产品主要分销渠道,在满足城乡居民生活食品需求、促进农产品流通、繁荣城乡经济方面发挥过重要作用。但是,随着城乡经济的快速发展和人民生活水平的显著提高,传统的农贸市场渐渐不再适应农业产业化的发展和满足消费者日益增长的需求。特别是进入21世纪,农产品质量安全日益凸显在人们的面前,这种传统的销售形式正受到严峻的挑战。

农贸市场经营主体分散,难以对其进行有效的市场监管;市场设施落后,不利于食品安全控制;市场功能不健全,阻碍农业产业化发展。总之,消费者因为农产品质量安全问题不再青睐农贸市场;政府因其影响城市环境和现代化管理也颇有微词;个体商贩更是觉得无利可图,退场转行的比比皆是;其他业态经营生鲜农产品挤压,今天的农贸市场在大中城市的销售份额已经严重萎缩,同20世纪90年代的"一统天下"相比,早已是江河日下。

二、生鲜超市异军突起

我国主要农产品的供给已经从总体短缺、供不应求过渡到相对过剩阶段,买方市场已经基本形成,农产品的销售竞争日趋激烈。在这个大背景下,农产品的销售也从原来的生产营销观念转变为市场营销观念,销售业态的升级已然成为必然趋势。自从家乐福进入中国率先引入"超市卖菜"的新概念之后,超市作为一种现代营销业态正逐步被生产者和消费者认可。当前,我国农产品的营销业态正悄然进行着一场变革,即传统的农贸市场将大量被现代销售形式的超市所代替。生鲜超市以超市形式来经营生鲜农副食品,实现市场经营主体的组织化、经营方式的超市化、产品的标准化和服务的规范化。

三、农产品电子商务凸显优势

农产品电子商务具有极大的市场优势。可以说,从鲜肉到蔬菜,从茶叶到杨梅,网上市场应有尽有,改变了人们的消费方式,促进了农产品的市场流通。据农业农村部统计,我国现有各种涉农电商平台3万多个,其中农产品电商平台4 000多个,特别是淘宝、京东等一批电商巨头纷纷加入农产品电子商务中来,促进了农产品电子商务贸易额的高速增长。

现代物流业的快速发展,冷链运输体系的建设,助推了农村电子商务蓬勃兴起。全国各地依托当地资源和特色产业发展电子商务,网商数量快速增长,农特产品在线经营企业和商户快速增加。阿里研究院的研究结果显示,2019年,阿里平台农产品交易额为2 000亿元,2020年交易额实现50%的增长,突破3 000亿元大关,稳居各大平台首位。2021年,我国28个省(自治区、直辖市)共出现7 023个淘宝村,较上年增加1 598个,增量再创新高,连续4年增量保持在1 000个以上。2021年我国27个省(自治区、直辖市)共出现2 171个淘宝镇,较上一年增加415个,增长23.6%,约占到全国乡镇(不含街道)数量的7.2%。

商务部会同农业农村部开展农商互联,发展农产品电子商务,推动农产品生产、加工、流通企业与电子商务企业对接,通过"联产品、联设施、联标准、联数据、联市场",实现线上线下深度融合,打造以电子商务企业为主体,上联生产、下联消费的新型农产品供应链。根据农业农村部统计,全国农产品网络零售额2020年达到5 750亿元,同比增长37.9%。根据农业农村部《"十四五"全国农业农村信息化发展规划》,到2025年,农产品年网络零售额将超过8 000亿元。

四、经营主体的组织化、规范化

超市为了在激烈的市场竞争中立于不败之地,必须规范管理,统一合理地配置资源。企业法人接受政府、社会和消费者的监督,对成千上万名消费者承担法律责任。从以往农贸市场"卖商品"转变为农贸超市"卖商品加服务"。同时,经营主体的组织化,有利于政府加强对市场的监管。

生鲜超市采取的是统一采购、统一配货、统一定价的连锁经营方式。统一采购,就是直接从农产品生产基地进货,最大限度地减少了传统批发诸多的中间环节,解决了成本高的问题；统一配货,不仅能保持生鲜食物的新鲜,而且能做到货物多元化,全方位满足市民需求,这些产品在配送中,往往经过严格的筛选、包装和加工,方便了购买；统一定价,就是要保证优质优价、质价相符,避免产品认知判断上的误区,保证消费者买到称心的产品。统一采购、统一配货后的产品要经过严格的检测检疫,农贸超市配有检测设备,每天对蔬菜农药残留、福尔马林、瘦肉精等进行检测,强化农产品市场准入机制,解决农产品安全问题。

五、消费需求推动变革

经过改革开放 40 多年的经济发展,居民可支配收入大幅增长,人们的生活质量有了显著提高,与此相对应,消费结构和消费观念也在悄然发生变化,突出表现为以下两个趋势。

（一）绿色环保

社会环境污染直接对人们的生活产生了非常严重的影响,这一问题已经受到世界各国的普遍关注和重视,消费者对"绿色"消费品的关注也越来越强烈。调查显示,影响消费者购买蔬菜的主要因素是产品的"新鲜程度""卫生程度",同时消费者对"无污染、绿色食品"的蔬菜表现出非常高的需求倾向。显而易见的是,同农贸市场相比,超市安全可靠的购物保证更能满足人们绿色环保的消费倾向。

（二）方便快捷

随着工作生活节奏的加快、收入的快速增长,人们越来越喜欢方便快捷的消费方式和生活方式。围绕这一需求的变化,人们倾向于购买更多成品、半成品,采用电子商务、高端配送等方式,让新鲜、安全的农产品快速送达自己的厨房,让各类美食直达餐桌,满足社会不同群体多样化的食品需求。在 19 世纪和 20 世纪交接的时候,美国人几乎都是购买农产品原料在家里烹制食品,而一个世纪之后,根据美国农场局联合会的数据,美国人 46% 食品支出消费在自家烹制,而 54% 食品支出消费在餐馆和外卖餐饮店。近年来,随着我国电子商务的普及及农产品超市化,越来越多的成品展现在消费者面前,方便食品日益增多,一切为消费者的便利着想。特别是支付宝"饿了么"外卖及美团外卖等平台,让消费者在家里就可以购买到周边餐厅的各类美食,适应了人们快捷的生活方式,大大提高了人们的生活质量。

第四节 农产品零售市场

一、农产品零售市场的特点

农产品零售市场处于农产品流通过程的最终环节,其基本职能是为消费者服务,将社会所生产的农产品以交易的方式分配给广大消费者。其规模、频率、服务和所耗费的时间,对整个农产品流通过程的速度和效率,生产与消费的联系,以及生产向消费领域的延伸,都有着特殊重要的影响。

农产品零售市场的特点概括起来有以下几点。

(1) 市场辐射范围较小,多限于周围的消费者。

(2) 交易方式主要是现货交易,交易数量小。

(3) 在农贸市场上,小批发商业和小零售业是这类市场的主要参与者,部分农产品由生产者直接在市场销售,这部分农产品主要是鲜活农产品。

(4) 在超市中,农产品及食品的连锁、配送是其供货的基本形式,以出售加工农产品为主,也有鲜活农产品。

(5) 农产品价格高于初级市场和中心集散市场。

二、农产品零售市场的职能

(1) 价值实现。一是通过农产品零售市场,促成商品转化为货币的过程,实现商品的最终价值;二是通过农产品零售市场使商品进入消费领域,实现商品的使用价值,满足生产和生活对商品的需要。

(2) 服务。农产品零售市场不仅销售产品,而且为消费者提供各种服务,让顾客在最短的距离用最少的时间,以合理的代价得到最大限度的满足。

(3) 协调。农产品零售市场按照生产商和批发商的要求,通过商品陈列、广告宣传、提供服务和优惠等方式,协调生产经营者同消费者的关系,使生产者生产更多适销对路的商品,满足消费者的需要。

(4) 信息传递。农产品零售市场直接联系消费者,能最灵敏、最及时、最真实地反映消费者的需求及市场上农产品供求的变化,向生产商和批发商反馈市场信息,起到指导生产、调节供求关系的作用。

三、农产品零售市场的发展趋势

超市经营农副产品之所以受消费者欢迎,缘于这里有舒适宽敞的购物环境、规范统一的价格和洁净整齐的商品。连锁超市和集贸市场两种卖场,对我们农业生产意义迥然不同。

超市、连锁、配送是农产品商品化生产成熟的标志。中国千百年来一成不变的"提篮小卖"的销售方式及露天集市的市场环境已无法承载起优质、安全农产品的销售重任,而实行农产品超市连锁配送则是现代商业零售业的一个发展趋势,也是农业商品化生产成熟的标志。农产品既可以由超市经营者直接进行收购与配送,也可以由农产品生产加工企业进入超市设立专柜实行连锁、配送。商务部 2020 年数据显示,我国约七成的农产品经由批发市场分销,农产品批发市场仍是流通主渠道。而美国食用农产品经超市销售的比重占 90%,日本占 85%,目前发达国家农副产品零售已基本实现了超市连锁配送。推行超市、连锁、配送,不仅改变了千百年来农贸市场一统农产品销售的传统格局,更重要的是它将极大地推进农产品质量升级和农业产销方式转变,并全面推进农产品质量的提高。

首先,连锁超市强化了生产经营者的品牌意识。当卷心菜、辣椒、黄瓜这些蔬菜走进连锁超市后,质量已不单单是农产品的品种问题,而是与该品种的整体品牌、连锁超市的企业形象连在了一起。在超市,经营者必须把农产品的安全性作为自己的"卖点",采取一系列质量保证措施以吸引顾客。永辉超市(以下简称"永辉")以经营生鲜农产品为主,努力打造高端的"农贸市场",希望顾客在永辉可以买到农贸市场的所有生鲜产品,而且价格和品质更优于农贸市场。其商品品种远比农贸市场更丰富,有机果蔬、精品果菜、普通果菜应有尽有,除满足顾客对品种的需求外,也照顾到不同消费层次顾客的需求。

其次,连锁超市有利于农产品质量全程监控。连锁超市使农产品实现规模化收购、加工与配送,同时形成较为完备的质量检测手段,这是传统农贸市场难以做到的。永辉不仅建立了农产品生产基地,自创特色品牌,还不断向上参与供应链整合,形成采购和自供相结合的灵活经营模式。在直接采购方面,永辉采取"超市＋农户(农村经纪人)""超市＋合作社(农村企业)""自建或投资"等方式建立自营和合作的农业基地,并在全国范围内建立庞大的远程采购系统。永辉还投入大笔资金支持农业,以"订单农业"等方式,使各地的农产品通过永辉的销售网络进入市场,确保永辉的品牌和产品质量。

最后,连锁超市有利于农产品的优质优价。传统的农贸市场之所以相对萎缩,相当程度上是因为这里的优质优价难以体现。然而,连锁超市以统一的定价取代了农贸市场的自我定价,使消费者有较强的信任感。这种价格优势,对促进农产品增效和农产品结构调整具有深远的意义。

农产品超市与农贸市场的根本区别在于:产品有产地、质量标准、包装标准,甚至还有商标,它比农贸市场更加注重产品的质量、品牌、信誉。农副产品一进超市,其质量问题就不仅是该农副产品自身的问题,而是与超市农副产品的整体品牌及整个超市包括连锁企业的品牌、信誉捆绑在一起。超市对所出售的每一份商品都以一个大型市场整体的身份向消费者负责,可谓质量、安全责任重大。

第五节 农产品批发市场

一、农产品批发市场的类型

(1)中央批发市场。中央批发市场又称国家批发市场,是规范化程度最高、交易规模最大的一种农产品批发市场组织形式,其特点主要体现在以下几个方面:①大多设在农产品集散中心、交通运转中心或消费者密集的大城市;②有些是官办组织,也有企业和其他民间团体兴建与管理的中央批发市场;③市场中进行买卖的交易者人数不多,但交易批量大;④普遍采取会员制,非会员单位不得进场交易,主要实行拍卖的市场公开竞价方式,有系统规范的管理条例。

(2)地方批发市场。地方批发市场又称区域性批发市场,是中央批发市场以外能达到法定规模的批发市场。地方批发市场一般设在产地,有露天市场;也可设在建筑物内,并配有一定量的仓储设备。兴办者可以是地方政府,也可以是企业或其他社会团体。其交易者一般有产品收购商、购销代理商、批发商、地方零售商及部分生产企业。

(3)自由批发市场。自由批发市场是指除中央批发市场和地方批发市场以外的农产品批发市场,其规范性较差,申办较简单,不需特别批准,只要登记注册领取执照便可开办;交易规模较小,甚至进行少量的零售交易。中国大部分蔬菜、水果等生、鲜、活农产品批发市场就属于此类。它们大多经地方政府批准,采取官办、民办结合或民间独资兴建的方式开设;不实行会员制,交易者自由进入,交易以讨价还价为主。

二、农产品批发市场的功能

(1) 商品集散。农产品批发市场可以把分散在各地的农产品汇集起来,在较短的时间内完成其交易过程,实现从产地到销地的转移过程,这是商品从分散到集中的流通过程而表现出的基本职能。如果没有农产品批发市场这一中间环节,就会出现交易次数极多、批量极小、交易成本极高、效率极低的情况,造成农产品买难和卖难。

(2) 价格形成。改革开放以前,由于农产品购销价格都由国家统一规定,既不反映产品的质量和品种差价,也不反映供求关系。改革开放之初,农产品纷纷进入各地集贸市场,而集贸市场交易规模小、辐射力不强,因此,其形成价格也就难以反映出更大范围内供求关系的真实情况。由于批发市场具有在较大范围内集散农产品的功能,来自全国各地的商品同场竞争,同一种产品就可以按质论价,从而形成能够反映农产品市场供求关系的真实价格。

(3) 调节供求。由于农产品受自然条件影响大,它的生产和供给比其他商品具有更多不确定性,而农产品的消费则是较为均衡的,因此,保持农产品供求平衡是一件非常困难的事。人们努力做到的是尽量避免供求的严重失衡和剧烈波动。而农产品批发市场正是一个调节市场供求的良好场所。它能根据市场规模,考虑到购买力、市场特点、销售状况、货源因素、运输条件,做统筹安排,更好地调节农产品的供求关系;同时,还能通过市场均衡价格等信息来平衡生产与消费。

(4) 信息中心。信息对于农产品生产者和经营者都极为重要,批发市场连接着产需两头,信息来源比较多,加之批发市场拥有多样化的信息传递手段,因此它是一个良好地收集、整理、发布信息的场所,可以起到信息中心的作用。

(5) 综合服务。综合服务功能是指批发市场通过自身的运营为交易者提供各种方便于交易过程的功能。交易者进入批发市场后,需要批发市场提供交易场地、通信、邮电、结算、信息、装卸搬运、包装、加工、分级、储藏等各项服务。批发市场能提供全面、周到的服务,是批发市场健康发展的重要标志。批发市场的各项服务可以由批发市场本身提供,也可以由一些企业单位进场提供。

由于农产品批发市场的上述功能,因而在促进农产品市场化经营、促进农产品流通、调节供求关系及改善人民生活等方面都发挥了重要作用。

三、我国农产品批发市场行业前景分析

(一) 农产品批发市场仍是我国农产品流通的主渠道

2022年1月,国家发展和改革委员会印发《"十四五"现代流通体系建设规划》。规划提出,"完善农产品现代流通网络。依托农产品主产地、主销区、集散地,支持全国骨干农产品批发市场建设"。根据商务部提供的数据,截至2020年7月,全国共有农产品市场

4.4万家,其中批发市场4 100多家,年交易额在亿元以上的批发市场有1 300多家,农贸市场、菜市场和集贸市场近4万家,形成了以蔬菜、水产等鲜活农产品为主的大型专业市场流通网络。从行业地位和作用来看,通过批发市场交易的农产品,特别是鲜活农产品的数量占全国农产品商品量的70%以上。2019年,批发市场交易额达到5.7万亿元,交易量9.7亿吨。北京新发地市场2019年交易量1 749万吨,交易额1 319亿元人民币,连续17年双居全国第一,承担了首都80%以上的农产品供应。

(二) 拍卖交易将是农产品批发市场的一种重要交易方式

近年来新建设或者投入运营的农产品批发市场均设有交易中心、结算中心、电商中心、信息中心等以满足不同交易方式的需求。如昆明斗南花卉市场具有花卉交易平台(拍卖交易、电子结算、电商交易)。拍卖用于农产品交易,成为一种高效、透明的批发交易模式。很多农产品流通市场比较成熟的发达国家,都在一定程度上应用拍卖交易。在蔬菜、水果、花卉、茶叶、水产品、肉类等鲜活农产品批发市场,拍卖交易越来越时髦,云南的花卉、贵州的辣椒、寿光的蔬菜都在进行农产品拍卖交易。云南姚安县建设国际花卉拍卖交易中心,打造集花卉贸易流通、仓储冷链、产业服务、休闲体验、创新研发、文化教育等于一体的花卉综合交易平台,最大限度地发挥大市场、大平台的作用。农业农村部网站显示,截至2022年4月,全县发展花卉种植1.25万亩,建成鲜切花高端温室基地5 768亩,2021年鲜切花产量达5亿枝,实现综合产值8.25亿元。

(三) 农产品批发市场在相当长的时间内难以被替代

在东亚地区,农业生产者规模普遍较小,超级市场落后于欧美国家,批发市场长期主导着农产品流通。从中国来看,超市卖场和生鲜电商对农产品批发市场的冲击与影响暂时还非常有限,农产品批发市场仍然在稳定地发展,其在农产品流通中的地位依旧难以撼动,并将在相当长的时间内难以被其他业态所替代。

(四) 大型农产品中转性批发市场和销地批发市场仍有很大的发展空间

虽然农产品批发市场行业总体依旧看好,但并不是所有区域、所有批发市场都有同样的发展机会,部分城市小型农产品批发市场面临关闭调整的可能,重点机会应放在大型中转性批发市场和销地批发市场。

(1) 总体政策支持大型农产品批发市场的发展。近年来,中央一号文件多次提到要大力支持农产品流通和农产品批发市场建设,从加强农产品批发市场基础设施建设、提供投资资金保障、降低农产品批发市场营运成本、加强政府规划和监管等方面为农产品批发市场发展提供了良好的政策发展环境。尤其是农产品流通骨干网络的建设和公益性市场改革的试点,重点都是优先支持大型农产品批发市场的发展。

(2) 城市化进程为销地农产品批发市场提供了良好的业务基础和发展空间。目前我国正处于城市化进程中,根据国家统计局数据,2022年末,我国城镇化率为65.22%,未来我国城市化提升空间依旧会很大。这意味着大量的农产品消费和购买力会从农村转移到城市,农产品未来流通的规模和范围将更加巨大。

第六节　农产品期货市场

一、现货市场的价格机制与价格风险

（一）现货市场的价格机制

现货市场是最常见、最基本的市场，商品价格由当时的市场供求状况决定。从某种意义上讲，商品生产是一种为未来而生产的经济活动，在没有反映未来商品供求状况的价格信息做指导的情况下，商品生产者只能将反映目前市场供求状况的现货市场价格作为下一生产周期生产决策的依据。因而，现货市场的价格运行机制是有缺陷的，这是因为：①现货市场的价格是滞后的。当市场供不应求时，商品生产者进行生产调整需要一定的时间，而生产出来的商品能否实现其价值，取决于下一个周期的供求状况，因此，现货市场的价格调节是滞后的。②现货市场的价格是不完全的，在一定程度上是失真的。由于现货市场的价格反映的只是本期市场供求关系，它无法反映潜在的供求关系变化，因此，它包含的信息是不完全的。商品生产者根据不完全、失真、滞后的价格信息来调节下一周期的生产，就会导致生产和投资的盲目性，引起市场波动。

（二）现货市场的价格风险

由现货市场的价格调节滞后引起的市场供求波动落实到每一个具体的商品生产者和经营者身上，就表现为巨大的市场风险，即价格风险。商品生产者根据反映此时市场供求状况的现货市场价格来安排彼时的生产，造成生产出来的商品不符合彼时的市场需求，从而导致商品卖不出去或价格大幅度下跌。现货市场的价格风险在农产品方面表现得较为明显，因为这些产品需要较长的生产时间。如保持大量的存货，不但要支付仓储费用，还要承担一定的价格风险。

二、期货交易的内涵与运行特征

（一）期货交易的内涵

期货交易是与现货交易相对应的一种交易方式，是商品交换的一种特殊方式，其始于农产品期货合约（大体上相当于我们现在所说的订单农业的形式），这是由农业的重要性及特殊性所决定的。期货交易是按照一定的条件和程序，由买卖双方在交易所内预先签订买卖合同，而货款的交付与货物的交割则要在约定远期进行的一种贸易形式，属于信用交易范畴。由于期货合约的买进和卖出是在期货交易所的交易场内进行的，所以，人们也把期货交易所称作期货市场。期货市场是期货交易交换关系的总和。

（二）期货交易的运行特征

(1) 期货交易是一种"买空卖空"的交易行为。在期货交易中，对买方来说，期货合约

只是一种到了交易日期能得到商品的凭证;对卖方来说,期货合约是到了规定的日期应交售商品的凭证。买卖双方进行期货交易的动机是利用市场价格的波动进行套期保值或投机获利。在期货市场上,购买期货合约称为"买空",出售期货合约称为"卖空"。

（2）期货交易是一种委托性质的交易行为。期货交易的买卖双方必须委托经纪人,由经纪人在交易所办理买卖和结算手续,买卖双方不直接接触。按照有关规定,能够进入交易所进行直接交易的人,可以是交易所的会员,也可以是持有执照的经纪人。期货价格是场内经纪人通过公开、充分竞争后达成的价格。

（3）期货交易是以期货合约自由转让为前提的交易行为。期货合约不但包含预买和预卖行为,更主要的是,这种预期买卖活动是以自由转让期货合约为中心内容的。在期货交易过程中,交易人不必等到合约到期才进行实物交割,而通常是在合约到期前将交易冲销或称平仓、清盘(终止交易)、结算(平仓,即在最后交易日结束之前将买入的期货合约卖出,或将卖出的期货合约买回,以此了结期货交易,即通过笔数相等、方向相反的期货交易来对冲原有的期货合约)。

（4）期货交易是在交易所进行的交易行为。期货交易是在交易所内进行的,一般不允许进行场外交易。期货交易所不仅为期货交易提供了固定的场所和交易必需的各种设备,而且为期货交易制定了许多严密的规章制度,使期货交易所成为一个组织化、规范化程度很高的市场。

三、农产品期货市场的功能

（一）规避市场风险（转移价格风险）

经济的每一个环节都无法避免不同程度的价格波动(价格风险),因而人们都希望转移这种价格风险,期货市场正是规避市场风险的理想场所。期货交易者可以通过在期货市场上做"套期保值"交易来达到转移价格波动风险的目的。

套期保值,是指在期货市场上买进或卖出与现货数量相等但交易方向相反的商品期货,以期在未来某一时间通过卖出或买进期货合约而补偿因现货市场价格不利带来的损失。也就是说,套期保值是以规避现货价格风险为目的的期货交易行为。

套期保值之所以有助于规避价格风险,其基本经济原理就在于某一特定商品的期货价格与现货价格在同一时空内受相同的经济因素的影响和制约,因而一般情况下两个市场的价格变动趋势相同。套期保值就是利用两个市场上的价格关系,取得在一个市场上出现亏损而在另一个市场获得盈利的效果。

生产经营者通过套期保值规避风险,但套期保值并不能消灭风险,而只是将风险转移。转移出去的风险需要有相应的承担者,期货投机者正是期货市场的风险投资者。生产经营者规避价格风险的需求,使套期投机行为的存在有一定的合理性。另外,期货市场的运行实践表明,套期保值者难以依靠与自己进行相反买卖的套期保值者作为交易对象,达到转移风险的目的。多头套期保值者和空头套期保值者之间的不平衡是经常出现的,而投机者的加入恰好能抵消这种不平衡,促使套期保值交易的实现(买入期货合约后所持有的头寸叫多头头寸,简称多头;卖出期货合约后所持有的头寸叫空头头寸,简称空头)。

(二)发现合理价格

期货交易所是一个公开、公平、公正、竞争的交易场所,它将众多影响供求关系的因素集中于交易所内,通过公开竞价,形成一个公正的交易价格。它反映各种因素对所交易的今后某一个时期、某一特定商品的影响,这一交易价格作为该商品价值的基准价格,通过现代化的信息传递手段迅速传递到全国各地,全国各地的人们利用这一至关重要的价格信息来制定各自的生产、经营、消费决策。期货交易之所以具有发现价格的功能,主要是因为:第一,期货交易的参与者众多,除了会员以外,还有他们所代表的众多商品生产者、经营者和投机者,成千上万的买家和卖家集聚在一起进行竞争,可以代表供求双方的力量,有助于真实价格的形成。第二,期货交易中的交易人士大都熟悉某种商品行情,有丰富的经营知识和广泛的信息渠道以及一套科学的分析、预测方法,通过他们的判断、分析和预测所形成的期货价格实际上反映了大多数人的预测,因而能够比较接近地反映供求变动趋势。第三,期货交易的透明度高,竞争公开化、公平化,有助于形成公正的价格。期货市场是集中化的交易场所,自由报价,公开竞争,避免了现货交易中一对一的交易方式容易产生的欺诈和垄断行为。

(三)风险投资和资源配置

(1)风险投资。期货交易除了规避市场风险、发现合理价格这两个最基本的功能以外,还有进行风险投资、获取风险收益的功能。这个风险投资功能主要是针对期货投机者来说的。只要特定的投资主体为了获取经济收益而用一定数额的货币买卖期货合约,就属期货风险投资行为,而无论投资主体是为了获取转移风险的经济收益,还是为了获得超额利润。也就是说,期货风险包括利用期货套期保值、套期图利和期货投机。期货风险投资具有以下特点:第一,无限放大的可能性。由于期货交易不是实物交易,而是以保证金为担保的信用交易,这就埋下了风险的种子,再加上期货投资的对象——期货合约的规模不受标的物规模的限制,期货风险投资在理论上具有无限放大的可能性。第二,突发性。受损或倒闭的投资机构几乎在一夜之间倾家荡产。第三,连锁反应性。期货市场是一个对信息高度敏感的市场,一旦某种风险发生,整个市场会作出迅速反应,相关金融市场也受影响。

(2)资源配置。期货市场资源配置功能的发挥,主要不是通过直接实物交割来体现,更重要的是通过启用期货市场杠杆的作用,间接调配商品物资在期货市场体外流转。

(四)国际定价

随着资本市场进一步对外开放,国际期货市场的价格波动对国内期货市场的价格波动影响在不断增大。我国农产品期货市场暂不具备国际话语权,这一问题的解决又依赖于期货市场国际化程度的提高。壮大与发展我国农产品期货市场,扶植主要优势品种,逐渐做到国际、国内市场接轨,必将获得区域或国际定价权。

（五）知识更新

农产品期货市场在知识和信息等方面，比现货市场对参与的农业生产者与经营者提出了更高的要求。农产品期货市场不仅需要参与者具有一定的期货知识，还需要参与者具备一定的专业操作技能。因此，发展农产品期货市场，可以促使我国的农产品生产者与经营者打破现货市场的传统思维，加快对期货市场运作的知识更新。

四、我国农产品期货市场发展情况

1990年10月12日，中国第一家以期货交易为建设目标的批发市场——中国郑州粮食批发市场成立；1991年3月，该批发市场产生了中国第一份小麦远期交易合同；1992年下半年，广东万通期货经纪公司成立；1993年5月28日，在郑州粮食批发市场基础上建立了郑州商品交易所，正式推出小麦（白麦）、大豆、玉米等期货交易品种，这标志着中国农产品期货市场拉开帷幕。1995年，国务院确定了15家期货交易所进行试点。

农产品期货市场成立初期，交易秩序较为混乱，垄断和恶意炒作事件时有发生。为此，国务院于1993年11月发布了《国务院关于坚决制止期货市场盲目发展的通知》，对期货市场进行整顿。1998年，国务院决定保留上海期货交易所、郑州商品交易所、大连商品交易所3家期货交易所。1999年6月，国务院颁布了《期货交易管理暂行条例》，并相继实施了与之相配套的一系列相关管理办法，从而加强了对期货市场的法制监管，使之逐渐向规范化发展。

从2000年开始，我国农产品期货市场又进入一个新的发展阶段。《中华人民共和国国民经济和社会发展第十个五年计划纲要》首次提出"稳步发展期货市场"，为中国期货市场多年的规范整顿画上了句号。2002年党的十六大报告提出要正确处理"虚拟经济和实体经济的关系"。2004年，国务院发布《国务院关于推进资本市场改革开放和稳定发展的若干意见》（简称"国九条"），成为期货市场发展的纲领性文件。2007年3月起，国务院和证监会陆续颁布了有关期货交易、期货交易所以及期货公司等的相关条例和办法，如《期货交易所管理办法》《期货交易管理条例》等。这些条例和办法的出台，为中国期货市场的进一步稳健发展奠定了良好的宏观环境。2010年中央一号文件《中共中央 国务院关于加大统筹城乡发展力度 进一步夯实农业农村发展基础的若干意见》提出："加快发展农产品期货市场，逐步拓展交易品种，鼓励生产经营者运用期货交易机制规避市场风险。"2010年5月19日，中国人民银行、中国银行业监督管理委员会、中国证券监督管理委员会、中国保险监督管理委员会《关于全面推进农村金融产品和服务方式创新的指导意见》发布，对期货业经营机构也提出了专门要求，要求推动期货业经营机构积极开展"涉农业务创新"。

2015年《中共中央 国务院关于加大改革创新力度 加快农业现代化建设的若干意见》指出："发展农产品期货交易，开发农产品期货交易新品种。"《中共中央 国务院关于落实发展新理念加快农业现代化 实现全面小康目标的若干意见》（简称"2016年中央一号文件"）提出："探索建立农业补贴、涉农信贷、农产品期货和农业保险联动机制。"稳步扩大"保险＋期货"试点。2023年，中央一号文件连续第八年将"保险＋期货"写入报告，提出要优化"保险＋期货"。特别是2022年8月《中华人民共和国期货和衍生品法》颁布实施，进一步推动了农产品期货市场发展。

政策推动使我国农产品期货市场进入一个相对活跃的时期,一大批农产品期货品种陆续入市交易。到 2022 年,我国期货市场已上市 28 个农产品期货品种,实现了对粮食、饲料、油料、禽畜、纺织、糖料、林木、果、蔬等多个农产品细分领域的覆盖,如表 5.1 所示。随着品种数量的增多,越来越多的涉农主体利用期货市场来管理生产经营风险,为推进农业适度规模经营、促进农业现代化发展提供了保障。

表 5.1 农产品期货上市品种和上市时间

上市品种	上市时间	上市品种	上市时间
普通小麦、天然橡胶	1993 年	粳稻、鸡蛋、纤维板、胶合板	2013 年
豆粕	2000 年	晚籼稻、玉米淀粉	2014 年
强筋小麦	2003 年	棉纱、苹果	2017 年
棉花、玉米、黄大豆 2 号	2004 年	纸浆	2018 年
白糖、豆油	2006 年	红枣、粳米	2019 年
菜籽油、棕榈油	2007 年	生猪、花生	2021 年
早籼稻	2009 年	黄大豆 1 号	2022 年
菜粕、油菜籽	2012 年		

资料来源:上海期货交易所、大连商品交易所、郑州商品交易所网站。

从品种成交情况看,国内期货交易所多个品种在国际市场位列前茅。从中国期货业协会获悉,在 2021 年全球农产品、金属和能源类品种的成交量排名中,农产品表现尤其亮眼,中国品种包揽前 11 名,在前 20 名中占有 15 席,包括豆粕、菜籽粕、豆油、棕榈油、玉米、天然橡胶、纸浆、白糖、棉花、菜籽油、苹果、鸡蛋、玉米淀粉、黄大豆 1 号、豆粕期权。

五、中国农产品期货市场的重要地位

我国期货市场引起了国际同行的关注,部分农产品期货价格被纳入世界信息统计体系。另外,交易额也逐年上升,显示出农产品期货市场旺盛的发展势头,也表明我国农产品期货市场具备了支持"三农"快速健康发展的坚实基础。尤其是在当前农产品价格波动性增强的背景下,粮油类期货品种在方便有关部门或企业管理现货风险、稳定生产经营、促进产业健康发展、加强"三农"工作等方面的积极作用日益显现。

(一)形成了较为完善的农产品期货体系

经过 30 多年的发展,中国农产品期货市场逐步进入规范、健康、稳步发展的新时期。2004 年之前,我国上市交易的期货品种只有 6 个,其中农产品期货品种 4 个,分别是普通小麦、强筋小麦、豆粕和天然橡胶。自 2004 年新品种上市工作启动以来,我国已经形成包括粮、棉、油、糖、生猪等较为完善的农产品期货体系。郑州商品交易所、大连商品交易所主要承担了我国农产品期货交易以及新的农产品交易品种拓展任务,而上海期货交易所承担了天然橡胶、纸浆期货交易。经中国证监会批准,广州期货交易所还将推出咖啡、高粱、籼米等期货品种,形成了相对均衡且较为完善的农产品期货体系。

（二）农产品期货交易在全国期货市场中占有重要地位

自国内期货市场建立以来,农产品期货就一直扮演着重要角色。根据中国期货业协会交易情况简报,2022 年 6 月大连商品交易所棕榈油占品种交易额第一位,占交易所 6 月交易额 18.64％；豆油占品种交易额第二位,占交易所 6 月交易额 15.57％；豆粕占品种交易额第四位,占交易所 6 月交易额 8.66％。2022 年 6 月上海期货交易所天然橡胶占品种交易额第五位,占交易所 6 月交易额 6.08％。2022 年 6 月郑州期货交易所 1 号棉（CF）占品种交易额第五位,占交易所 6 月交易额 9.08％。

（三）农产品期货市场国际地位得到提升

我国既是农业生产大国,更是农产品消费大国,在发展农产品期货市场,增强在国际农产品期货市场的定价权、话语权、影响力方面有着巨大的潜力。目前,大连商品交易所农产品期货年成交量超越美国芝加哥商业交易所集团,成为全球最大的农产品期货市场,我国农产品期货国际影响力不断增强,中国农产品的国际地位进一步提升。随着我国对外开放力度的不断加大,我国期货市场与国际期货市场的联系会越来越广泛,国内市场与国际市场的互动影响力会越来越明显。

（四）农产品期货市场在宏观调控中的作用日益重要

随着农产品期货市场发展规模、交易规模的扩大和交易量的上升,农产品期货价格的权威性进一步得到市场认可,逐渐成为相关品种现货贸易的主要定价基准,价格发现功能因而得到发挥。尤其是大豆、豆粕、玉米、天然橡胶、棉花等大宗农产品期货市场的价格发现功能的发挥,已经对现货生产和流通起到了一定的指导作用,逐步成为较有代表性的价格,为国家根据农产品期货价格引导与调控农业生产提供了依据。

第七节　农产品拍卖市场

一、拍卖市场的概念

所谓拍卖,就是通过市场经纪人或交易所代理人进行产品交易,买主之间和卖主之间相互竞争以获得最优市场价格。拍卖市场是一种国际上流行的市场交易方式,能够降低交易成本和提高交易效率,荷兰、日本、韩国等国家都采用这种交易方式。荷兰是世界最大的鲜花出口国,花卉拍卖市场世界著名,按照农产品市场周刊信息,每年有 35 亿朵鲜花、3.7 亿个盆栽被拍卖到世界各地。我国一些农产品批发市场开始探索拍卖方式,如昆明国际花卉拍卖交易中心、武夷山茶叶交易服务中心都在探索拍卖市场模式。据中国拍卖行业协会资料,我国农产品拍卖市场正处于持续上升的业务增长期。2020 年中国农产品拍卖市场成交额为 33.56 亿元,其中,第四季度农产品拍卖成交额 9.24 亿元,同比增长 19.95％。相信随着农产品市场的细分和经销方式的变革,农产品拍卖市场将会受到越来越多的关注。

二、农产品拍卖市场的优越性

(一)顾客搜寻与谈判费用更低

传统批发市场将众多买者、卖者及商品汇聚一处集中交易,可节约交易者彼此的搜寻与谈判费用,然而这种节约仍然有限。市场上买者、卖者众多,交易双方仍存在交易对象搜寻和个别谈判问题。而在拍卖市场,尽管买方为数众多,但卖方却只有一个或少数几个,交易指向集中明确,用不着劳神费力个别搜寻,更无须一一谈判即可成交,可进一步节约顾客搜寻与谈判费用。

(二)交易更趋公平与公正

传统市场信息公开化程度较低,由于众多入市者分散形成供求,即使市场当局想提供信息服务,客观上也因缺乏集中掌握而力所不及。而在交易者那里,为了竞争需要,谈判通常在秘密或半秘密状态下一对一进行,这就很可能因双方信息不对称或实力不均衡而产生歧视性交易、显失公平交易乃至欺诈性交易。而拍卖市场实行卖方委托交易制,商品数量、质量、规格等信息由市场集中掌握并统一报告,信息公开透明,机会均等,买方凭实力和技巧公开竞争。信息公示和竞价拍卖,消除了场内歧视性交易和贸易欺诈,能较好地保证交易的公平和公正。

(三)交易争议少,效率高

传统市场上,由于没有统一的检验认定,商品质量缺乏可信度,买方需亲自验货,方可成交,且事后也易发生纠纷,交易的执行和监督成本较高。而在拍卖市场上,商品质量经过拍卖公司检验认定,质量有规范,加之市场设施完善配套,交易效率大为提高。

(四)降低农民上市风险

肉类、蔬菜、水果、花卉、水产品等产品鲜活易腐,成熟后必须及时收获卖掉,很难储存起来待价而沽。传统市场上,农民上市风险很大,首先表现在很难适应瞬息万变的市场动态,把握不好上市时机,往往千里迢迢将产品送去却落个贱价处理。即便就近上市,也不一定能卖出好价钱。而拍卖市场一般建有一定的价格保护制度,当拍卖价低至保护价时,交易就自动停止,未售商品就地销毁或改作其他用途,由市场对货主给予适当补偿,以保障农民基本收益。这种制度有利于维护农产品正常价格水平,可降低农民的上市风险。

(五)为农民联合销售提供有效机制

西方国家为改善农民市场地位,普遍对其合作事业持扶持态度。然而,因个别合作社规模有限,农民市场能量仍无法与具有信息和规模优势的工商企业抗衡,难以从根本改变其弱势市场地位。而拍卖机制却能使农民的被动局面得到很大改观,因为在拍卖市场上,农民并不以单个的农户或合作社出现,而是将商品委托给拍卖公司,由其统一组织拍卖。通过拍卖公司这一中介,农民由传统市场上彼此独立的竞争者转化为具有共同利益的同盟者。拍卖市场提供了一种实现农民更高程度联合销售的社会机制,对改善农民的市场地位非常有利。

三、农产品拍卖市场的关键环节

(一)拍卖过程

一些拍卖市场要求买卖双方都注册为会员,对买方注册没有条件要求,但对卖方注册却要求一定条件,以避免中介炒作。以荷兰花卉为例,拍卖师掌控整个交易过程,电子显示屏显示实时交易情况,每一种被拍卖的鲜花出现在屏幕上时,就会把花车推到现场让拍卖员观看实物。荷兰花卉拍卖采用从高到低的减价方法,通过买家按下拍卖按钮确定交易价格,每个品种的交易都瞬间成交,参与拍卖者必须在恰当的时机作出快速反应,如果拍得太快,可能价格过高;拍得太慢,则可能错失拍卖物。

(二)产品物流

拍卖市场建立了完善的物流体系,从而保证生鲜产品快速到达指定目的地。采用自动化物流分拣系统,生鲜产品拍卖经过的物流分区包括集货中心、待拍区、分货区、包装区等,经过质检、组货、排序等流程,依次进入待拍区以备交易。拍卖成交后,将货品运至包装区进行再包装,并快速转运到世界各地销售。

(三)货品结算

结算服务主要包括交易结算,还包括运费、专利费等其他费用的结算,涉及购买商、拍卖市场、供货商三者的交易费用、交易佣金的结算。拍卖交易结束后,其货款自动结算,交割当日货款转到拍卖中心,交割次日转账给供货商。

(四)标准化

拍卖产品要有品牌和注册商标,要有严格的产品质量检验。拍卖市场都制定了符合产业发展规律的标准体系,这些标准体系包括产品质量标准、物流标准、仓储标准、包装标准、远程服务标准、金融服务标准等内容,从而保证拍卖市场交易的顺利运行。

(五)制度规范

农产品拍卖市场交易能够有序展开,源于拍卖交易有一套完善的制度法规,如拍卖市场管理办法、承销管理办法、拍卖作业规范、理货员作业规范。拍卖师要具有良好的职业操守,每个岗位都要有制度规范和约束办法。

(六)多样化服务

多样化服务包括:发布产品拍卖公告,指引价格走向;检疫、海关、结算服务;蔬菜、花卉、食品跟踪追溯服务;为种植者提供分拣、包装、储存、清洗、装箱服务;为种植者提供多方面帮助,如各类培训项目,分拣和包装指导,投资研发和创新产品等。

第八节　农产品电子商务

随着市场经济的发展、生活水平的提升,加之信息技术的迅猛发展,特别是互联网的出现和普及,当今社会进入网络沟通的时代,资源信息的全球共享,不但提高了工作效率,而且降低了生产管理的成本。随着数字化时代来临,互联网在人们日常生活中的职能不再局限于媒体功能,它已经逐渐成为人们不可或缺的生活内容之一。我国作为农业大国,农业是国民经济的基础,从改革开放到现在虽然取得了巨大的成就,但是要想由传统农业向现代农业过渡,实现农业持续稳定的发展,电子商务是一条又快又好的"现代化道路",不仅可以发展国内市场,还可以开拓国际市场,大力提升我国农业方面在国际上的竞争地位,将会对我国农业发展产生重大的意义。利用互联网开展电子商务对于企业和商家来说既是一个机遇,又是一个挑战。

一、农产品电子商务的概念

电子商务是科技发展、互联网应用、消费者价值观念变革、商业竞争的激化等综合因素所促成的。它代表 21 世纪市场营销的大趋势,正在成为网络经济中最热门和最活跃的活动之一,也是各国企业最为关注的领域之一。农产品电子商务就是将电子商务系统应用到农产品的销售过程中去,利用网络技术、信息技术和计算机技术等,对农产品的市场价格、质量、供求信息进行处理与加工,并将物流配送系统整合到营销过程中,拓宽农产品网络销售渠道,以达到提升农产品的品牌形象、增进企业与顾客之间的联系,提高农产品的销售量,最终实现企业的营销目的。

二、农产品电子商务的优势

(1) 冲破时空的限制。网络具有跨越时空进行信息交换的优点,为农产品经营者提供了广阔的空间。经营者不仅可以有更多的时间与顾客进行交流,还可以同时与世界各地的消费者进行交流并提供营销服务。与此同时,消费者也拥有更多的选择权,便于作出更加合理的购买决策。

(2) 充分利用网络媒体的宣传效应。网络媒体不仅可以更加形象地将文字、声音、图片等传达给消费者,而且传播速度快,同时,更加节约了传播成本。例如,经营者可以利用网店进行营销。首先,开网店不用支付高昂的租金费用,节约了成本。其次,网店比传统的面对面交易更加方便、更有效率、传播面更广。此外,许多大型的网站提供免费的邮件列表服务,它是在顾客自愿的基础上加入的,可以为顾客提供更加有价值的信息,从而达到营销的目的。

(3) 互动营销的双向沟通。电子商务的出现,为农业经营者与顾客的交流提供了很好的交流平台,卖家可以利用网店的页面设计向消费者展示产品资料,提供产品的相关信息,以消费者为中心,为消费者提供更加满意的产品和服务。这种互动的营销方式,可提高消费者的参与性,也可提高营销的针对性。

（4）整合营销。网络具有多个功能,而且每个功能都特别强大,经营者可以利用互联网进行多种活动,如前期调研、农产品的广告宣传、目标市场定位、电子交易和客户反馈服务等,从产品信息的发布到发货收款再到售后服务,电子商务始终贯穿全部销售过程。

三、农产品电子商务市场运营模式

（一）平台提供商模式

平台提供商作为第三方,为具有法人资质的企业在网上开店、进行实物和服务交易提供平台,自身不直接参与买卖交易过程,类似农贸市场,产品销售的职能由加入平台的农产品卖家独立承担,如淘宝、京东等第三方平台。平台提供商模式对农产品电子商务农业主体的信息服务意识、管理能力、经营水平等基础条件要求较高。由于平台扩展性好,农业主体可随时新增店铺、展示商品,主动开展农产品电子商务,有利于迅速扩大农产品电子商务规模。农业主体自主性强,可随时调整商品价格,及时回笼交易货款。但平台提供商模式仅提供物流配送信息,其配送一般由社会力量完成,缺乏对农产品质量安全的有效监管手段,主要依靠农业主体自律。

（二）销售商模式

销售商模式类似农产品超市,产品销售的职能由平台提供商代理,农产品企业只负责提供产品,即平台提供商在建立电子商务平台的同时,直接组织农产品网上买卖交易。平台提供商模式和销售商模式均可实现 B2B(企业对企业的交易方式)、B2C(企业对消费者的交易方式)、C2C(消费者对消费者的交易方式)、F2C(厂商对消费者的交易方式)、O2O(线上到线下)、G2B(政府与企业电子政务)六种网上交易方式,除 G2B 外,其他交易方式都有融合的趋势。销售商模式中,平台提供商能凭借自身的电子商务经验,为农业主体提供有针对性的宣传、交易和交流沟通服务,可克服网上摊位信息更新慢、内容抽象、缺乏吸引力等弊端;在一定地域范围内具备完整的物流配送体系;一般对农产品质量安全有较为严格的准入机制。但平台扩展性差,对农产品电子商务的农业主体和上网的农产品会设置一定的审核门槛,可能造成一定程度的商品积压,交易货款回笼慢。

（三）信息发布模式

第三方信息中介平台是第三方机构建设并经营、滚动发布农产品供求信息的形式,通过对接农户、合作社等潜在客户来加速买卖双方的匹配、完成农产品在线交易撮合的平台。农户、合作社等作为农产品提供方,在平台上发布供应信息以撮合贸易。时下较流行的供求信息平台如抖音、中国三农网、全国农产品商务信息公共服务平台等。

（四）自建平台模式

家庭农场、农民专业合作社、龙头企业等自建服务网站,自己营销农产品。由于专业网站服务公司为网站建设提供了方便的平台,如上海美橙科技信息发展有限公司等一些专注于企业互联网服务的高科技企业,提供域名注册、国内/海外虚拟主机、云主机、企业邮箱、智能建站、虚拟服务器(VPS)、服务器租用、服务器托管等丰富多样的网络产品。建设网站并不是很难的事情,稍加学习自己就可以智能建站。但一般来说,自建平台仅能作为一种辅助销售手段和宣传方式,关注者较少,信息量小,难以作为主销售渠道。

四、农产品电子商务的关键环节

(一)构建电子商务平台

通过与第三方平台,如淘宝、京东、抖音等合作,根据产品特点和实际需要,开设自己的网店,也可以委托第三方平台负责营销,还可以自己建设网站。如特色中国馆是阿里巴巴淘宝网推出的专做地方特色农产品的板块,目前已开出许多省级馆、县市馆,如临安馆、南京馆、遂昌馆等,每个馆都是由地方政府、淘宝平台、运营服务商三方合作建设的。可与第三方平台淘宝网合作,选择有责任、有实力、有经验的电子商务运行企业,共建网络销售平台,合力打造名、特、优农产品电子商务平台。设立分市板块、产品板块、搜索引擎、推荐排名等应用,制定网商入选条件、享受权利和承担义务,推进农产品电子商务的发展。

(二)强化质量监管

加强农产品电子商务线下安全品质管理,建设农产品电子商务标准化体系,探索并完善"平台+政府+协会+网商"的模式,消除农产品电子商务的质量安全隐患。可借鉴遂昌网店协会管理模式,依托专业合作社,统一宣传销售遂昌土特农产品。协会整合供应商、基地、农户,并实行开店培训、统一采购、统一仓储、统一配送、统一物流、统一包装物料、统一服务的运营模式。协会采取前期建立可追溯台账制度、中期进出馆进行品控检测、后期采用预先赔付等制度,保证农产品质量安全。

(三)实现农产品标准化

农产品标准化就是通过技术标准来规范农产品的描述、采收、包装,对农产品的外形、颜色、大小、品质等进行量化,并建立相应的描述词库,任何一个农产品都可以从词库中选取对等的标准描述词,这样可以避免买家主观认知上的差异。分类标准化就是建立农产品的质量公式,然后根据产品品质量化结果,套用质量公式对农产品划分等级,不同等级售价不同。因此,为了避免交易双方出现认知上的差异,必须对农产品实行标准化。农产品电子商务标准化的内容包括:产品表述标准化,产品分类、定价标准化,产品包装、交易评价标准化及农产品的安全认证等。

(四)发展冷链物流

农产品电子商务一个非常关键的"瓶颈"是生鲜产品的保存与运输。生鲜农产品对物流和存储的要求很高,缺乏冷链物流的生鲜农产品容易腐化变质,影响农产品品质。要保证生鲜农产品在整个电子商务过程中的品质与网络描述一致,则有赖于农产品的冷链物流。农产品冷链物流主要包括冷库存储、冷链运输、冷链物流设备,要实现杨梅、土猪肉等农产品的电子商务,必须建立一个"从田间到餐桌"的一体化冷链物流体系。

(五)加强农产品品牌建设

以产业化为纽带,实行区域化布局和专业化生产,发挥地方特色优势,依托农民专业合作社、龙头企业,开展无公害农产品、绿色食品、有机食品和农产品地理标志认证(原产地标识),强化质量监督和管理,加强农产品品牌建设。加大农产品品牌培育、塑造、营销推介和宣传保护,创建知名商标和品牌,不断提高农产品质量,维护品牌信誉,提高品牌价值和影响力。实施农产品品牌战略,通过品牌战略带动效益和竞争力提升,拓宽农产品营销渠道,促进农产品电子商务发展。

昆明国际花卉拍卖交易中心

昆明国际花卉拍卖交易中心(以下简称"昆明花拍中心")是一个基于互联网的花卉交易、服务平台;是亚洲最大、全球第二大的鲜切花拍卖交易市场,承担着推动云南"云花"产业链的创新升级,实现花卉交易国际化、标准化、信息化和数字化的重任。

昆明花拍中心建有16万平方米的交易场馆,包括:两个拍卖大厅、18口交易大钟、900个交易席位;2.5万个花卉生产者(供货商)会员和3 100多个产地批发商(购买商)会员;交易品种涵盖玫瑰、非洲菊、满天星、洋桔梗、康乃馨、绣球等40多个品类1 000多个品种。

花卉拍卖采用的是现代农产品交易的通行模式——"降价式拍卖",从进货到交易后出货,包括产品、数量、质量等级、供购商交易等数据,均依托拍卖大钟交易系统及拍卖管理系统来进行。

以拍卖交易为基础建立线上线下一体的立体交易模式。昆明花拍中心依托全国唯一的花卉交易数据库建成"数字云花"大数据平台,首创鲜切花交易价格指数,成为全国花卉价格风向标。以交易数据为基础,构建信用评估体系,引入金融服务机构,创新花卉目标价格农险,逐步完善数字金融服务体系。建立覆盖全产区的冷链运输网络,为"云花"从种植生产地到消费终端提供良好的运输保障和信息交互。

2021年,昆明花拍中心鲜花交易日均规模380万~430万枝,最高峰已突破800万枝,年交易量超过13亿枝,年交易额达到15.64亿元,交易均价创历年新高,达到1.2元左右/枝。其中,玫瑰鲜切花交易总量9.51亿枝,交易品种708个,仅玫瑰的销售量就占到全国市场的70%以上。2019年带动农户户均增收达到7 256.32元。

资料来源:昆明国际化卉拍卖交易中心有限公司[EB/OL].(2021 11-10). http://www.moa.gov.cn/ztzl/xxhsfjd/sfjdfc/fwx/202111/t20211110_6381844.htm.

从本案例分析可以看出以下几点。

(1)花卉拍卖是国际上最有影响力的农产品拍卖品种,在荷兰尤其重要。我国花卉拍卖起步较晚,但仍显示拍卖形式的巨大优势。昆明花拍中心汇聚众多的买家、卖家,创建鲜切花交易价格指数,从而可以更好地把握市场动态、发现合理价格。

(2) 花卉拍卖要求高度标准化,要求会员交易,涉及花卉标准制定和推广,涉及质量等级评定,从而保证客户信誉、保障质量标准,这是现代农业生产的基本要求条件之一。

(3) 花卉拍卖是一个高度智能化的流程。进货、出货、数量、质量等级、买卖双方交易等数据都依靠拍卖大钟交易系统及拍卖管理系统来进行,建成"数字云花"大数据平台,以交易数据为基础构建信用评估体系等,都是依托人工智能来完成的。

(4) 花卉拍卖整合了一个完整产业链。花卉拍卖涉及新品种引进、产品标准制定、价格农险、金融服务、信用评估、冷链运输等诸多方面,从种植生产地到消费终端建立了良好的服务体系。

【复习思考题】

1. 什么是农产品市场?
2. 什么是农产品期货交易?
3. 什么是农产品电子商务?
4. 简要分析国际农产品流通模式。
5. 简要分析农产品拍卖市场的关键环节。
6. 简要分析农产品电子商务市场运营模式。
7. 结合实际论述农产品零售市场向超市、连锁、配送方向发展的原因。
8. 试论述农产品期货市场的功能。

【即测即练】

第六章

农业劳动力

本章学习目标

1. 把握农业劳动力的概念和需求的基本特点。
2. 掌握农业剩余劳动力的概念和类型。
3. 把握刘易斯劳动力流动理论模式的含义。
4. 把握我国农业剩余劳动力转移的特点。
5. 把握农业剩余劳动力转移的政策选择。

大理州着力推动农村劳动力转移就业

近年来,云南大理州以沪滇劳务协作为契机,千方百计拓宽就业渠道,努力扩大劳务输出规模,着力推动农村劳动力转移就业。

组织人社部门工作人员,发动社保信息员、驻村干部等力量,引入人力资源企业,进村入户与务工人员面对面交流,了解其在外务工情况,核实比对务工信息,确保台账信息精准。截至2022年4月底,全州农村劳动力转移就业136.74万人,其中脱贫劳动力转移就业20.7万人。

依托驻外劳务服务工作站,加强与省内外人社部门、人力资源公司的联系对接,了解企业用工需求、工资待遇、务工条件、生活设施等信息,积极收集岗位信息。

精心组织专场招聘会,加强与省内外用工企业联系对接,邀请优质企业参加现场招聘;通过在集市、车站、社区等地点张贴招聘会信息,发动有意愿外出的农村劳动力积极参加;用好"大理就业通"信息平台,通过大理人社、大理就业和各县市公共就业微信公众号发布岗位信息,推广线上招聘,提高就业求职效率。

广泛收集本地区符合农村劳动力特点的岗位信息,利用走村入户、现场招聘和网络招聘大力组织推送;进一步规范扶贫车间建设认定工作,鼓励引导扶贫车间吸纳更多脱贫劳动力就地就近就业;统筹计划新年度乡村公益性岗位开发工作,把符合条件的脱贫劳动力纳入其中,发挥好乡村公益性岗位就业兜底作用。目前,全州认定就业扶贫车间308个、吸纳劳动力2.82万人,其中,脱贫劳动力4 520人,全州人社部门开发乡村公益性岗位1.17万个。

资料来源：周应良，赵宏成．拓宽就业渠道 扩大输出规模 大理州着力推动农村劳动力转移就业[N]．大理日报，2022-05-19．

本案例包含以下几个方面的农业经济学问题。

（1）农业剩余劳动力的概念。这部分劳动力投入农业的边际产出为零。

（2）农业剩余劳动力流动理论模式。城乡劳动生产率差异，必然会导致农业劳动力向城镇非农产业转移。

（3）农业剩余劳动力转移的政策选择。农业剩余劳动力转移，需要政府及社会大力支持。

第一节 农业劳动力的供给与需求

一、农业劳动力的概念和在农业发展中的作用

（一）农业劳动力的概念

劳动力有狭义与广义之分。狭义的劳动力是指人的劳动能力，是人的体力与智力的总和。广义的劳动力是指具有劳动能力的人口或劳动资源，是一定区域内具有劳动能力的人的数量和质量。在总人口中，有劳动能力的年龄组称为劳动适龄人口，我国规定男为16~60岁，女为16~55岁。社会劳动力是指劳动适龄人口中可以从事社会劳动的那部分人口，劳动适龄人口中的大部分构成了社会劳动力资源。

农村劳动力是社会劳动力的一部分，是指农村范围内的劳动力，包括农村范围内的农业劳动力和非农业劳动力。理论上来说，农村劳动力应该是指生活和工作在农村的劳动力，但是我国的农村劳动力概念一般是指具有农业户口的劳动力。

农业劳动力一般是指能参加农业劳动的劳动力的数量和质量。农业劳动力的数量，是指农村中符合劳动年龄并有劳动能力的人的数量和不到劳动年龄或已超过劳动年龄但实际参加劳动的人的数量。农业劳动力的质量是指农业劳动力的体力强弱、技术熟练程度和科学、文化水平的高低。

（二）农业劳动力的特殊性

农业劳动力主要是投入农业生产，农业生产有不同于其他生产部门的特殊性，因而便产生了农业劳动的特殊性。其具体内容有以下几个方面。

（1）农业劳动在时间上具有较强的季节性。由于农业生产的根本特点是自然再生产与经济再生产交织，人们的劳动必须遵循生物的生长发育规律。生物的不同生长发育阶段，对人类劳动的需求量不同，人们要按照生产对象自然生长规律的要求，在不同阶段及时投入劳动，否则就会贻误农时、影响生产。这就造成了不同季节农业劳动的项目、劳动量、劳动紧张程度的巨大差异，产生了农业劳动季节性的特点。

（2）农业劳动在空间上具有较大的分散性和区域性。农业生产深受自然条件的制约，不同区域由于自然条件不同，往往只能经营适合当地自然条件的生产项目。适宜条件

的这种区域差异以及空间上的位置固定性,使农业劳动不得不在广大空间上分散进行,呈现出较大的分散性和区域性。

(3) 农业劳动内容的多样性。农业生产不像工业生产那样分工细致,不可能由一个劳动者常年固定在同一农活上进行同一种劳动。农业生产包括众多的生产部门和项目,即使同一生产项目,在整个生产周期中的不同阶段,也需要采用不同的技术措施和作业方式,使农业劳动具有多样性。

(4) 农业劳动成果的最后决定性及不稳定性。农业生产的周期比较长,每个生产周期由许多间断的劳动过程组成。各个劳动过程一般不直接形成最终成果,而要等整个生产周期结束以后,农业劳动的最终成果才能体现出来。但各个劳动过程却相互关联,上一个劳动过程的质量对下一个劳动过程的质量或效果都有很大的影响,以致影响最终的生产成果,甚至给下一个生产周期带来影响。

农业劳动的特点将随着农业科学技术的进步,以及农业生产社会化程度的不断提高而发生变化。充分合理地利用农业劳动力资源,必须适应农业劳动力的特点,以利于确定正确的途径,采取相应的措施,不断提高农业劳动力利用率和农业生产率,发展农业生产。

(三) 农业劳动力在农业发展中的重要作用

劳动是一切社会存在和发展的最基本的条件。任何社会的一切社会财富,都是人们从事生产活动的结果,是人类劳动与自然界相结合的产物。没有农业劳动,就没有农业的存在和发展,也就没有整个国民经济和社会存在与发展的基础,因而农业劳动是农业及整个国民经济和社会存在与发展的基础。

农业劳动力在农业中的重要作用,还表现在农业劳动力具有能动性,即它是在农业生产力各要素中唯一具有活力和发展最快的。从人类产生以来,自然界的变化可以说是很小的,而农业劳动者的劳动能力却随着科学技术的发展和对自然、经济规律认识的加深,有了极大的提升,而且正是农业劳动能力的不断提升,才使农业和整个国民经济得到了迅速发展。

重视农业劳动力在农业发展中的重要作用,对中国来说具有特别重要的现实意义。中国农业劳动力十分丰富,而劳动力既是重要的生产要素、又是消费者,如果能充分合理地利用好丰富的农业劳动力,就能促进农业的更快发展;如果不能充分合理地利用,就会成为农业和整个国民经济发展的沉重负担。因此,必须认真研究解决好中国农业劳动力的充分合理利用问题。

二、农业劳动力的供给

农业劳动力供给是指在一定时间内农业劳动力供给的数量及质量。

(一) 农业劳动力供给的基本特点

农业劳动力供给主要来自农村人口资源。人口资源的状况是由社会、经济、文化和历史传统等综合状况决定的。

(1) 农业劳动力供给的增长具有强劲的经济推动力。农户不仅是一个生活消费单位,更重要的是一个生产运行单位。农户自身就是一个农产品生产和农业劳动力再生产相统一的独立运行的社会经济单位。在科技水平相对稳定或提高相对缓慢的时期,农户为了维持生产的顺利进行和获得较高的经济收益,客观上需要一个较大的家庭人口规模。农业扩大再生产主要是依靠外延扩大再生产的手段来实现。而这种外延扩大再生产的手段的实现就是依靠多投入简单农业劳动力的数量。因此,农业劳动力供给的增长,对于经济发展具有强劲的推动力。

(2) 农业劳动力的供给具有很大的弹性。农业劳动力供给资源主要来自农村人口资源,所以,农村人口资源的状况直接决定着农业劳动力资源供给的状况。在农村人口资源中,劳动力与非劳动力之间的界限并不十分明显,而且农业劳动力与非农业劳动力之间的界限也不十分严格。第一,在农村人口资源中,60岁以上的老人和16岁以下的儿童,从法律角度来讲,不能划入农业劳动力供给资源。但是,这两部分人口,无论是农忙季节还是农闲季节,大都是积极参与农业劳动的,而且这两部分人口供给的劳动量是相当大的。第二,在农户中,那些长期在外从事非农业劳动的劳动力,在农业生产大忙时,大多回来参加农户的农业生产活动。第三,由于农户的家务劳动复杂而且社会化水平低,每个农户都需要一个较为固定的从事家务劳动的成员。所以,从这个角度看,在农村社区和城市社区人口数量相同的情况下,农村社区供给生产的劳动力与人口的比率相对要低。第四,农业自然资源承受农业劳动的耐力较强,不像在非农产业中,资金和设备吸纳劳动力具有明显的局限。以上几方面原因,促成农业劳动力供给具有很大的收缩性,或者说具有很大的弹性。

(3) 农业劳动力总供给量过大,而有效供给又严重不足。在以畜力和手工工具为主的传统农业中,农业劳动力的生产劳动技能主要是从生产劳动实践中获得的,因此,一般农户对子女的学校教育重视不够,致使农业劳动力供给资源的总体素质偏低。随着社会经济的发展,传统农业向现代农业的转变加快,要求农业劳动力具有较高的科学文化素质。但是,在传统农业生产方式中形成的农业劳动力供给资源,却不能适应现代农业的要求。因此,虽然劳动力供给资源较多,但却出现有效供给不足的社会经济现象。

(二) 农业劳动力供给的决定因素

农业劳动力供给的决定因素,主要有农村人口的规模和构成、农业部门效益的高低、农业劳动力供给资源的素质状况、农业劳动时间供给量等。

(1) 农村人口的规模和构成直接决定着农业劳动力资源供给的规模和构成。农业劳动力资源基本上是由农村人口资源中适宜劳动的人口资源构成的,农村人口就业也主要在农业部门。因此,农村人口的年龄构成对于农业劳动力供给的影响更加直接,农村人口各年龄组人口数量的分布状况决定着农业劳动力的变动趋势。

(2) 农业部门效益的高低决定着农业劳动力实际供给的多少。劳动是人们谋生的手段,出于谋生和提高生活质量的需要,人们在就业选择中就偏爱那些劳动报酬较高的产业部门,而不愿意到劳动报酬较低的部门就业。因此,农业部门劳动所得经济效益的高低,就决定着农业劳动力供给的多少。

(3) 农业劳动力供给资源的素质状况决定着农业劳动力有效供给的多少。社会经济发展实践证明,最基本、最重要的社会生产力是人,最基本、最重要的社会经济资源是劳动力资源,尤其是掌握了一定文化知识和科学技术的劳动力资源。农业科学技术的推广及其水平的提高,以及农业生产工具的升级换代,迫切要求农业劳动力供给资源素质的提高,以适应现代农业科技进步和农村市场经济发展的需要。在农业现代化过程中,身体素质和文化素质不高的农村适龄人口,就成为农业劳动力供给资源中的无效供给部分。具有较高素质的农业劳动力向非农产业的转移,则加剧了农业劳动力有效供给的不足。所以,在科技发展迅猛的今天,农业劳动力供给资源的素质状况,决定着农业劳动力有效供给的多少。

(4) 农业劳动时间供给量的多少,同样是决定农业劳动力供给状况的重要因素。农业劳动时间供给有两个来源:一是参加农业劳动的每个农业劳动力每天的农业劳动时间和全年农业劳动时间的总和;二是非农业劳动力在农忙季节或其他时间参与农业劳动的时间。非农业劳动力包括未达到或超过法定农业劳动力年龄的农村人口。主要从事非农产业劳动的农村人口,在农忙季节参与农业劳动,是传统农业向现代农业转变时期以及农村城市化、工业化进程中一种正常的经济现象。

三、农业劳动力的需求

农业劳动力需求的内涵,包括对农业劳动力的数量需求和质量需求两个方面。农业劳动力的数量需求,是指农业部门维持再生产所必需的农业劳动力达到一定的数量;农业劳动力的质量需求,是指农业部门维持再生产对农业劳动力文化、技能及健康等必须达到一定的素质的需求。农业劳动力需求,还可分为微观和宏观两个方面。农业劳动力的微观需求,是指农业生产经营单位为了维持农业生产的顺利进行和再生产,对农业劳动力的需求量;农业劳动力的宏观需求,是指在现存的农业自然资源状况和生产力水平的条件下,为了保证经济和社会发展对农产品日益增长的需要,整个社会对农业劳动力总量和质量的整体需求。

(一) 农业劳动力需求的基本特点

(1) 农业劳动力需求的季节性。农业生产的基本特点是自然再生产和经济再生产交织在一起。在农业生产的整个过程中,不同的季节或不同的生产时期,对农业劳动力的数量需求和劳动时间长短的需求,存在相当大的差异。在农作物播种季节、收获季节或出现自然灾害时期,农业生产对农业劳动力的需求大,对劳动时间需求长,而且对时间的限制非常严格;在农业生产的日常管理期间,对于农业劳动力的数量需求和劳动时间长度的需求,相对要少得多、短得多,甚至农业劳动力在一年中有很长的时间无农活可做。农业劳动力需求的季节性特点,在很大程度上决定了农业劳动力的基本利用形式。

(2) 农业劳动力的需求具有技能上的复杂性。农业内部各行业对于农业劳动力生产技能的要求极不相同,而且,即使在一种行业内部,不同品种或同一品种的不同生产时期,对于农业劳动力生产技能的要求也存在极大的差异。因此,农业部门对于农业劳动力的需求具有技能上的复杂性。事实表明,由于农业部门对农业劳动力生产技能需求复杂性的特点,培养训练出一个合格、掌握多种生产技能农业的劳动力是很不容易的。

(3) 农业劳动力需求的质量在提高,数量在减少。在农业自然资源有限的前提下,农产品社会总需求量的扩大,要求农产品商品率和农业劳动生产率都有与之相协调的增长速度。所以,农业劳动力需求的核心,是需求质量的提高,而不是数量的扩大。

(二)农业劳动力需求的决定因素

(1)农业自然资源的状况决定着农业劳动力潜在需求的大小。在农业劳动力素质水平和农业生产力水平变化不大的情况下,农业自然资源数量越多,农业劳动力需求的数量也越多;反之,对农业劳动力需求的数量就越少。

(2)社会人口和经济状况决定着农业劳动力的宏观需求状况。①人口状况是决定农业劳动力宏观需求的基本因素。人口规模越大,社会对农产品的需求就越多,相应地对农业劳动力的需求也就越多。②社会经济状况是决定农业劳动力宏观需求的根本因素。社会的产业结构不同,决定着社会对农业劳动力的需求量也不同。在非农产业部门中,有的部门直接以农产品为生产原料,因此,非农产业的构成状况,对农业劳动力的宏观需求有很大的影响。

(3)政府的政策对于农业劳动力的需求状况是一个重要的决定因素。①政府的人口政策对于农业劳动力需求状况的影响。如果一个国家的人口增长速度比较缓慢,政府可能采取鼓励人口增长的政策,人口资源的规模就会逐渐扩大,对农产品的需求也就会增加,随之社会对农业劳动力的需求就会扩大;反之,则会使社会对农业劳动力的需求减少。②政府的教育政策对于农业劳动力需求状况的影响。如果政府重视教育事业,全社会的科学文化素质就会较高,劳动力的素质状况就会较好,社会对于农业劳动力的数量需求也就会自然降低。

第二节 我国农业劳动力的总体状况

一、农业劳动力总体情况

据国家统计局数据,截至2019年末,乡村就业人数为33 224万人,比上年减少943万人。我国农村劳动力资源依然充沛。同时就业结构不断优化,农村劳动力持续转移进城就业。

根据第三次全国农业普查结果,全国农业生产经营人员情况如下:

(1)农业生产经营人员数量和结构。2016年,全国农业生产经营人员31 422万人,其中女性14 927万人。在农业生产经营人员中,年龄35岁及以下的6 023万人,年龄36~54岁的14 848万人,年龄55岁及以上的10 551万人。

(2)规模农业经营户(规模农业经营户指具有较大农业经营规模、以商品化经营为主的农业经营户)农业生产经营人员数量和结构。2016年,规模农业经营户农业生产经营人员(包括本户生产经营人员及雇佣人员)1 289万人,其中女性609万人,年龄35岁及以下的272万人,年龄36~54岁的751万人,年龄55岁及以上的266万人。

(3)农业经营单位(具有法人资格的农业企业、合作社等)农业生产经营人员数量和结构。2016年,农业经营单位农业生产经营人员1 092万人,其中女性444万人,年龄35

岁及以下的 215 万人,年龄 36~54 岁的 668 万人,年龄 55 岁及以上的 209 万人。

二、农业劳动力转移情况

国家统计局发布的《2022 年农民工监测调查报告》显示,2022 年一季度外出务工农村劳动力规模达到 17 780 万人,比上年同期增加 375 万人,3 年来首次恢复到 2019 年同期水平;一季度外出务工劳动力月均收入 4 436 元,比上年同期增长 5.9%,带动农村居民工资收入增长。

根据国家统计局调查结果,2020 年农民工就业情况如下。

(1) 农民工总量减少,流动半径进一步缩小。2020 年全国农民工总量 28 560 万人,比上年减少 517 万人,下降 1.8%。其中,外出农民工 16 959 万人,比上年减少 466 万人,下降 2.7%;本地农民工 11 601 万人,比上年减少 51 万人,下降 0.4%。在外出农民工中,年末在城镇居住的进城农民工 13 101 万人,比上年减少 399 万人,下降 3.0%。在外出农民工中,跨省流动农民工 7 052 万人,比上年减少 456 万人,下降 6.1%;在省内就业的外出农民工 9 907 万人,比上年减少 10 万人,与上年基本持平。

(2) 东部地区输出农民工人数减少最多,占到减少总量的一半以上。从输出地看,东部地区输出农民工 10 124 万人,比上年减少 292 万人,下降 2.8%,占农民工总量的 35.4%。东部地区农民工减少量占到全国农民工减少总量的 56.5%。

(3) 在东部地区务工人数减少最多,中西部地区吸纳就业的农民工人数继续增加。从输入地看,在东部地区就业的农民工 15 132 万人,比上年减少 568 万人,下降 3.6%,占农民工总量的 53%。在中部地区就业的农民工 6 227 万人,比上年增加 4 万人,与上年基本持平,占农民工总量的 21.8%。在西部地区就业的农民工 6 279 万人,比上年增加 106 万人,增长 1.7%,占农民工总量的 22.0%。

(4) 在第三产业就业的农民工比重继续提高。从事第三产业的农民工比重为 51.5%,比上年提高 0.5 个百分点。其中,从事批发和零售业的农民工比重为 12.2%,比上年提高 0.2 个百分点;从事住宿餐饮业的农民工比重为 6.5%,比上年下降 0.4 个百分点。

第三节 农业剩余劳动力的概念与类型

一、农业剩余劳动力的概念

农业剩余劳动力是指在一定的生产力水平下,农业劳动力的供给大于农业生产经营合理需求的那一部分,这部分劳动力投入农业生产经营的边际产量为零或负数。即使这部分劳动力分离出来,原有的有效劳动时间和产出量也不会减少,更不会影响农业的发展。农业剩余劳动力是一个相对的概念,随着农业生产力、生产资料、生产结构等条件的变化,农业劳动力的需求量和供给量也将发生变动。

劳动力是任何社会生产都必须具备的重要资源,一直受到经济学家们的极度重视。但是,西方国家从工业化到现在,基本上处于劳动力短缺的状态。因而,现代流行的西方经济学理论,往往将劳动力资源作为一种短缺性资源来研究。当代西方经济学家基本不承认本质上的劳动力剩余,现代主流经济学中没有考虑劳动力剩余的影响,仅把失业看成摩擦性失业、结构性失业等自愿失业,或因经济周期性波动、有效需求不足引起的短期非自愿失业。相反,西方人口学家,则过于偏激地描述贫困地区人口过剩带来的痛苦。西方经济学,包括劳动经济学,对剩余劳动力没有明确的定义,即使以研究发展中国家农村剩余劳动力向城市工业部门转移而著称的诺贝尔经济学奖获得者阿瑟·刘易斯(W. Arthur Lewis),也没有对剩余劳动力的定义进行深入的探讨。其后,费景汉(John C. H. Fei)和古斯塔夫·拉尼斯(Gustav Ranis)继承和发展了刘易斯的理论,他们把农业剩余劳动力定义在边际产品为零时继续增加的劳动力,并把劳动力的边际产品与不变制度工资相等时的多余劳动力称为隐性失业。前者将剩余劳动力定义在边际产品为零显然是不适当的,因为即使边际产品大于零但少于劳动力生存所需消耗,这些劳动力的投入也是没有意义的。后者定义涉及不变制度工资,费景汉和拉尼斯将农业生产中每个劳动力平均获得的一份平均产品称为"不变制度工资",而不变制度工资会随参加劳动的人数变化而变化,因此是一个不确定量,用来描述隐性失业也是不妥的。

二、农业剩余劳动力的类型

(一)按照农业剩余劳动力的特殊性划分

按照农业剩余劳动力的特殊性,可将剩余劳动力划分为绝对剩余和相对剩余。

超过农业需要量的农业劳动力,是农业剩余劳动力。这是一般的提法,是按每个劳动力的平均生产率计算的,没有考虑农业生产的特性。农业生产有强烈的季节性,在农忙季节需要大量的劳动力,有时甚至要动用未成年人和已超过劳动年龄的老人参加。在农闲季节,许多农业劳动力处于闲置状态,无事可做。我们将超过农忙季节需要的农业劳动力,称为绝对剩余;只是在农闲季节呈闲置状态的农业劳动力,称为相对剩余。区分这两种类型剩余的意义在于,研究农业剩余劳动力转移时,首先,将绝对剩余劳动力常年转移到非农产业中去;其次,相对剩余的农业劳动力要在保证农业生产的前提下,充分发挥他们的劳动潜能,安排一些临时性的非农生产活动。

(二)按照农业剩余劳动力产生的原因划分

按照农业剩余劳动力产生的原因,可将剩余劳动力划分为以下几种类型。

(1)积累型剩余。积累型剩余是指由于农业人口和农业劳动力增长过快,超过非农产业吸收量,以及农业劳动力与农业生产资料过量结合,其超出部分逐渐积累的剩余劳动力类型。产生这种类型的原因有以下两个:①农业劳动力自然增长量大于转移量,积累在农业部门的劳动力逐渐增多。②农业劳动力迅速增加,农业资源不断减少,农业劳动力不断地被农业资源排挤出来,积累在农业部门。

(2)结构型剩余。结构型剩余是指由于宏观经济结构,如城乡、产业、农业劳动力素质等结构不合理所造成的农业劳动力剩余的类型。产生这种类型的原因有以下几个:①产业结构倾斜所造成的农业剩余劳动力。如中国改革开放之前,只注重第二产业的发展,忽视农业和第三产业的发展。第二产业资本有机构成高,不利于对农业剩余劳动力的吸收。工业内部轻重工业结构向重工业倾斜,减少了劳动力的容纳量。②城乡结构不合理所造成的农业劳动力剩余。由于城乡分割,通过户籍等制度来封闭城门,阻挡农业劳动力进城就业,将大量的农业剩余劳动力封闭在农村。③农业劳动力素质低下所造成的农业劳动力剩余。尽管农业劳动力有大量的剩余,但真正符合非农产业要求的高素质的劳动力却比较少。很大一部分农业剩余劳动力因不符合要求而不能转移到非农产业中去,只能继续滞留在农业中。

(3) 替代型剩余。农业劳动力替代型剩余主要是由两个原因造成的:①农业机械的增加、新技术的应用替代了部分农业劳动力。替代下来的农业劳动力若不能及时转移出去,便形成了替代型剩余。据国际标准推算,农业每增加1个马力的农业机械就要替代4个农业劳动力。新的农业科学技术的推广和应用,如化学除草剂、喷灌技术等,都能节约大量农业劳动力。②工业部门用工业合成方法生产农产品的代用品,这样就用工业的劳动力替代了农业的劳动力。如合成橡胶和化学纤维等,在相当程度上替代了天然橡胶和植物纤维。

(4) 季节型剩余。由于农业有农忙和农闲两种强烈的季节性差异,在农忙季节,即使农业劳动力充分利用起来,有时也感到缺乏。到农闲季节,又有大量农业劳动力闲置起来得不到充分的利用,从而形成季节型剩余。其他几种类型的剩余劳动力转出农业并不会引起农业总产量的下降,而农业生产季节型剩余劳动力制约着农业生产,不能游离出农业本身,也就是说不能离开土地常年另谋他业。在寻找不到非农业就业机会时,这部分剩余劳动力是以闲暇的方式消耗的。在寻找到就业机会时,大多是以兼业方式或以季节性转移方式利用这部分剩余劳动力的。

第四节 农业劳动力转移

一、农业劳动力转移的一般规律

农业劳动力转移是指农业劳动力从农业向非农产业或城市的流动。农业劳动力转移的方式主要有两种:一是部门转移,即农业劳动力由农业部门向非农产业部门的流动;二是空间转移,即农业劳动力由农村向城市的流动。农业劳动力转移的一般规律如下。

(1) 随着国民经济的发展,农业劳动力会逐步向非农产业或城市转移,农业劳动力占整个社会劳动力的比重逐步下降,具体讲有以下规律:①人均GNP(国民生产总值)在300美元以下,农业劳动力占社会劳动力的比重缓慢下降,农业劳动力占社会劳动力的比重一般在2/3以上;②人均GNP在800~2 500美元,农业劳动力占社会劳动力的比重50%~33%;③人均GNP在2 500~5 000美元,农业劳动力占社会劳动力的比重在33%~10%;④人均GNP在5 000美元以上,农业劳动力占社会劳动力的比重在10%以下。[①]

(2) 农业劳动力向非农产业转移速度的快慢,从根本上讲取决于农业相对于非农产业劳动生产率的差距。如果差距扩大,转移的拉力就强,转移的速度就快;相反,如果差距缩小,转移的拉力就会减弱,转移的速度就慢。

---

① 李秉龙《农业经济学》。

(3) 农业劳动力向非农产业或城市转移呈现出两个阶段的变化趋势：第一阶段是农业劳动力绝对数量增加，相对比重（占社会总劳动力的比重）下降；第二阶段是农业劳动力的绝对数量与相对比重同时下降。

二、农业劳动力转移的理论模式

在二元经济结构向发达的一元经济结构转变的过程中，农业劳动力由传统农业部门向现代工业部门转移，或者由农村向城市转移，这是一个必然发生的现象。

1954年，著名发展经济学家刘易斯发表了《劳动力无限供给条件下的经济发展》一文，提出了二元经济结构理论。在刘易斯看来，在那些相对于资本和自然资源来说人口众多的国家里，劳动的边际生产率很小或等于零，甚至为负数的部门，劳动力的无限供给是存在的。例如，在农业部门中存在隐蔽性失业，即使部分家庭成员离开土地，剩余人手仍然足以产出同样数目的产量，因此，有许多临时性职业的存在，如码头上、车站里见人就帮着拉行李的热情人，过多的小商小贩等。劳动力无限供给的其他来源是妇女、人口的自然增长和劳动效率提高所引起的失业者。

（一）刘易斯模式

刘易斯提出了发展经济学关于劳动力流动的第一个理论模式。其基本含义有以下几个方面。

(1) 发展中国家一般存在二元经济结构。一是能够维持最低生活水平的以土著方式进行生产的、含有大量剩余劳动力的农业部门，这一部门的生产率低、劳动报酬低；二是以现代化方法进行生产的城市工业部门，它的劳动生产率和工资水平比农业部门的劳动生产率和工资水平高。

(2) 传统农业部门的最大特点是剩余劳动力的存在。所谓剩余劳动力是指对于土地资源而言，一些劳动力虽然出工出力，但是并不增加产量，其边际产量很低，低到接近零甚至负数。

(3) 由于工农业之间的收入水平存在明显的差异，农业剩余劳动力必然有一种向工业部门流动的趋势。只要农业剩余劳动力继续存在而又无人为的障碍，农业剩余劳动力将由农村源源不断地流入城市，城市现代工业部门在现行固定工资水平上能够得到它所需要的任何数量的劳动力，其劳动力供给具有完全的弹性。

(4) 城市现代工业部门吸收农业剩余劳动力的结果是扩大了生产，取得了更多的生产剩余，积累了更多的利润。在追求最大利润的动机下，积累的利润被转化为资本，从而吸收更多的农业剩余劳动力，再扩大生产，取得更多的生产剩余。如此循环往复，直到农业剩余劳动力消失，工业部门的劳动力供给不再是无限为止。

(5) 在上述往复过程中，城市工业部门不断扩大生产，农业剩余劳动力不断向工业部门转移，农村人口不断进入城市，从而实现了工业化和城市化。在传统农业部门中，伴随着农业剩余劳动力的不断流出，劳动边际生产率将逐步提高，农业劳动的报酬水平将逐步与工业工资水平接近，农民生活水平逐步提高，农业部门逐渐进步，从而使传统农业部门得到了改造，二元经济结构的痕迹慢慢消失。

（二）拉尼斯—费模式

拉尼斯和费景汉在刘易斯模式的基础上，提出了自己的劳动力流动模式。他们认为，刘易斯模式存在两个缺点：一是没有足够重视农业在促进工业增长中的重要作用；二是没有注意到农业由于劳动生产率的提高而出现剩余产品应该是农业中的劳动力向工业流动的先决条件。为此，他们根据农业和工业两部门发展的对应关系把农业劳动力转移过程分为以下三个阶段。

第一阶段是劳动边际生产率等于零的阶段。传统农业部门存在大量显性失业人口，劳动力供给弹性无限大，他们可以由农业部门流入城市工业部门，不会影响农业生产，由于他们的流出，农业部门形成的剩余农产品，正好成为流入工业部门就业人口的粮食供应。

第二阶段是劳动边际生产率大于零但小于不变制度工资的阶段。农业部门存在隐蔽性失业的过剩劳动力，这部分劳动力继续流入城市工业部门，而农业总产量却不能与工业部门的劳动力同步增长。粮食的短缺必然引起农产品价格的相对上涨，因此，工业部门不得不提高工资。由第一阶段进入第二阶段的转变点被称为"粮食短缺点"。

第三阶段是劳动边际生产率大于不变制度工资的阶段。农业部门已不存在剩余劳动力，农业部门劳动力收入不再取决于制度工资，而是按照分配原则取得收入，这意味着传统农业已转化为商业化农业。因此，第二阶段向第三阶段的转变点被称为"商业化点"，由此进入稳定增长的发达经济，二元结构特征消失。

（三）托达罗模式

20世纪60年代和70年代之交，美国发展经济学家迈克尔·P. 托达罗（Michael P. Todaro）发表了一系列论文，阐述了他的劳动力流动模式。归结起来，托达罗劳动力流动模式的基本含义有以下几个方面。

（1）促使劳动力流动的基本力量，是比较收益与成本的理性的经济考虑，这种考虑包括心理因素。

（2）使人们作出流入城市决策的原因，是预期的而不是现实的城乡收入差异。所谓预期的收入差异，包括两个因素：一是收入水平；二是就业概率。如果城市收入为农村收入的1倍，只要城市失业率不超过50%，人口就会不断向城市流动。

（3）农村劳动力获得城市工作机会的概率，与城市失业率成反比。

（4）人口流动率超过城市工作机会的增长率不仅是可能的，而且是合理的。在城乡收入差异很大的条件下，情况必然如此。在许多发展中国家，城市高失业率是城乡经济发展不平衡和经济机会不均等的必然结果。

第五节　发达国家及中国农业剩余劳动力转移模式

一、发达国家农业剩余劳动力转移模式

国际经验表明，实现二元经济向一元化转换的中心问题是农业部门劳动力的转移。农业劳动力比重越高，农业现代化程度越低，二元经济结构特征越明显；农业劳动力比重

越低,农业现代化程度越高,二元经济结构特征越不明显甚至完全消失。在过去的100多年里,英国、美国及日本等发达国家先后完成了二元经济向一元化的转换。在工业化进程中实现了大规模的剩余劳动力转移,目前这些国家农业劳动力在社会总劳动力中的比重一般都在10%以下,有的国家该比重还不到3%。从整体上来看,这些国家非农化与城市化进程基本上是同步的。由于受到本国经济、历史、文化、制度环境等因素的影响,这些国家农村剩余劳动力转移的具体模式仍各具特色。了解和研究发达国家农村剩余劳动力的转移过程与转移模式,对中国这样一个农业人口仍然占多数的发展中国家的现代化道路的发展,具有重要的启示和借鉴作用。

(一)强制转移型的英国模式

英国农业劳动力转移始于15世纪,止于19世纪中叶,经历了长达4个世纪的时间。它是典型的以圈地运动为特征的强制转移模式。

(1)英国农业劳动力随着第一次工业革命浪潮的出现向非农产业转移。由于人多地少,英国在工业化前期农业劳动力占有很大比重,至1801年该比重仍为35%。随着英国工业的发展,该国以强制性方式驱使小农向工业转移的圈地运动使大量农业人口背井离乡、受雇于工业。

(2)向殖民国家转移农业剩余人口是英国农业剩余劳动力转移的又一特征。英国曾经是世界上最大的殖民主义国家,殖民地国家也就成了英国农业剩余劳动力的主要流入地。据统计,仅19世纪的100年中,爱尔兰向美洲的移民就达到500万之多,以至于在美国的爱尔兰人比在爱尔兰的爱尔兰人还多。

(3)农业剩余劳动力的转移并未有效促进农业增长。从某种意义上来说,英国农业剩余劳动力的转移,是以牺牲农业为代价的,英国在人口城镇化过程中所需要的粮食和作为原料的农产品主要来自国外。18世纪60年代,英国生产的粮食不仅可以满足本国需要,而且可以出口。但到了19世纪中期,英国的农业生产停滞不前,英国消费的粮食、肉类和农业原料越来越依靠从外国进口。

英国农业剩余劳动力在经历了资本积累初期的困苦后,其转移逐步转入正轨。特别是在20世纪初期后,农业剩余劳动力持续、缓慢地向工业、第三产业转移,到1975年,农业人口在全部就业人口中的比重已经下降到2.7%,此后便保持在一个比较稳定的规模。

(二)自由迁移型的美国模式

美国从19世纪20年代到20世纪70年代,大约用了一个半世纪的时间完成了农业劳动力的转移。从转移的具体模式来看,美国农业剩余劳动力的转移属于自由迁移模式。从转移方式来看,吸收农业劳动力的部门是大城市的工业和服务业部门。

(1)美国农业劳动力的转移是在工业化条件下形成的。美国地多人少,在工业化初期并未面临农业劳动力剩余问题,但工业化和城镇化却面临劳动力的严重不足。19世纪中期,美国农业劳动力占社会总劳动力的比重为63%,到了19世纪末期,美国已实现了工业化。一方面,工业的快速增长提高了农业的机械化水平和农业生产效率;另一方面,机械化所分离出来的部分农业剩余劳动力也被快速发展的工业化所消化。所以,美国农业剩余劳动力的转移是走了一条工业化、城市化与非农化基本同步的道路。

(2) 美国的工业化进程促进了农业效率的提高。在工业化的过程中,机械化的普及和先进农业生产技术的实施使美国农业效率不断提高。美国的农业不但没有衰落下去,而且继续发展,与工业化相互促进。根据全球作物保护联盟(比利时)的数据,1860年,1个美国农民能够供养15人,而现在1个美国农民能够供养168人。

(三)政府主导型的日本模式

从20世纪初开始到20世纪末,日本农业剩余劳动力的转移用了将近一个世纪的时间。日本政府针对日本人多地少、资源短缺的特点,对农业剩余劳动力的转移进行了有效的干预,走出了一条政策型转移与工业化发展同步结合的新道路。

(1) 日本政府对农业剩余劳动力的转移发挥了重要的促进作用。日本政府鼓励和支持农业的规模化经营,鼓励小农户脱离农业转向非农产业。同时,日本政府制订了促进工业、农业、城市和农村协调发展的指导性计划,规定1971—1975年在城市郊区建立各类工业,吸引大量农村人口就业。到1975年,有813个城镇实施了该计划,建成各类工厂近700家,吸纳了大量农业剩余劳动力。

(2) 大力发展劳动力密集型工业。日本在工业化的早期,十分注重节约资本,充分利用劳动力丰富的优势,发展劳动密集型工业。在很长一段时间里,日本工业部门对农业劳动力的吸收率始终大于人口增长率,从而使经济能够迅速摆脱"马尔萨斯陷阱",实现经济结构的一元化。而且,日本将国民教育放在非常重要的位置。日本农业剩余劳动力转移的成功,在很大程度上取决于其国民素质的提高。

二、中国农业剩余劳动力转移模式

(1) 苏南以集体经济为主的乡镇企业就地转移模式。利用集体优势,由社区组织经营管理,让集体资产不断壮大,乡镇企业的职工大部分是本地农民,他们大都住在乡下,在企业工作,开创了农业剩余劳动力离土不离乡的就地转移模式。

(2) 温州以个体私营经济为主的乡镇企业综合转移模式。温州鼓励和支持个体、私营和股份经济发展,许多个体、私营经济走出温州,到全国各地寻求发展,带动了这些地区的经济发展,也促进了农业剩余劳动力的转移。

(3) 珠江三角洲以外向型经济为主的合资企业就地转移与吸纳模式。珠三角地区充分发挥该地优越的区位条件,大力发展外向型经济,积极引进外资,成立了大量的外商独资、中外合资和合作企业,这些企业不仅吸收了大量本地农业剩余劳动力,而且吸纳了大批全国各地的农业剩余劳动力。

(4) 山东省以个体私营经济为主的农业产业化综合转移模式。山东省各地在发展蔬菜种植产业过程中,形成了健全的蔬菜市场营销网络、配套的加工体系和多形式的流通渠道。目前,山东省形成了以莱阳为主的鲁东蔬菜加工区、以安丘为主的鲁中蔬菜加工区、以苍山为主的鲁南蔬菜加工区、以菏泽为主的鲁西蔬菜加工区,吸纳了大量农业剩余劳动力。

(5) 中西部贫困地区外出务工转移模式。中西部地区农村经济发展相对比较落后,当地就业机会少,大批农业剩余劳动力异地转移,转向沿海发达地区及大中城市。

（6）村庄兼并转移模式。通过村庄兼并,穷村、弱村的农业劳动力转移到强村、富村的企业工作,充分利用了土地、劳动力、资本、技术等生产要素,实现优势互补,壮大了集体经济,促进了农业剩余劳动力转移。

第六节　我国农业剩余劳动力转移的特点及政策选择

一、我国农业剩余劳动力转移的特点

从我国的实践来看,农业剩余劳动力转移具有以下特点。

一是进入城市的农村劳动力,长期性和稳定性较差,地域性彻底转移不足。由于和农业领域千丝万缕的联系,他们的根基依旧在农村,并没有完成由农民向市民的彻底转化。"离土不离乡""离乡不离土""进厂不进城",这种现象在农业剩余劳动力转移中是普遍存在的。世界发达国家在劳动力转移的同时,实现了人口的彻底转移,与之相比,我国农业剩余劳动力的转移并没有对城市化作出多大的贡献。

二是从人口文化素质来看,转移出去的农业剩余劳动力文化水平普遍偏低。进城农民主要从事工业、建筑业、商业、饮食业等劳动密集的体能消耗大的初级服务性行业,这与他们文化素质普遍不高、缺乏专业技能培训密切相关。统计数字表明,相当一部分劳动力仅达到小学文化水平。另外,优先转移出去的往往是那些具有高中及以上文化水平的劳动力,然后是那些具有初中文化水平的劳动力,剩下的文化水平低的农业剩余劳动力适应不了非农产业、城镇化的发展,转移具有一定难度。

三是从人口的流向来看,农业剩余劳动力主要是从农村流往城市,从内地流往沿海,由北往南。广东、上海、北京、江苏、浙江、福建等省市是农业剩余劳动流动的主要目的地,这些省市经济发展领先于全国,吸引了大量农业剩余劳动力来此就业。

四是外向型制造业用工需求萎缩。由于受制裁、物流、经济放缓等因素影响,外向型企业用工需求减少。众多外贸企业再次迎来考验：货运物流受阻、交货周期延长、原材料短缺、订单大幅减少,我国外向型制造业发展前景不容乐观,出口部门对农村劳动力的吸纳能力减弱,外贸出口订单向越南、印度等东南亚发展中国家转移。近年来,我国劳动力成本不断上升,东南亚等国家的外向型劳动密集型制造业快速发展,我国农村劳动力岗位流失压力较大。据国务院发展研究中心测算,中国加工贸易额从2013年的8 600亿美元降至2017年的7 588亿美元,就业人数随之下降250万左右。

五是新经济持续创造新岗位。以电子商务为代表的新技术与农村一二三产业加速融合,创业带动就业的作用不断显现,新产业、新业态、新企业成为农村劳动力高质量就业的新动能。新产业、新业态创造大量非农岗位,农村电商就业带动能力强劲,三产融合有效扩展了农村就业空间。据商务部统计,全国农村2022年网商（网店）达到1 730.3万家,服务于县域内7亿多人的生产生活和就业。据国家发展改革委统计,截至2019年6月,开展返乡创业的341个县市区,返乡创业人数超过200万人,带动700多万人就近就地就业,估计全国返乡创业人员已超过800万,带动3 000万人就业,返乡创业就业带动作用依然有提升空间。

二、我国农业剩余劳动力转移的政策选择

（1）加快城市化速度。城市化的实质是由生产力变革引起的人口和其他经济要素从农村向城市转变的过程，而它表现在生产方式上，就是产业结构的大规模调整，即农业剩余劳动力向各非农业产业部门转移。城市化加速是以大规模的基础设施开发为先导的，而这些大规模基础设施的建设，必然给农业剩余劳动力转移提供先决条件。发展城市要对交通运输、住宅、水电供应、教育服务、信息咨询、物业管理等进行巨大的投资，这些行业吸收劳动成本低，可以创造大量的就业岗位，有利于解决农业剩余劳动力转移问题。

（2）提高农业剩余劳动力综合素质。一般劳动力素质高者，转移速度要快于劳动力素质低者，同时转移层次也较高。在市场竞争空前激烈的今天，我国农业劳动力凭借人均受教育程度仅达到小学毕业的水平，如何致富？各级政府要把农业劳动力的技能培训、剩余劳动力的转移服务作为当前和今后很长一段时期工作的重中之重，抓好现有农业劳动力的技能培训工作，为农业剩余劳动力向城市转移创造条件，抓好农村地区的教育事业，使农民的子孙后代成为有知识、有文化的现代公民，这是我国农民彻底告别贫困、我国农村彻底告别落后的根本之路。

（3）完善社会保障制度。农村的社会保障制度改革必须加快步伐。在农业现代化水平还比较低下的农村，土地依然是农民赖以生存的物质基础，由于社会保障制度不健全，农业劳动力和土地的紧密依存关系必然存在，农民担心失去土地后在城市享受不到基本的社会保障服务，大部分农民进城后不愿交出承包土地，他们虽然流入城市，却仍把土地看成自己生活最可靠的基本保障，从而影响了农业劳动力转移的彻底性和稳定性。所以，只有改革就业、教育、医疗、住房和保险等社会保障制度，使离开土地的农民也同城市居民一样，成为社会保障体系的直接受益者，取消在社会保障制度上的城乡差别，才能使进城农民彻底割断对土地的依赖关系，顺利地实现农业剩余劳动力向城镇的转移。

（4）健全劳动力市场，提高劳动力转移的有序性和组织化程度。在国家总体就业规划与就业政策指导下，通过建立健全劳动力就业市场体系，引导农业劳动力向有需求的产业与地区流动，实现劳动力与其他产业要素的重新组合，形成劳动力在地区与产业间的合理布局，通过完善政府的疏导和调控功能，降低农民的进城门槛，尽快取消影响人口和劳动力流动的政策限制，实行城乡劳动力就业公平竞争、同工同酬、同等待遇制度，切实保障所有劳动者的合法权益，将农村就业纳入国家统一的就业政策范畴，取消各种就业准入制度，拆除对本地劳动力就业保护的壁垒，初步建立和完善城乡统一、开放、规范和高效的劳动力市场，实现劳动力凭学历、技能竞争就业，农民和市民享有平等就业的机会。

（5）促进农民就地就近就业创业。落实各类进城务工人员稳岗就业政策，发挥大中城市就业带动作用，实施县域进城务工人员市民化质量提升行动。鼓励发展共享用工、多渠道灵活就业，规范发展新就业形态，培育发展家政服务、物流配送、养老托育等生活性服务业。推进返乡入乡创业园建设，落实各项扶持政策。大力开展适合进城务工人员就业的技能培训和新职业、新业态培训。

云南双柏县多举措抓好就业帮扶

转移就业"应转尽转"。云南双柏县持续开展务工情况大排查、岗位信息大推送、就业政策大宣传、转移就业大输送。截至2021年12月,全县实现脱贫劳动力转移就业1.16万人,转移就业率73.88%,其中,省外转移就业0.17万人、县外省内转移就业0.24万人、县内转移就业0.75万人。

技能培训"应培尽培"。按照培训一人、就业一人、脱贫一户目标,深入开展订单培训、定向培训、精准培训,确保有培训意愿的脱贫劳动力每年至少接受职业培训1次,熟练掌握1~2项就业技能。

创业扶持"应扶尽扶"。通过全面落实"贷免扶补"、创业担保贷款、兑现脱贫劳动力一次性创业补贴、返乡创业奖补等政策,对有创业意愿的脱贫劳动力给予不少于20万元的创业贷款扶持,对创业成功且有一定经营规模的脱贫劳动力、返乡进城务工人员给予不超过1万元的创业补贴等。

务工奖补"应兑尽兑"。坚持政策宣传应知尽知、自愿申报愿报尽报、符合条件应兑尽兑的工作思路。通过人社干部、乡镇村组干部等"点对点""一对一"组织动员申报,实行简易化的申报流程,畅通"一站式"服务渠道,按照脱贫劳动力外出务工省外每人1 000元、县外省内每人500元的奖补标准抓好政策兑现工作。

兜底安置"应兜尽兜"。加大各类岗位统筹使用力度,优先安置符合条件的脱贫人口,特别是其中的弱劳力、半劳力,动态调整安置对象条件,不断健全按需设岗、以岗聘任、在岗领补、有序退岗的管理机制。针对无法离乡、无业可扶的脱贫劳动力,通过开发生态护林员、卫生保洁员、疫情防控员、信息统计员等乡村公益性岗位来安置,全县针对脱贫劳动力开发乡村公岗1 884个。

就业服务"应帮尽帮"。坚持线下与线上相结合,不断提升就业帮扶服务水平和质量。线下通过组织开展就业援助月、"春风行动"、民营企业招聘周、金秋招聘月等活动,线上通过微信公众号、"就业彩云南"发布用工岗位信息,有效促进全县各类劳动力充分就业。

资料来源:彭嘉翼.双柏县多举措抓好就业帮扶[N].楚雄日报,2021-12-07.

从本案例分析可以看出以下几点。

(1) 农业剩余劳动力转移是政府的重要政策目标,政府支持政策发挥了关键作用。比如贷款支持、创业奖补、公益性岗位、就业服务"应帮尽帮"等。

(2) 从该县农业剩余劳动力转移情况看,就近转移比例很大,县内转移约占65%,这也印证了农业剩余劳动力市场就业转移的趋向。

(3) 农业剩余劳动力转移渠道是多方面的,可以通过创业来实现转移就业,也可以通过地区对口支援实现转移就业,还可以通过公益性岗位帮助脱贫劳动力转移就业。

(4) 技能培训是实现剩余劳动力转移的关键环节。技能培训"应培尽培"。按照培训一人、就业一人、脱贫一户目标,让劳动者掌握必要就业技能,从而实现转移就业。

【复习思考题】

1. 什么是农业劳动力?
2. 什么是农业剩余劳动力?
3. 描述农业劳动力需求的基本特点。
4. 简要分析农业剩余劳动力的类型。
5. 简要分析刘易斯劳动力流动理论模式的含义。
6. 试论述我国农业剩余劳动力转移的政策选择。

【即测即练】

第七章

农业技术进步

本章学习目标

1. 了解农业技术的特点。
2. 掌握农业技术进步的内涵及特征。
3. 掌握农业技术要素结构。
4. 掌握农业技术进步的内容。
5. 把握农业技术进步的模式。
6. 把握农业科技发展战略创新。

明光市良种良法促增收

"2022年由于开展全程绿色防控行动,统一品种、技术指导、田间管理,并采用全程机械化作业,小麦亩产达600公斤,品质也比往年都要好。"2022年6月25日,位于安徽省明光市潘村镇的茂禾昌生态农场负责人徐辉对记者说。

明光市2022年播种小麦90万亩、水稻79万亩(含稻虾8.1万亩)、玉米17.4万亩、大豆15.7万亩、山芋6.8万亩。在夏收中,该市成立17个抢收服务队,投入3 350台收割机、115台(套)粮食烘干机械,确保颗粒归仓。

"我们注重粮食品牌化,发展'淮麦29''淮麦44''烟农19''宁麦13''扬麦15'等优质专用小麦,订单化生产60.82万亩,并加强与南京、上海等地对接。"明光市农业技术推广中心主任周福红说。

明光市全程推广农业机械化、信息化技术,建设农业物联网"四情"监测点22个、益农信息社148个,开发应用机载信息化和社会化服务平台及明光智慧农技微信平台,并开通农技"110",为产前、产中、产后提供信息化服务。

2022年,明光市示范推广1 100多亩大豆玉米带状复合种植模式和农机农艺农信融合技术。同时,在涧溪镇示范推广绿豆玉米带状复合种植200亩。"北斗导航、复合播种机械、带状复合种植等新技术植入农业生产中,给广袤田野带来新变化、新希望。"明光街道映山村农业科技示范户高春勇说。

资料来源:罗宝,朱士凯.良种良法促增收[N].安徽日报,2022-06-28.

本案例包含以下几个方面的农业经济学问题。

(1) 农业技术含义。农业技术是人们积累的认识及改变自然的知识和技能。

(2) 农业技术进步的内容。农业技术进步既包括生产技术进步,也包括管理技术进步。

(3) 农业技术进步模式。农业技术进步模式包括市场需求推动模式及技术发展推动模式等。

第一节　农业技术的内涵及特点

一、农业技术的内涵

18世纪,法国学者德尼·狄德罗(Denis Diderot)提出,技术是"为了完成特定目标而将协调动作的方法、手段和规划相结合的体系"。随着工业革命的兴起和大机器工业的发展,机器、工具的作用增强了,这时,许多人又把这些劳动手段理解为技术的主要标志,认为技术是劳动手段的总和。到20世纪下半叶,关于技术比较一致的定义是,人们力求改变和控制其环境的各种手段或技能。1983年,美国国家科学基金会(NSF)的技术创新文集评论中引用斯科恩(Schon)的定义,认为技术是指扩展人类能力的任何工具或技能,包括有形的装备和无形的工作方法。费里拉(J. Friar)等在1986年定义:技术是指一种创造出可再现性方法或手段的能力,这些方法或手段能导致产品、工艺过程和服务的改进。

我国学术界普遍认同的观点是:技术不仅是劳动手段,而且包括劳动工具、规则和劳动技能,是它们的综合。所以技术大体包括三方面的核心内容:一是根据生产实践经验和自然科学原理发展而成的各种工艺与劳动技能;二是相应的生产工具和其他物质装备,或者是劳动工具;三是日常生产操作中的经验知识的总结,包括各种方法、规则等。

随着农业技术的不断深化,人们对农业技术的认识也在不断深化。综合而言,人们对农业技术本质的认识体现在以下三个方面。

(1) 农业技术不仅是人类为实现一定的农业生产目的所创造和运用的知识、规则和物质手段的总和,而且是人类农业生产经营活动的一个重要领域,是连接农业科学与生产的重要桥梁。

(2) 农业技术不仅是一个相对独立的活动领域,而且是广泛渗透到一切农业活动中并日益发挥着越来越大作用的因素。今天,不仅农业科学和生产技术化了,而且农业的其他领域也技术化了。

(3) 农业技术不仅是各种手段的静态总和,而且是综合运用各种工具、规则和程序去实现特定目标的动态过程。因此,农业技术是一种生产活动。

在此,我们把农业技术概括为:农业技术泛指人类在农业科学实验和生产活动过程中认识和改造自然所积累起来的知识、经验和技能的综合。这里包含三个层次:一是根据自然科学原理和农业生产实践经验而发展成的各种农艺流程、加工方法、劳动技能和诀窍等;二是将这些流程、方法、技能和诀窍等付诸实际的相应生产工具和其他物质装备;三是适应现代农业劳动分工和生产规模等要求的对农业生产系统中所有资源(包括人、财、物)进行有效组织与管理的知识经验与方法。第一、三层次属于软技术,本身具有在学习与传授下的转移流动性;第二层次属于物化的硬技术,本身不具有直接分离的流动性,但具有可复制性。

二、农业技术内涵的扩展

我国传统的农业技术概念仅仅局限在农业生产这个环节,相当于英语中的technique。这一格局沿用计划经济的思维模式,与传统农业较低的生产力相关联。尽管人们将其扩展到产前和产后,但最终仍然没有脱离一个"产"字。虽然我们运用了一系列先进的"生物技术""化学技术""物理技术"和"机械技术",尤其是近来处于不断发展中的农业高科技,如基因工程、细胞工程在农业中的应用以及"电脑农业""精细农业"等,但归根结底无不是以增加农业生产的产量为目标导向的。这些技术在小规模的示范阶段,其极大地提高了农产品产量,并且当这种农产品在市场上处于供不应求时,使农业增产和增收双重目标的实现成为可能。然而,一旦将这些技术在更大的范围进行推广应用,便会出现农民应用先进技术后"增产而不增收"的普遍现象。其原因一方面是人们在选择应用新技术时,缺乏对市场最基本规律的认识;另一方面则与人们使用了这种单一性的、不完整的农业技术概念有关。在传统的农业技术概念中,农业生产和农业经营始终处于分离的状态。

严格意义上的农业技术应该是英文中的 technology,是指一系列工具、手段、方法、工艺、程序等的总称,它不仅作用于生产过程,同时也涉及生产的组织和管理过程;既作用于物,同时亦作用于人,而根本的目的则在于对人的能力的提升,提高其在变化、复杂的环境中的适应性和能动性。因此,农业技术不仅要作用于自然,降低农业生产中的自然风险,更重要的是要作用于人与人所关联的社会,以降低农业生产的社会风险,并在同市场的关联中,控制市场风险。

我国应该将农业技术理解为一个体系,即除了农业生产技术外,还包括与农业经营相关的各种技术,包括农业经营技术、农业组织技术、农业信息技术和农业创新技术等,其在农业中的重要性处于不同的层次,如图 7.1 所示。

图 7.1 所表示的农业技术体系是一个整体,即不同的技术处于相互关联的不同层次,处于下部的技术是基础,是高一层次技术发展的前提条件。因此,在市场经济条件下,农业效益是否能不断提高,在处于低层次的技术得到基本配置的情况下,则取决于较高层次的技术是否得到配置以及配置的数量和质量。严格来讲,较高层次技术的发展是农业效益提高的源泉,是促进农业发展的根本动力。在这五个层次的技术中,除了生产技术是以物为载体外,其他四个层次的技术均是以人为载体的。显然,掌握和运用这些技术,对人的知识和能力的要求,越往上则越高。为了更好地适应市场经济发展的需要,农业技术进步的方向不仅涉及对人的技能的开发,更重要的是对人的智能的开发。

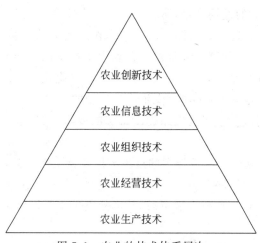

图 7.1　农业的技术体系层次

三、农业技术要素结构

一般认为，农业技术由三大要素组成：第一，从事农业生产、农业科研和农业管理等劳动过程中的精神智慧能力，简称"智能"，是知识形态的东西；第二，劳动过程中所掌握的操作方法的技巧能力，简称"技能"，是劳动者的"智能"操作使用"物能"的中介，包括农事活动的操作程序、操作方法（包括管理方法），以及使用物质手段的艺术与技巧等；第三，劳动过程中所使用的物质手段的能力，简称"物能"。"三能"既相互区别，又相互联系，构成农业技术的整体，如图 7.2 所示。

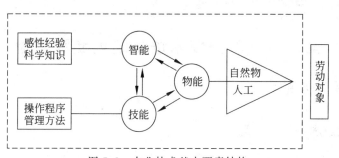

图 7.2　农业技术基本要素结构

四、农业技术的特点

农业生产的基本特点是自然再生产与经济再生产的紧密结合。这就决定了农业科学技术的研究与应用具有与其他领域科学技术所不同的特点。

(1) 农业技术的区域性强。农业再生产是自然再生产和经济再生产相互交织的过程。由于农业分布区域广泛，不同地区自然、经济、生态条件、农民的素质及管理水平都存在很大差异，所以生长着与周围环境相适应的不同类别、不同品种的农作物。而这些因素中有些是不可控或很难控制的，所以农业技术的研究与应用，一定要从实际出发，进行项目选择,开发和推广有效的适用技术,防止盲目追求不适合当地生产的高新技术。

(2) 农业技术的对象具有生物性。农业技术作用的对象以生物资源的利用、控制和改造为中心,农业技术进步的特殊性是建立在利用生物学因素的基础上。农业技术的进步与生物学因素的内在联系表现在:一方面,先进的农业技术可以对种植业和饲养业的自然周期产生积极的影响,但却无法改变生物学运动的规律性;另一方面,农业生产所涉及的生物学因素又会对农业技术的应用提出特殊的要求,并对农业技术成果的推广规定一定的范围。

(3) 农业技术的周期长。农业技术的进步不仅涉及无机世界,同时也涉及有机世界,不仅要利用经济规律,而且要利用自然规律,所以农业技术的进步往往滞后于工业技术,只有当基础科学与技术科学取得发展以后,其部分成果才能移植应用于农业领域,才会促进农业技术的创新。

(4) 农业技术的综合性强。现代农业涉及许多学科领域的知识密集型产业,是技术、经济、社会和生态等知识的综合应用。

(5) 农业技术成果应用具有分散性。农业生产依赖于土地,其规模受到土地经营规模的制约。农业经营与劳动的分散性,在一定程度上削弱了技术成果转化为生产力的能力,也给农业技术推广工作带来了困难。

(6) 农业技术具有准公共产品特征。因为许多农业技术具有准公共产品特征,所以农业技术的非排他性必然会出现"搭便车"现象,而技术"消费"的非竞争性则意味着该产品的效益无法得到充分发挥,农业技术创新主体得不到完全意义上的创新收益。农业技术的这种准公共产品特征,意味着对农业技术的投入不能完全由市场来决定,政府要承担在技术市场上无利或微利的农业技术投资。

第二节 农业技术进步的内涵和类型

一、农业技术进步的内涵

(一) 农业技术进步的含义

农业技术进步是一个经过技术发明、技术创新、技术扩散等环节,把新知识、新技术转化为生产力,从而实现增加社会物质财富、提高经济效益、改善生态环境,不断提高整个农业生产力水平的前进过程。农业技术进步反映了整个农业生产过程中科学技术的突破及其应用程度,具体表现为在资源约束条件下,把农业生产的潜力发挥出来,提高投入产出比,或者改变各种投入要素的组合比例,从而降低单位产品的成本。在资源有限的情况下,通过技术进步不断将先进的生产要素和劳动工具融入农业生产,改造劳动对象,从而提高农业生产力水平,促进农业经济增长。

农业技术进步的内容既包括农业生产技术进步(或者叫自然科学技术进步),也包括农业经营管理技术和服务技术(或者叫社会科学技术)进步。通常我们把只包括前者的技术进步称为狭义的农业技术进步,二者都包括在内的技术进步称为广义的农业技术进步。广义的农业技术进步既表现为农业技术（如机械技术、化学技术、生物技术等）研究与创新水平的提高和它们在农业生产中的应用，又表现为管理技术、决策水平、经营技术、智力水平等的提高（如农业经济体制改革、资源的合理配置、人们进行农业生产积极性的激发）及其应用于生产过程。

（二）农业技术进步的特征

农业技术进步不同于一般的技术进步，具有如下特征。

（1）生物性。生物性指农业技术进步受制于农业的生物学特性。从时间上看，农业的生物性延伸决定了农业技术进步的季节性。从空间上看，农业的生物性延伸决定了农业技术进步的地域性。受地域性的制约，农业技术进步具有较强的选择性，必须选择适合当地条件的先进适用技术。

（2）风险性。风险性指农业技术进步受制于自然条件变化程度和动植物生命体自身生物规律，具有风险大、周期长和机会成本高的特点。

（3）外溢性。外溢性指农业技术进步不仅给进步者和技术应用者带来好处，而且给他人和社会带来好处。这就决定了农业技术进步不可能完全市场化，必须依靠政府予以资助或补贴，才能达到资源的最优配置。

（4）综合性。综合性指农业技术进步应用效应的整体性，既要注重单项农业技术进步，更要注重多项农业技术的综合效应。

（三）农业技术进步的内容

农业技术进步的内容包括以下三个方面。

1. 农业生产技术

农业生产技术的内容十分广泛，归纳起来主要表现为五个方面：优良品种相关技术、栽培技术、饲育技术、动植物保护技术、中低产田土壤的改良技术。优良品种相关技术既包括动植物优良品种的培育、改良、引进，也包括种子加工、包衣、冷藏等技术的发明和改进。栽培技术主要有施肥技术、育秧技术、灌溉技术、农业机械技术、地膜使用技术和以间套复种为核心的耕作制度改革等。饲育技术主要包括配方饲料技术、配套饲养技术、畜禽舍饲管理技术等。动植物保护技术包括农作物重大病虫草害的防治和预测预报技术、畜禽鱼虾主要疫病流行预报与综合防治技术、新农药的研制及病虫抗药性监测治理技术等。中低产田土壤的改良技术包括盐碱土改良利用技术、红黄壤改良利用技术、风沙土改良利用技术等。其中优良品种对于动植物产量和质量起着关键的决定作用，对农业增长的作用极其重要，如杂交水稻的育成、高产矮秆小麦及杂交玉米的培育等。栽培技术、饲育技术一般是与动植物良种配套使用的技术，良种技术效率能否充分发挥与其推广采用程度关系密切。中低产田土壤的改良技术是建立高产、高效农业的基础和保障，它对于提高农业综合生产能力有重要作用，但随着土壤不断稳定化，其作用逐步降低。动植物保护技术主要是把由于病虫害的侵袭而导致的减产降到最小程度而采取的技术措施。

2. 农业政策与经营管理技术

农业政策与经营管理技术对农业产出增长的作用是经过国内外农业发展实践证明

的。制度创新在农业增长中同样具有非常重要的作用。政策和制度本身并不增加资源总量，但却可以改变技术进步的方向、要素配置的效率和收入分配的方式，进而影响经济增长和社会公平。这方面的内容主要包括新的农业方针政策、新的经济体制、农业产业结构调整、新的经营管理方法等。其中，新的农业方针政策主要是指具体的有利于调动农业生产者的积极性、有利于农业增产增收的各项起着直接作用或者间接作用的政策措施，如中央一号文件中对农民种粮的补贴政策、农业税费的减免政策等。新的经济体制是指国家的宏观决策，是一种新的制度安排，是从整个国家的决策意志来反映是否有利于资源的合理配置，是否能促进农业生产的增长和稳定发展。如1978年的家庭联产承包责任制的实行，以及由计划经济向市场经济的转轨等。农业产业结构调整是指在原有产业布局和安排的基础上重新安排作物种植品种和比例，以取得较高经济效益。例如可以通过优质、高产作物品种代替传统作物品种，或扩大经济作物面积，或者依靠多元化经营取得较高收益。新的经营管理方法，是与农业生产者以及基层管理者密切相关的管理措施和方法，如农业产业化经营，通过将产前、产中、产后各个利益主体连接起来，产生比单个农户经营更高的效率和效益，促进农业经济增长。

3. 农业服务技术

农业服务技术主要是为农业生产者提供教育培训服务以及生产资料供给方面的服务。为农业生产者提供教育培训服务旨在促进生产者素质的提高。生产资料供给方面的服务主要是指农业物资的购销、分配过程中技术的发明与应用，如现代物流与配送技术。

农业技术进步内容分解如图7.3所示。

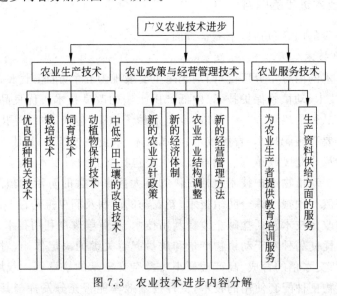

图7.3 农业技术进步内容分解

二、农业技术进步的类型

速水佑次郎(Hayami Yujiro)和弗农·韦斯利·拉坦(Vernon W. Ruttan)在其农业发展的诱致性技术变迁理论中认为，一个国家农业生产的增长受其资源条件的制约，但这种制约可以通过农业技术进步来突破。土地、劳动这类初始资源的相对稀缺程度及其供给弹性的不同,在要素市场上表现为它们相对价格的差异。相对价格的差异会诱导出节约相对稀缺而价格相对高昂的资源的技术变迁,以缓解供给缺乏弹性的稀缺资源给农业发展带来的限制。劳动供给缺乏弹性或劳动相对于土地价格昂贵,会诱导出节约劳动的机械技术进步;土地供给缺乏弹性或土地相对于劳动价格高昂,则会诱导出节约土地的生物化学技术进步。

(一) 传统的农业技术进步类型

这里采用农业技术创新与资本—劳动比率相结合的方法,将农业技术进步分为资本节约型技术进步(capital-saving progress)和劳动节约型技术进步(labor-saving progress)两种类型。

1. 资本节约型技术进步

资本节约型技术进步即节约资本的技术进步。它可以提高资本边际生产率对劳动边际生产率的比率。资本节约型技术使劳动的边际产量比资本的边际产量增加更快,因此,人们就会相对多用劳动而少用资本,从而导致资本的节约大于劳动力的节约。

资本节约型技术进步示意图如图 7.4 所示。技术进步导致等产量曲线从 $Q_{期初}$ 位移到 $Q_{期末}$,但由于这种技术进步在 K 和 L 组合比例相同情况下,能使 MP_L/MP_K 的值增大,从而劳动的边际技术替代率变大,等产量曲线 $Q_{期末}$ 就会变得比 $Q_{期初}$ 更陡。在要素价格不变,从而等成本曲线斜率不变的情况下,这种技术进步就会导致资本量从 K 减少到 K',劳动量从 L 减少到 L'。由于资本减少较多,而劳动减少较少,所以,资本与劳动的投入比例将变小(由射线 OE 的斜率减小到 OE' 的斜率)。

资本节约型技术(又称资本替代型技术)的主要优点:一是它符合农村资金不足、劳动力有余的实际情况,采用这类技术不必花多大的资本,而又能充分利用劳动力丰富的优势。二是采用资本节约型技术,通常可以用一定量的资本创造出更多的劳动就业机会,从而有利于改善经济收入的均等分配。因此,资本节约型技术比较容易在农村和贫困地区得到普及推广。

资本节约型技术的缺点:一是这类技术相对来说,劳动生产率不高,人均所得增长慢。二是采用资本节约型技术,比较不利于社会资本存量和经济实力的积累与增长。三是采用资本节约型技术会助长农村的人口增长趋势,不利于农村摆脱"人口陷阱"的桎梏。

2. 劳动节约型技术进步

劳动节约型技术进步即节约劳动的技术进步。它可以降低资本边际生产率对劳动边际生产率的比率。劳动节约型技术使资本的边际产量比劳动的边际产量增加更快,因此,人们就会相对多用资本而少用劳动,从而导致劳动力的节约大于资本的节约。

劳动节约型技术进步示意图如图 7.5 所示。技术进步导致等产量曲线从 $Q_{期初}$ 位移到 $Q_{期末}$,但由于这种技术进步在 K 和 L 组合比例相同情况下,能使 MP_L/MP_K 的值变小,从而劳动的边际技术替代率变小,等产量曲线 $Q_{期末}$ 就会变得比 $Q_{期初}$ 更为平坦。在要素价格不变,从而等成本曲线斜率不变的情况下,这种技术进步就会导致资本量从 K 增加到 K',劳动量从 L 减少到 L'。由于资本增加,而劳动减少,所以,资本与劳动的投入比例将变大(由射线 OE 的斜率加大到 OE' 的斜率)。

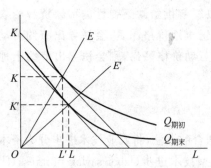 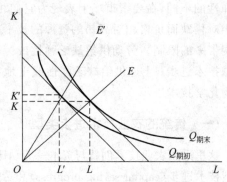

图 7.4 资本节约型技术进步示意图　　图 7.5 劳动节约型技术进步示意图

劳动节约型技术(又称劳动替代型技术)的主要优点：一是采用劳动节约型技术具有较大的连锁反应,可以带动许多相关产业技术的发展。二是采用劳动节约型技术能有效地增加生产的产出,从而大幅度地提高生产效率和劳动生产率。三是采用这类技术可以帮助一部分劳动力不足的地区缓解劳动力短缺的难题。

劳动节约型技术的缺点：一是这类技术的适应性有限。那些资本不足、劳动力丰富的地区,用不起这类技术,不仅经济上负担不起,同时又不利于发挥当地劳动力资源丰富的优势。二是劳动节约型技术虽然可以减少部分劳动力用量,但它又要求劳动者具有较高的科技文化水平。三是农村风险承担能力有限,这类技术较难推广普及。劳动节约型技术的采用,意味着投资的增加,投资越多,所要承担的投资风险越大,而发展中国家或贫困地区对投资风险的承担能力是有限的。

(二) 农业技术进步类型的扩展

土地和劳动这些初始资源虽然可以被替代,但不可能被完全替代。农业技术的进步,不仅表现为对传统资源的替代,同时体现在传统资源自身的进步之中。传统资源在农业发展过程中由于质量的提升而带来的技术进步,在速水佑次郎和拉坦的农业技术体系变迁中被忽略了。

1. 劳动改进型技术

在农业现代化进程中,滞留在农业部门的劳动力会发生适应性变化。劳动力的变化主要表现为劳动者知识水准和技术能力的提高,它通常用人力资本概念来表示。农业部门的人力资本是指通过对农民进行教育、培训、健康、迁徙等方面投资而形成的更高生产能力。"这些能力与资本品一样是被生产出来的生产资料",并随着经济发展和向人的投资的增加而成为"一种不断完善的生产力"。

经济发展过程中劳动者素质的提高是一个很容易被观察到的经验事实。经济发展水平和农业现代化水平高的发达国家,劳动者的受教育程度明显高于发展中国家。与发达国家相比,我国劳动者的人力资本存量明显偏低。

2. 土地改进型技术

土地资源的质量,在农业现代化过程中也在改进。这种改进是通过向土地投资获得的。即土地改进型技术主要表现为土地资本存量的增长。土地改进的结果,一是土地内在质量的提高,包括土壤土质改良、土地的工程化;二是土地外在条件的改善,包括道路、水利等基础设施建设和农业生态条件的改善。由于向土地投资可以带来土地生产率的明显提高,与其他类型的技术变革具有相似的性质,所以,可以将其归为一种独立的技术类型。

随着社会生产力的进步,土地改进型技术呈现出新的发展趋势:①土地工程化建设进一步加强,主要表现为"工厂化农业"的出现。所谓工厂化农业,是利用现代工程技术建立"农业生产车间",使农业生产摆脱或部分摆脱自然条件的制约,配合集约型农业生产技术,实现人工控制栽培和饲养。②农业生态环境保护和农业资源的可持续利用。如果说工业经济时代农业技术的发展主要表现为对大自然的掠夺和征服,那么,进入知识经济时代,农业技术发展的一个突出特征是对大自然的保护和回归。工业化农业发展的代价,使人们充分认识到"人与自然世界的重新和好已经不只是合乎需要,而且是必要的"。

(三) 替代型技术与改进型技术间的关系

1. 共同的资源结构基础

凡劳动资源稀缺而土地资源丰裕的国家和地区,在替代型技术的选择上,更加重视节约劳动的机械技术进步;在改进型技术方面,偏重提高劳动者素质的技术进步。这是因为:其一,节约劳动的机械技术,对劳动者的技术素质有较高的要求;其二,单位劳动推动的非劳动资源规模较大,提高劳动者素质是合理利用非劳动资源的要求。土地资源稀缺的国家和地区,偏重土地节约型的生物化学技术进步,同时,对土地改进型技术也有着较高的需求。因为提高单位土地面积的产出,是这一资源结构的国家和地区农业发展的重要目标之一。土地质量的改进与生物化学技术的进步对于实现这一目标具有同样重要的意义。但在现实经济中,土地改进型技术进步,不仅取决于土地资源稀缺程度所决定的改进土地质量的要求,而且决定于资本丰裕程度所提供的改进土地质量的能力。

2. 替代型技术引致改进型技术进步

在工业经济时代,替代型技术和改进型技术之间,替代型技术居于主导地位。首先,替代型技术一出现就成为传统农业向现代农业转变的首要推动力。从世界农业发展的历史进程来看,机械技术和生物化学技术,是现代农业转型过程中发生最早和最主要的技术变革,正是由于这些技术变革,才使现代农业开始走上历史舞台。因而,人们一般把机械技术和生物化学技术的进展作为衡量现代农业的主要标准。其次,改进型技术在很大程度上是由替代型技术所引致的,具有从属性和依附性特征。而土地的改进,或者是为了适应农业机械更好地作业的需要,或者是为了使生物化学技术更好地发挥作用。

3. 改进型技术推动替代型技术发展

改进型技术在很大程度上又是替代型技术运用的依赖条件。以土地改进型技术为例,速水佑次郎和拉坦指出:"为了维持农业增长,有必要从资源开发转变到资源保持型或增进型技术(如作物轮作或施肥)的开发;用化肥这样的现代工业投入品代替自然土壤肥力;化肥反应性的现代作物品种的开发。为了获得这些增长的新源泉,一个社会必须对土地和水利基础设施进行投资。""农业技术的扩散和土地基础设施的投资是相互加强的。环境条件的改变(如通过灌溉更好地控制水)常常是有效使用新技术(如现代半矮脚水稻品种)的前提条件。"由于发展基础设施将使新技术更具生产性,因而,对改进土地基础设施投资的预期收益率相应提高,土地改进型技术的运用在经济上也具有合理性。

第三节　农业技术进步的模式及制约条件

一、农业技术进步的模式

(一)市场需求推动模式

市场需求推动模式是指微观主体从自身经济利益出发,以市场的技术供求关系为依据,自主地组织技术发明和技术创新活动的模式。具体来说,就是科研单位或个人按市场的技术需求情况来组织技术发明活动,强调技术发明的经济效益,使技术发明与技术需求紧密结合。农业企业或农户为农业科研单位提供市场技术需求的信息,促使农业科研单位组织技术创新活动,强调技术创新的经济效益,使技术创新与发展生产紧密结合。市场需求推动型技术创新模式如图7.6所示。

图7.6　市场需求推动型技术创新模式

在市场经济条件下,农业企业或农户将受要素价格变化的影响和诱导,从而致力于寻求那些能够替代日益稀缺的生产要素的技术选择,进而推动相关技术的创新。这种技术创新模式的优点是自主性强、机制灵活,能充分调动微观主体的积极性。在实行市场经济的国家中,多数技术发明和技术创新活动都属于这种推动模式。实践表明,这种模式也有缺陷:有些微观主体(包括技术供给主体和需求主体)由于势单力薄和受其他因素的影响,使技术发明与创新的规模以及某些项目的创新受到限制,或者无法涉足,一些效益较差的产业技术创新活动受冷落。

(二)技术发展推动模式

技术发展推动模式是指由于相关农业技术发展的推动作用而产生技术创新的模式。技术推动表现为科学和技术的重大突破,使科学技术明显地走到生产的前面,从而创造和激发出市场的潜在需求。技术发展推动型技术创新模式如图7.7所示。

图7.7　技术发展推动型技术创新模式

在一个国家的一定时期发生这类农业技术革命,而不发生那类农业技术革命,这是有其深刻历史根源的,概而言之,大致有几种情形:原有技术潜力与新的社会需要的矛盾推进农业技术革命和技术创新;国际农业技术交流引发农业技术革命和技术创新;

新材料、新能源等的应用推广带来农业技术革命;科学理论物化导致农业技术革命和技术创新。

(三)联合作用模式

联合作用模式是指在农业技术创新时,创新者在拥有或部分拥有农业技术发明或发现的条件下,受到市场需求的诱发,并由此展开农业技术创新活动的模式。联合作用型技术创新模式如图 7.8 所示。

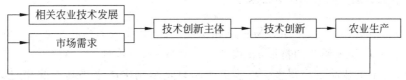

图 7.8　联合作用型技术创新模式

事实上,由于技术和经济的相互渗透,以及农业技术创新的范围越来越广,技术创新过程越来越复杂和多变,诸多因素的作用下,很难断定农业技术创新活动的决定因素是农业技术推动还是市场拉动,实际上应当是农业技术推动和市场拉动的综合,因而许多专家认为农业技术创新的运行模式应当归结为农业技术推动和市场拉动的双重作用模式。

二、农业技术进步的制约条件

(一)农业的产业弱质性

从生产特点来看,工业可以在一定地区集中布局,基本上没有季节性,以分散的零部件生产和集中组装为内容,受时间的制约较小。农业则是利用空气、水和阳光等自然力来培育有机生命体的,有着受季节限制的固定生产周期,而且往往需要辽阔的土地。同时,农业机械也只能短时间在部分生产环节使用,利用率并不高,它能节约直接的人类劳动成本,但无法缩短作物生长期。农业投资周期很长,虽然可在一定程度上改变生产频率,但不可能像工业部门那样对生产节奏进行随意调节和控制。扩大农业生产规模,要么在土壤肥力或地理位置较差的土地外推耕作的边界,要么利用现有耕地实施"集约化"经营,二者必取其一,但前者往往受可用土地资源的约束,后者则常常被"报酬递减规律"所困扰。农业技术进步面临农业产业弱质性的现实障碍。

(二)农业科技的公共性

在技术创新方面,农户经营多为近似于完全竞争的家庭分散经营,与工业相比,农业整体上进行革新的余地较小,确保发展的动态利润实现的可能性和稳定性也较低,而且作为关系到人类生存的绝对必需品的产业,以及公共性和公开性极强的产业,农业取得产业机密或者专利的现象很少,相反通过公共部门进行技术普及的要求则非常强烈。农业科技具有显著的公共产品特征:一是利益外溢性。农业科技产品的所有者通常没有获得农业科技创新行为的全部收益,大部分利益是外溢的。二是非竞争性。农业科技产品所有者对大多数农业科技产品的享有,不排斥、妨碍其他人同时享用,也不会因此减少其他人享用的数量和质量,或者说,增加一个消费者,其边际成本等于零。三是风险性。农业科技不仅面临市场风险,而且面临自然风险。由于农业科研周期长,成果推广易受自然条件制约,同时又有很强的地域性和季节性,农业科技的弱质性明显,单凭市场机制,往往不能有效足额地供给。

(三) 农业技术进步的市场约束

在流通和消费方面,农产品有易腐性和易损伤性,其收获上市和流通销售的过程呈现出小规模、分散化和多环节的特征,导致经营成本较高、风险较大。农产品的供给和需求价格弹性较之于工业品要小得多。许多工业品只是影响生活水平高低的相对必需品,而农产品却是关系到每个人基本生存、每天都不可或缺的绝对必需品,经常由于气候条件等非人为因素的影响而出现供给量的变动,少许的增产或者减产都会立刻引起价格的涨跌。这也必然导致农户经济上的不稳定。

此外,农产品的需求收入弹性很低,随着经济的发展和收入的增加,人们对非食品类(如住房、文化娱乐、交通通信、医疗保健等)的相对需求增加,对食品类的相对需求却在减少。因此,农业面临的市场前景就增量来看是比较暗淡的,农业科技投入的预期收益是不明朗的。此外,大多数农产品都是由分散经营的农户生产的,把他们组织起来,自愿合作进行农业科技研究的成本很高,而且效果不好。

同时,大多数农产品需求弹性小,农业科技产生的大部分利益通过较低的市场价格而转移给消费者,这极大地限制了农业科技成果推广应用的可能性。有研究发现,当资金投入和劳动力投入保持不变时,农业技术进步对农业收入增长率的作用,会受到农产品需求价格弹性和供给价格弹性的影响。当农产品需求价格弹性小于供给价格弹性,且 $0<E_s-E_d<1$ 时,农业技术进步将对农业收入增长率产生负面影响,也即农业技术进步与农业收入增长存在弱相关性。在自然经济条件下,"谷贱伤农"就是这一原理的具体表现。美国农业的发展也为这一理论提供了实证。美国农产品价格相对于收入水平及经济中其他物品的价格在不断下跌。1994 年,美国中等家庭实际收入为 1947 年的 210%,农场主实际收入为 1947 年实际收入的 95%,而农产品实际价格仅为 1947 年实际价格的 34%。一项计量经济学的分析也表明,中国农民的农业收入增长与农业技术进步状况呈负相关,特别是在中部省份,这一状况极其明显。

(四) 农业技术进步的经营制度约束

小农经济是排斥技术进步的。因为在市场经济条件下,实行分散化的小规模经营方式,必然产生一系列的"不经济",造成"土地碎化,容量过小,流通不畅,经营不活,效益不高"的状况。这种"均包制"的结果是:农户技术投资的边际效率递减,农业技术推广受到极大限制。

第四节 创新农业科技发展战略

党的二十大报告指出:"强化农业科技和装备支撑"。国务院发布的《"十四五"推进农业农村现代化规划》指出:"深入推进农业科技创新,健全完善经营机制,推动品种培优、品质提升、品牌打造和标准化生产,不断提高农牧渔业发展水平。"当前,我国正处在传统农业向现代农业转型的攻坚时期。现代农业就是用现代物质条件装备农业,用现代科学技术改造农业,用现代产业体系提升农业,用现代经营形式推进农业,用现代发展理念引领农业,用培养新型农民发展农业,提高农业机械化和信息化水平,提高土地产出率、资源利用率和劳动生产率。从现代农业的内涵和目标看,现代农业的发展将更加依靠劳动者素质的提高,更加依靠现代生产要素的广泛使用,更加依靠农业科技进步。

一、实施农业科技创新战略

调整农业科技创新方向,整合创新资源,改善创新环境,不断提高农业科技的创新能力。在创新重点上,既要在功能基因组挖掘、遗传育种重大理论研究、重大病虫害及人畜共患病传播机理、农业转基因生物新品种培育以及农业信息技术等农业基础性和前沿性学科取得重大突破,也要在保障粮食安全、提高农产品质量安全以及建设农业生态环境等技术创新领域取得进展;在创新类型上,既要激励和引导自主创新,提高自主创新能力,也要鼓励吸收、消化和利用国外先进科技成果,缩短创新周期;在创新方向引导上,既要引导面向需求、面向应用开展创新,也要鼓励自由探索,形成研究基础和积累。

二、实施农业科技产业化战略

要以市场需求为导向,以调动亿万农民积极性、解放和发展农村社会生产力为目标选择科研项目,创造符合产业需求、农民劳作习惯、市场安全要求的农业科技成果,以农民易学、易用、易操作为原则,进行技术的集成、组装、配套,实现农业科学研究、成果中试、产品生产和推广应用的有效衔接。要创新农业科技推广转化方式,完善合作机制,通过项目推广、技术承包和经营服务、公司加农户等形式,扩大种子(苗)、肥料、农药、饲料、兽药以及农产品深加工、节水灌溉、生物工程、农业信息与咨询服务等领域物化技术和产品的推广应用范围,不断提升农业产业化水平。要借鉴农业信息技术、生物技术和农业工程技术的最新研究成果,加快其在生产上的应用,为改善农业生产方式、拓宽农产品供给种类、保障农产品质量安全提供技术支撑,切实增强我国农业的国际竞争力。

三、实施农业科技体制创新战略

以提高我国农业科技整体创新能力和效率为目标,立足产业需求,统筹科技资源,汇聚科技力量,采取有效措施全面加强科研、教育、推广三方面的建设。同时,加大管理创新力度,探索农业科研、教育、推广进一步有效结合的长效机制,使三个方面紧密衔接、良性互动、共同发展,构建起新型的农业科技体系,形成强大的农业科技合力。要创新科技运行机制,建立健全适度竞争与稳定支持相结合的科研立项机制,农民考核、专家验收和论文发表相结合的科技评价导向和激励机制。在加大公共财政投入力度的同时,鼓励社会、企业和境外资金参与农业科技投资,培育全社会广泛参与的投入模式。

四、实施创新条件与平台提升战略

在改革过程中,对主要提供公益性服务和基础性研究的科研机构,在学科调整和人员分流的基础上,加快改善国家农业科技创新条件建设,尽快形成与农业发展需求相适应的创新资源。要顺应世界科技和农业发展潮流,加快转变农业科技支撑和引领方式,围绕农业生产规模化、集约化、专业化和设施化等技术需求,创建现代农业产业技术创新园区,推动科教单位走出大门、科技人员走出实验室,把农业技术创新主战场由室内搬到田间,把创新方式由"单打独斗"变为"团队作战",为农业技术集成化、劳动过程机械化、生产经营信息化创建新型平台,改变传统的农业科技创新模式,促进农业科技创新、农业科技成果转化、农业技术推广普及和农民技术培训一体化发展。

海伦数字农业帮助农民"节本增收"

2019年,海伦市农业农村局建设了全国唯一一个县级数字农业指挥中心,整合全市农业资源,探索数字化农业发展,为农民提供金融、土地托管、农技、农产品交易、农机、农资等涵盖农业生产全过程的多项服务,帮助农民"节本增收"。

海伦市永和镇经建村邵广金是种地的老把式,2022年他托管种植了20亩大豆和18亩玉米。据他介绍,以前种地全凭皇历和经验,早种几天、晚种几天在产量上看不出多大差别。可是,和托管公司合作后,他发现投入少了,产量却增加了。

邵广金所说的托管公司,就是海伦市农时土地托管有限公司,海伦市正是依托该公司大数据平台打造了数字农业指挥中心。

海伦市农时土地托管有限公司副经理丁峰说:"数字农业能提供最佳的种植方案,不用大量的人工,因减肥减药了,农民负担减轻了,成本下降3%~5%,增产幅度是5%~8%,公司今年托管耕地27万多亩,范围涉及海伦市18个乡镇。"

据丁峰介绍,把托管的地块面积及经纬度标注出来,然后制定种植方案,确定什么时间整地、耕种、除草、施肥等,通过大数据平台提供详细的耕作计划,计划会根据农时活动和天气情况而更新,整套的种植方案也会按照时节自动延续,把方案装入模型,推给农机手、农技人员,作业完成单击回传平台,保证耕作地块精准服务。减少人为因素风险,不会误农时、误耕作。

海伦市扎音河乡双合村赵海生种植的150亩大豆也是托管种植,他说,托管种植给他印象最深的是测土配方,这种方法真正地能把农业"三减"减下来,粮食品质提升的同时,农户种植的投入也少了,而且更精准了。

据介绍,海伦市数字农业指挥中心整合了海伦市农业相关数据,并融入金融保险、农机农技和农资等数据,开发出"一个平台、两个终端",即海伦市数字农业服务云平台、智农服微信小程序和爱耕耘 App。通过数字农业指挥中心有效整合各级涉农资源，建设数字化农业体系，实现农户精准投入、节本增收，让海伦市农业更为现代化、精准化、数字化和可视化。

资料来源：万希龙，陈显春.海伦数字农业帮助农民"节本增收"[EB/OL].(2022-07-01).http://www.moa.gov.cn/xw/qg/202207/t20220701_6403831.htm.

从本案例分析可以看出以下几点。

（1）数字化体现在农业科技进步的各个方面，通过数字化智能技术，可以实现对农业生产过程的有效管理。

（2）农业生产过程数字化可以包括金融数字化、种植方案数字化、农机服务数字化、农产品交易数字化等。

（3）土地托管也是一种科技进步，通过对土地规模化经营、资源优化配置、数字化管理，从而达到控制投入成本，实现节本增收。

【复习思考题】

1. 农业技术进步的含义是什么？
2. 农业技术进步的特征包括哪些方面？
3. 简要描述农业技术的要素结构。
4. 简要分析农业技术进步的内容。
5. 简要分析农业技术进步的模式。
6. 试论述创新农业科技发展战略的思路。

【即测即练】

第八章

家庭农场

本章学习目标

1. 把握家庭农场的概念及特征。
2. 掌握家庭农场社会化服务机制的主要内容。
3. 把握家庭农场经营模式。
4. 把握家庭农场培育机制的主要内容。
5. 把握家庭农场培育机制创新的方式。

北京市房山区老田农业家庭农场

老田农业家庭农场成立于2017年，占地200亩，主要种植草莓、西甜瓜、西红柿等特色蔬果，集种植、销售、采摘、加工、科研、休闲、青少年教育等多元业务于一体。老田农业家庭农场的产品销往多个中高端超市、社区，在京东等平台线上销售，提供果蔬直达业务。果蔬清晨采摘、上午配送、中午前送达，保证6小时新鲜上桌。老田农业家庭农场通过绿色食品认证，于2018年成为首批通过欧盟标准北京市GAP（良好农业规范）认证的良好农业规范企业。

老田农业家庭农场积极发展种植、观光旅游、学习体验多元产业融合模式。举办草莓文化节、西红柿文化节、亲农摄影、亲子农耕、我爱农庄绘画比赛等文化创意活动，设计了乡村游、体验游、观光游、采摘游、游学等产品菜单，形成了独具特色的旅游文化和康养文化。

老田农业家庭农场注重品牌打造，自创"老田农业"商标，塑造了老田、小田父子两代农民动漫人物形象，为草莓和西甜瓜设计了田红颜小妹妹、西甜瓜小胖的动漫形象，拉近了消费者与产品的距离，不断提升家庭农场形象和品牌效应。

老田农业家庭农场取得了较好的社会效益和经济效益。农场主田从和获得"京郊农业好把式""全国草莓十佳种植能手""全国精品草莓擂台赛金奖"等荣誉称号。

资料来源：农村合作经济指导司. 全国家庭农场典型案例（2021）-提高经营管理水平［EB/OL］.(2022-01-25). http://www.hzjjs.moa.gov.cn/nchzjj/202201/t20220125_6387589.htm.

本案例包含以下几个方面的农业经济学问题。

(1) 家庭农场的概念及特征。家庭农场是主要由家庭成员经营的农场,应具备一定规模、市场意识、科技意识。家庭农场具有规模化、集约化、现代化特征。

(2) 家庭农场社会化服务机制。家庭农场需要多方面服务,而且相互关联、配合,可以为其提供包括土地流转、信贷、生产资料等多方面服务。

(3) 家庭农场培育机制。家庭农场培育需要政府指导服务,需要规范认定标准及制度,需要完善家庭农场主培育制度。

家庭农场在农业转型中应运而生,是现代农业发展的阶段性标志。《中共中央 国务院关于加快发展现代农业进一步增强农村发展活力的若干意见》(以下简称"2013年中央一号文件")强调:"鼓励和支持承包土地向专业大户、家庭农场、农民合作社流转,发展多种形式的适度规模经营。"作为新型农业经营主体,"家庭农场"概念首次在2013年中央一号文件中出现,具有特别重要的理论和实践意义。党的二十大报告指出:"发展新型农业经营主体和社会化服务,发展农业适度规模经营。"2019年9月,农业农村部等11部门联合印发《关于实施家庭农场培育计划的指导意见》,对加快培育发展家庭农场作出总体部署,要求加快培育出一大批规模适度、生产集约、管理先进、效益明显的家庭农场。2022年,农业农村部实施新型农业经营主体提升行动,要求培养新型农业经营主体带头人,规范家庭农场运营制度。

家庭农场是指以家庭成员为主要劳动力,从事农业规模化、集约化、商品化生产经营,并以农业收入为家庭主要收入来源的新型农业经营主体。从生产实践看,家庭农场既坚持了以农户为主的农业生产经营特性,又扩大了经营规模;既坚持农业生产经营的农户特性,又通过适度规模经营,以集约化、商品化促进农业增效、农民增收。

第一节 家庭农场的概念及特征

一、家庭农场的概念

家庭农场是美国和西欧一些国家的通常叫法。按照维基百科的解释,家庭农场是由家庭所有和运营的农场。像其他家庭生意或不动产一样,其所有权通常通过继承的方式传给下一代。在人类历史中,家庭农场很大程度上是农业经济的最基本单位,在发展中国家也将持续如此。除家庭农场之外,还有农业综合企业经营的农场,即工厂化农场,或者由集体经营的农场。

按照美国的法律定义,家庭农场应满足以下条件:能够生产足够数量的农产品用于销售,以至于在社区被认作农场而不是农村居民;获取足够的收入以支付家庭和农场运作费用、支付债务及维护财产;由经营者进行管理;经营者及其家庭能够提供足够数量的劳动力;在农忙时节可以利用季节性劳动力及雇用合理数量的长期雇工。

家庭农场的社会作用已经发生了很大的变化。直到近期,与传统及保守的社会学理念相一致,家庭农场主一般是由家庭成员中年纪最大的男人担任,并由最年长的儿子继承。妻子一般做一些属于农场的家务、儿童抚养及财务管理。如今,农业活动已经流行起许多形式,并且随时间推移不断变化。农艺、园艺、水产养殖、森林、养蜂与传统植物及动物一起,构成了今天家庭农场的不同侧面。家庭主妇经常需要离开农场工作,以补贴农场收入不足。孩子们有时没有兴趣选择务农作为自己的工作。

在国内,对于家庭农场还没有一个统一的定义,但可以肯定的是:家庭农场是以家庭为单位,应具备一定经营规模,以法人形式存在,具备一定的市场意识、科技意识、创新意识和品牌意识,是一种新型的农业经营主体形式。或者说,家庭农场,实际上就是指由家庭成员自己经营(而非雇用劳动工人经营)的有一定规模、一定面积和一定技术含量的农业生产单位。既然只由家庭成员经营,规模肯定不会很大,一般情况下,肯定没有雇佣制的大农场的面积大。越来越多的研究认为,我国目前发展农地规模化经营的最好模式就是家庭农场经营。这和早期许多学者由于受大工业理论(产业化、集约化、社会化的雇工制大企业生产)的影响而想当然地认为我国农业现代化必是大农业经营相比有了显著的进步。因为他们看到农业经营和工业经营有根本的不同,而且最明显或者说最直观的就是,他们注意到了世界各发达国家和地区的农地规模化经营与农业现代化经营走的也是家庭农场经营的道路。

二、家庭农场的主要特征

(1)规模化。家庭农场是一种规模化的经营主体,同时规模化也是家庭农场发展的趋势。世界发达国家和地区都以家庭农场为主体,采取一系列政策措施,不断推进农业规模化经营。美国及日本在第二次世界大战之后,通过农地流转等形式,使家庭农场平均规模扩大1倍,我国台湾地区通过农地重划、委托合作经营等方式,扩大了家庭农场经营规模。黑龙江省佳木斯市规定从事粮食生产家庭农场经营面积200亩以上,浙江省海盐县示范性家庭农场经营规模规定粮油种植类面积100~500亩,不同地区根据自身农业资源状况和特点确定家庭农场经营规模条件。

(2)集约化。家庭农场是一个集约化的组织形式,家庭农场经营的标准化、机械化水平高,特别是农业园区化及工厂化模式,使土地、技术、资金、人才等资源纷纷向这些现代家庭农场集聚。从浙江省慈溪等地的实践调查看,家庭农场依靠规模化和集约化经营,实现了收入大幅度增长,平均年收入比普通农户要高出几倍,许多家庭农场主销售收入达到三四百万元,为当地农业经济注入生机和活力。

(3)现代化。家庭农场融合了现代科学技术成果。第一,采用了先进的工业技术成果和工厂化生产模式,实现了社会化分工与协作,从田间生产到产品销售的各个环节都有相应的社会化服务组织,家庭农场运营效率大大提高。第二,应用先进的农业经营理念,如智能农业、精准农业、精致农业等理念,促进了农业标准化、机械化水平的提高,增加了家庭农场的产出效益。第三,应用先进的管理理念。经营情况记录、农机服务、保险服务等都有健全的管理制度,同时采用合作制和股份合作制等形式,将家庭农场与农民专业合作社等社会化服务组织有机地联系在一起。

第二节 国内外家庭农场状况分析

一、美日家庭农场状况分析

(一)美国家庭农场

美国农业部对农场的界定比较宽泛。美国农业部数据显示,任何地方只要在当年生产并销售超过1 000美元的农产品,都可以被认定为农场。其年营业收入可以小到1 000美元,大到超过500万美元。美国农场分类基于所有权、年营业收入、主要经营者的主要职业。美国的大规模农场年销售额达到100万美元,而中等规模农场销售额达到35万美元,低于35万美元是小规模农场。美国农场中高达97.7%属于家庭农场,非家庭农场占2.3%。

美国农场一直向大规模方向发展。农场数量从1935年的680万个下降到2020年的201万个,其中家庭农场约196万个。全美农场经营土地总面积约为9亿英亩(约合54.6亿亩,1英亩≈4 046.86平方米),自第二次世界大战之后,农场规模平均增加了1倍多,2020年农场规模达到448英亩(约合181公顷,1公顷=10 000平方米)。2020年美国不同类型家庭农场的基本情况如表8.1所示。

表8.1 2020年美国不同类型家庭农场的基本情况

规模	数量/万	占农场比例/%	占土地面积比例/%	占产值比例/%	平均土地规模/公顷
小型	179.3	89.2	48.3	20.4	98
中型	11.2	5.6	21.6	20.2	182
大型	5.8	2.9	23.6	46	1 483

资料来源:美国农业部。

美国小型家庭农场分为以下几种。

第一,退休型农场。这类农场虽然持续从事小规模经营,但其主要经营者已经退休。

第二,离农职业农场。这类农场其主要经营者拥有非农耕的主要职业。

第三,农耕职业农场。这类农场其主要经营者将农耕作为主要职业。

美国家庭农场倾向于专业化,而不是多样化,一半的美国家庭农场只生产一种商品,小农场更倾向于生产一种商品。按照家庭农场的类型不同,其所生产的产品是不同的。大型家庭农场生产超过2/3的乳制品,同时生产超过一半高价值农作物,如水果和蔬菜。中等规模和小规模家庭农场垄断棉花生产(86%),经济谷物或大豆生产(71%),养猪业(61%)。小型家庭农场和大型家庭农场一起占牛肉生产的69%,小型家庭农场通常饲养母牛或牛犊,而大型家庭农场更可能经营饲养场。小型家庭农场生产45%的家禽和蛋产品。

(二)日本家庭农场

日本是小规模家庭农场经营的国家,为了提高食品自给率,通过实施农地制度改革、农地流转等措施,大力培育认定农业者、村落农业经营组织[注:认定农业者就是对农业者所制订的农业经营改善计划(5年后的经营目标)实行认定制度,重点实施农业经营基础强化资金等低利融资制度、农地流动化对策及支援农业骨干的基础配备事业等;村落农业经营组织就是指村落等具有一定地缘优势的农户共同从事农业生产,组织农业经营活动]等规模型农业经营主体,促进了家庭农场规模化,土地逐步向规模型经营主体集中。

根据日本农林水产省数据,2020年日本农业经营体1 076 000个,与5年前1 377 000个相比较,减少了21.9%。其中法人经营体数31 000,比5年前增加13.3%,农业经营的法人化正在扎实展开。

2010年全国农业经营体平均经营耕地面积为2.2公顷,2015年达到2.5公顷,而

2020 年则达到了 3.1 公顷。2020 年农业经营体按照经营规模来看,与 5 年前相比,北海道 100 公顷以上、都府县 10 公顷以上农业经营体数量增加了。从农业经营体经营耕地面积来看,10 公顷以上的农业经营体占 55.3%,与 5 年前相比,增长了 7.7%。2020 年平均每个农业经营体借入耕地面积 1.2 公顷,借入耕地面积比例 38.7%。与 5 年前相比,每个农业经营体平均经营耕地面积增长 20.4%。向农业骨干(认定农业者、村落农业经营组织等)农地集聚比例不断提升,2016 年集聚比例为 54%,2019 年达到 57.1%。按照日本 2030 年农业构造的展望计划,预计农业骨干经营耕地面积比例要达到 80%,农地利用集中还将进一步加速。

日本加速农业构造的改革,对于认定农业者及村落农业经营组织实施补助。面对农业从事者减少、高龄化、放弃地增加等问题,日本农林水产省制订了农地改革计划,其主要内容为:抑制农地面积减少,确保农地有效利用;农地制度的根本从所有向流转利用转变。为此,政府明确了农地所有者的责任和义务,要确保和扩大农地的流转利用,促进农地的规模经营,强化耕作放弃地对策。

二、我国家庭农场现状分析

(一)家庭农场发展速度快

根据农业农村部数据,2021 年全国家庭农场达 390 万个,经营土地达 4.7 亿亩。平均经营规模达到了百亩以上,其中,种粮家庭农场 160 万个以上,以种粮为主的多种形式适度规模经营占比超过 40%。近年来,江苏省不断创新政策举措,家庭农场经营形式更加多元,发展类型更加多样,全省家庭农场日益成为引领农业适度规模经营、促进农产品稳产保供的重要力量。截至 2020 年,全省家庭农场 17.5 万个,省级示范农场 2 290 个。经营总面积达到 2 150 万亩,约占耕地面积 31.34%,家庭农场平均经营耕地面积 122.56 亩。2015 年广西有家庭农场 4 210 个,2019 年破万个,达到 11 556 个,而 2020 年、2021 年分别飙升至 52 302 个、113 585 个。

(二)经营主体素质显著提高

国家实施高素质农民培育计划,对种粮家庭农场主、农民合作社带头人等开展农业生产技术和管理能力培训,提升农民种粮技能。根据农业农村部数据,2021 年培育高素质农民 71.7 万人,其中,35 岁(含)以下的青年农民 12.9 万人、占比 18%。家庭农场主,是高素质的新型职业农民,也是新生代的工商企业家,吸引了大量本土和城市有识之士加入,以谋求更大的发展。同时,由于政策的大力扶持,其对大学生创新创业也很有号召力。家庭农场的吸引力越来越强,由种田大户、乡村青壮年及大学生经营的家庭农场越来越多。江苏省农场主大多为高中以上学历,其中本科及以上学历占 1.7%,甚至有 985、211 高校毕业的优秀大学生,尤其在涉及观光旅游、休闲农场等特色服务的农场中,高学历比例显著高于平均水平。

(三)家庭农场行业结构不断优化

家庭农场涉及农业经营的方方面面,产业类型包括种植业、林业、畜牧业、渔业、种养结合等。2021年11月底,全国种粮家庭农场达到161.7万个,近8万个家庭农场从事农业生产服务。家庭农场积极参与农业多功能、乡村多元价值开发,从事新产业、新业态发展势头强劲。越来越多的家庭农场在夯实种养基础的同时,探索一二三产业融合发展。江苏省家庭农场产业类型主要包括种植业、林业、畜牧业、渔业和种养结合等。其中,种植业类家庭农场约占总数一半,林业类次之,种养结合类和渔业类、畜牧业类都占有一定比例。各地区家庭农场能够依托自身区位优势,发展优势产业,突出主业,同时也呈现出多元化的发展趋势。

(四)规范化、高质量成为发展趋势

各级政府高度重视家庭农场规范化、高质量发展。2019年,农业农村部颁布《关于实施家庭农场培育计划的指导意见》,要求合理确定家庭农场规模,优化登记注册服务,加强示范农场创建,引导其在发展适度规模经营、应用先进技术、实施标准化生产、纵向延伸农业产业链以及带动小农户发展等方面发挥示范作用。根据农业农村部数据,2021年11月底,4.5万个家庭农场取得注册商标、打造品牌,9.1万个家庭农场通过农产品质量认证。全国县级及以上示范家庭农场超过11万个,择优推介家庭农场典型案例,引导家庭农场因地制宜探索发展模式和机制。

(五)经济效益凸显,具有市场竞争力

由于家庭农场实现了一定的规模经营,具有一定的科技含量,其经济效益凸显。根据2021年山西省临县50个家庭农场调查,近3年家庭农场的平均收入为38.72万元,农户平均家庭收入14.57万元,说明家庭农场收入大幅高于普通农户。贵州省贵定县将家庭农场作为改变"小农"种养殖现状的重要抓手,大力推广这一新型经营主体,使土地利用率及农业集约化、规模化水平均得到大幅提升。2021年,贵州省贵定县纳入家庭农场名录管理的家庭农场共280个,2021年经营收入6 793.52万元,努力践行让村民有稳定收入、有致富来源。

第三节 家庭农场经营模式与社会化服务机制

一、家庭农场经营模式

(1)粮食生产模式。这种模式的家庭农场采用订单农业的方式,与国有粮食收购企业等一些粮食经销企业建立稳定的供货关系,市场销售具有可靠的保障。该模式适宜在土地资源丰富、劳动力短缺、土地成片流转地区采用。

(2)"家庭农场+合作社"模式。就目前而言,对于个别有实力的合作社来说,这种模式是一种最佳的选择,可以实现社员利益的最大化。但对于实力较弱、运作不规范的合作社来说,这并不是一种较好的模式选择。

(3)"家庭农场+龙头企业"模式。这种模式像粮食生产模式一样,一般都采用订单农业的形式,从而实现家庭农场与龙头企业双赢的效果。但是,从长远来看,这种模式具

有一定局限性,家庭农场和龙头企业不具有对等的市场地位,往往会使农民的利益受到危害。

(4)"家庭农场+市场"模式。这是一种家庭农场与市场之间的松散结合模式,其优点是具有灵活性,能够对市场的变化作出快速的反应。但其缺点也是显而易见的,家庭农场要承受巨大的经营风险。因此,在条件具备的情况下,应逐步向其他模式转变。

(5)"家庭农场+合作社+龙头企业"模式。这种模式能够把龙头企业的市场优势及专业合作社的组织优势有效结合起来,可以兼顾农户及龙头企业双方的利益,同时借助专业合作社的组织优势,提升农民在市场中的地位。目前,这种模式普遍存在,在专业合作社较弱、缺乏加工能力的条件下,可以选用这种模式,将家庭农场有效组织起来,构建产加销一体化的产业组织体系,实现多赢的效果。

二、家庭农场社会化服务机制

(1)政策支持和指导服务。家庭农场的政策支持一般是由各级政府农业主管部门制定实施的,协调其他部门参与。具体支持政策的实施、解释及指导都由政府农办、农业局等农业主管部门负责,包括相关政策实施情况的调研、实施效果的评估等。但从目前情况看,政府部门对家庭农场的服务以制定政策为主,咨询及指导服务相对较少,缺乏对政策实施的跟踪及有效评估。因此,应在完善制度建设、强化个性指导和服务方面下功夫。

(2)农地流转服务。为家庭农场服务的农地流转中介组织,是政府农业部门所属的事业型组织,一些地区建立了县、乡、村三级农地流转服务组织,相当多的家庭农场是与村组织签订流转协议。但就目前而言,农地流转中介组织只是具有信息服务、合同服务及纠纷仲裁的功能,不能根据家庭农场的需要对小块土地进行规模整理,更不具备融资服务、担保等方面功能。

(3)技术及信息服务。家庭农场的技术及信息服务是由多个组织提供的,从浙江省实际调查情况看,以政府农技部门为主,专业合作社发挥了很重要的作用,同时龙头企业也参与了技术及信息服务。政府农技部门作为公益性事业机构,在技术及信息服务方面扮演着重要的角色。

(4)信贷服务。从浙江省家庭农场的调查情况看,信用社仍然是家庭农场信贷的主渠道,多数家庭农场的信贷都涉及信用社,有个别情况涉及民间信贷,说明家庭农场资金来源单一。农场主大多数资金实力不强,而其土地和房屋等财产又无法用作抵押,制约了从信用社获取信贷资金的能力,难以投资资金密集型产业,特别是发展设施农业。

(5)农资服务。为家庭农场提供农资服务的组织较多,以农业局所属的农科站、农资企业及农民专业合作社为主,同时也涉及农业龙头企业及供销合作社,可以说农资供应组织多元化。从发达国家和地区的经验看,农民专业合作社具有为家庭农场提供农资的独特条件,可以作为未来的主渠道。同时,龙头企业在为家庭农场提供农资服务方面,具有独特的优势。

(6)产品销售服务。家庭农场产品销售服务组织包括专业合作社、龙头企业、经纪人、政府相关部门等,多个组织或部门合作共同完成家庭农场产品销售服务的任务。家庭农场大多实行订单农业,与合作社、龙头企业、农村经纪人等建立了稳定的产销关系,产生了多赢的效果。同时,政府相关部门也参与了家庭农场的产品销售服务。由政府部门举办各类展销会或搭建网上销售服务平台,组织合作社、龙头企业、大型家庭农场参与农产品经销活动,沟通供求双方,扩大地方品牌的知名度。

三、家庭农场经营模式及社会化服务机制创新的方式

(一)经营模式创新方式

(1)"家庭农场+合作社+合作社参股龙头企业"模式。从国际合作社的发展趋向看,合作社为了适应经济全球化及一体化的需要,正在发生变革,合作社与企业资本相互参股,共同组建股份制企业,以增强市场竞争力。所以,经营模式创新,要考虑家庭农场、农民专业合作社及龙头企业三者的利益,从长期合作利益考虑,顺应国际合作社的变革趋势,让合作社参股龙头企业,使家庭农场能够分享加工及流通环节的利益,从"家庭农场+合作社+龙头企业"模式向"家庭农场+合作社+合作社参股龙头企业"模式转变。

(2)"家庭农场+合作社+自身加工企业"模式。发达国家合作社都推崇从田间地头到餐桌的一体化服务,强化产品的加工能力。经营模式创新,要推进"家庭农场+合作社+自身加工企业"模式,在合作社实力不强的情况下,可以采用北美新一代合作社的做法,按交货权确定缴纳股金的数额,或者采用身份股和投资股两种方式,向社会筹集资金,并由政府根据投资额提供一定比例的政策支持,使合作社参与产品加工服务,拓展服务领域,进一步提高家庭农场的收入水平。

(3)"家庭农场+合作社+超市"模式。从目前浙江省家庭农场的经营情况看,蔬菜、水果等高收益产品占有重要的份额,这些产品的销售期短、保鲜性强,在合作社统一品牌和服务的条件下,具有可靠的质量标准,可以保证稳定的货源供应,这正符合连锁超市农产品销售特点。应大力推广"家庭农场+合作社+超市"模式,使专业合作社与连锁超市建立长期稳定的合作机制,通过订单、配送、电子商务等形式,实现生产、经营、销售一体化,保障家庭农场产品销售渠道畅通,提升合作社产品品牌价值,提高农产品附加值,提升家庭农场的经营效益。

(二)社会化服务机制创新方式

(1)完善政府服务方式。从政府为家庭农场提供的社会化服务来看,服务应更注重具体化和个性化,重视培育社会化服务中介组织并赋予其相应的权能,重视对相关政策的实施过程进行监督,并对政策执行的效果进行科学评估,以促进科学决策和科学发展。同时,政府应由注重政策向注重制度建设转变,使科学合理的政策转化为法规,减少人为干扰,不能因人而异,使对家庭农场的支持更加公平、透明、合理。

(2)健全中介服务组织体系。应建立具有独立法人资格的事业型农地流转服务体系,并逐步完善其服务功能,包括土地整理、信贷等功能。同时,应组建家庭农场服务协会,并建立省、市、县三级服务体系,赋予其相应的咨询、指导、资格认定等方面功能,在维护家庭农场权益、对外宣传、市场营销方面发挥其积极作用。

（3）建立制度性金融服务体系。从家庭农场调查情况看，信贷渠道主要是信用合作社，而且贷款仍然有一定难度，无法满足家庭农场的信贷需求。发达国家为了支持家庭农场，都建立了属于农民自己的融资体系，并设立了专门发展资金。我国应在制度性金融服务方面有所突破，为规模型家庭农场设立发展资金，并为具备条件的家庭农场商业信贷提供担保。

（4）构建农民专业合作社组织体系平台。应借鉴发达国家经验，以家庭农场为依托，构建农民专业合作社组织体系，实现合作社之间的联合与合作，共同解决产品加工、资金服务、品牌等方面面临的问题。特别要借鉴国际合作社的经验，通过股份制、股份合作制等方式，吸收供销社、信用社等农村企业参与到农民专业合作社组织体系中来，共同创办为家庭农场服务的加工、资金服务等实体，通过建立合理的利益联结机制，实现多方互利、共赢的目的。

第四节 家庭农场培育机制

家庭农场培育需要社会方方面面的协作与配合，需要中介组织及政府部门的强有力支持。家庭农场培育机制就是促进家庭农场成长的制度、法规、政策、模式、服务体系及其相互作用和配合的关系。

一、家庭农场培育机制的主要特点

（1）系统化。家庭农场培育机制构成一个有机整体，从家庭农场主培育到农技推广，从土地流转到金融服务，从经营指导到产品销售，从家庭农场认定到支持政策实施，是一个系统性工程，可以说涵盖家庭农场设立、农场主培育、农业生产、产品经营的各个环节。同时，家庭农场培育又与农民专业合作社、龙头企业、政府部门、金融部门密切相关，形成相互配合、相互促进、互惠共利的协作关系。

（2）产业化。以产业化为纽带，以家庭农场培育为核心，通过"家庭农场＋合作社""家庭农场＋合作社＋龙头企业"等经营模式，将家庭农场与社会化服务组织有机联系起来，为家庭农场提供产前、产中、产后系列化服务。同时，家庭农场各服务环节，包括农技推广、农机服务、种子培育、保险服务、加工服务、市场服务、信贷服务、培训服务等环节，以产业化为导向，分工协作、密切配合，为家庭农场提供专业化、全程化服务。

（3）制度化。家庭农场培育机制体现出规范化、制度化的特点，在家庭农场主培育、家庭农场设立、家庭农场生产服务等方面，通过一系列制度建设，规范和完善对家庭农场的支持和服务。如日本认定农业者制度的低利融资制度、税制优惠制度，我国浙江海盐家庭农场登记、经营记录及档案管理制度，上海家庭农场农机服务制度、家庭农场记账管理制度、信贷制度等，都是通过制度化形式，规范和完善家庭农场主培育、家庭农场社会化服务、家庭农场扶持政策等。

二、家庭农场培育机制的主要内容

（一）家庭农场认定标准及登记制度

发达国家和地区家庭农场一般都有一个认定标准，不是从事农业生产活动就是家庭农场,要有一定经营规模和条件。例如,日本对规模型农场实行认定农业者制度,要有完整的会计及家计记录制度,我国台湾地区对5公顷以上家庭农场实行认定和登记制度等。《农业农村部办公厅关于做好2020年全国家庭农场名录系统信息填报等相关工作的通知》指出:"建立健全家庭农场名录管理制度,完善纳入名录的条件和程序。"同时,各地要根据家庭农场生产经营变化情况,对家庭农场名录实行动态管理,确保质量。从浙江省各地实际情况看,关于家庭农场的认定条件,并没有统一的标准。一般而言要求有一定经营规模,并且要求农场主具有一定的市场意识、科技意识,在市场监督管理部门登记注册。海盐县和绍兴市柯桥区示范性家庭农场的认定条件,都在经营规模、工商注册登记、经营资金、活动规范等方面作出了具体规定和要求,如有完整的档案制度、有完整的经营情况记录、各项管理制度健全等。

(二)家庭农场主培育模式

家庭农场主应该具备一定素质,同时还要具备一些相关条件,如农地、资金等。为此,家庭农场主需要经过系统的学习,需要政府及社会服务部门的大力支持。日本家庭农场主培育形成了一种制度模式,农场主要经过小学及中学农业体验、农业助手、高等教育学习、农业就业实习等阶段,并由政府在不同阶段采取制度化支持措施。我国台湾农会把技术推广、家事辅导和文化教育统一起来,形成了独特的农业推广教育制度。我国台湾在20世纪80年代颁布了《台湾核心农民八万农建大军培育辅导计划》,重点培训核心家庭农场主,让其农场具有企业化经营能力。上海市松江区把课堂教学和现场示范培训作为家庭农场主培训的主要模式,在培训过程中采取与农场主互动的形式,相互交流经验,形成科技推广、培训、示范、应用的有机结合。浙江省海盐县采用高等教育培育模式,鼓励大学生创办家庭农场,以增强家庭农场发展后劲。

(三)家庭农场经营模式

家庭农场与市场联结方式对于家庭农场经营至关重要。为此,必须选择合理的经营模式,为家庭农场提供组织和服务保障,实现家庭农场与市场的有效联结,进而降低市场风险、提高市场竞争力、增加家庭农场收益。日本家庭农场经营模式以"家庭农场+农协"模式为主体,由农协为农场提供产加销系列化服务。浙江省家庭农场主要有家庭农场产加一体化、"家庭农场+合作社"、"家庭农场+合作社+龙头企业"、"家庭农场+龙头企业"、"家庭农场+市场"等几种模式。这几种模式中,较多的家庭农场通过订单形式与市场紧密连接起来,实现了农业生产经营一体化和产业化的目标。

(四)家庭农场社会化服务机制

家庭农场是最基本的农业经营单位,需要社会化组织提供系列化服务,服务的内容包括土地流转、信贷、保险、生产资料、加工、销售、技术、培训、指导等多个方面。日本家庭农场服务组织包括综合农协、专业农协、农地保有合理化事业法人等服务组织,它们为家庭农场提供农地流转、信贷、保险、产品销售、加工等全方位服务。目前,浙江省家庭农场的社会化服务包括政府提供的服务及社会化组织提供的服务。家庭农场服务组织包括政府农技部门、专业合作社及龙头企业等。家庭农场多数与龙头企业建立了订单联结方式,信用社仍然是家庭农场融资的主渠道。

(五)家庭农场支持政策及制度建设

家庭农场发展需要政府强有力的支持,需要配套的制度法规建设。因此,各国政府部门都积极采取财政、金融、税收等多种措施,增加对家庭农场的投入,并且通过制度法规建设,完善政府的支持及服务。日本政府采取了水田、旱田经营所得安定对策(注:主要内容包括为缓和收入减少影响而实施补贴及生产条件不利补正对策,加入水田、旱田经营所得安定对策,原则上要满足一定的面积条件)、认定农业者制度、农户户均所得补偿对策(农户所得补偿制度,以调整有意愿的所有农业者可持续发展环境,促进农业创新)、农地改革计划等措施,从财政补贴、土地流转、信贷、培训指导等方面对家庭农场提供政策及制度支持。浙江省对家庭农场支持政策主要包括以下四个方面:一是财政资金的扶持;二是完善信贷支持;三是完善农业保险服务;四是解决生产用房土地。

三、家庭农场培育机制创新的方式

家庭农场培育机制创新应借鉴发达国家和地区的经验,结合地方农业和农村经济发展实际,准确把握农业发展的阶段特征,探索自身家庭农场培育机制创新方式。

(一)完善家庭农场认定标准和管理制度

考虑到我国农业资源和农村经济状况差别较大,农、林、牧、渔不同行业特点不同,省(区、市)或地区可以采用一个综合性、兼容性的认定办法,其可以包括经营规模、工商登记、注册资金、档案记录、管理制度等方面的规定,使家庭农场的认定标准能为各行业接受,不同行业都能享有与种植业相同的政策扶持。鼓励家庭农场建立行业性自律和服务组织,并由政府赋予其一定职能,加强对家庭农场认定及经营指导,注重对家庭农场主的培训,提升其经营管理水平。

(二)家庭农场"一码通"管理服务机制

依托全国家庭农场名录系统实行家庭农场名录管理制度,开展家庭农场统一赋码工作,确立家庭农场唯一标识数字码和二维码,叠加家庭农场生产经营、产品品牌、商誉信用等信息,实现家庭农场管理服务数字化。在确保数据安全的前提下,向消费者、上下游企业、金融保险机构等推送家庭农场二维码,为家庭农场产品销售、品牌推广、贷款保险等提供便利服务。

(三)家庭农场主培育模式

家庭农场主培育作为新型职业农民培育的重要组成部分,应采取制度化的培育模式,包括:小学、中学期间对农业的认识和体验活动,高等学校农业教育培训、见习家庭农场实践锻炼,并为家庭农场主培育提供制度化支持,包括教育学费支持、实践活动支持、创办家庭农场信贷、土地流转、经营指导等方面支持。把家庭农场经营者培训纳入千万农民素质提升工程,重点开展农业实用技术、生产经营管理、转移就业技能等培训。完善省级农民大学、市级农民学院、县级农民学校、乡村田间学校培训体系,支持各地依托涉农院校和科研院所、农业企业、农业园区等开展多种形式培训。

(四)家庭农场经营模式

家庭农场应选择合理的经营模式,并在实践中不断创新。应借鉴发达国家和地区的经验,探索建立家庭农场自己的服务组织,以组织为依托,参与农产品加工及流通,可以考虑通过完善"家庭农场+合作社+合作社参股龙头企业"模式、"家庭农场+合作社+自身加工企业"模式、"家庭农场+合作社+超市"模式、"互联网+家庭农场"模式等,提高自身的竞争能力,提升家庭农场的经营效益。

(五)社会化服务机制

社会化服务机制创新,应重点建立和健全事业性中介服务组织体系,完善中介服务组织体系功能,特别是农地流转中介服务体系及制度性金融服务体系。注重新型社会化服务组织的作用,引导家庭农场组建农民专业合作社,通过合作社与龙头企业或流通组织建立利益联结机制,提高家庭农场的社会化服务能力和水平。特别要借鉴国际合作社的经验,通过股份制、股份合作制等方式,吸收供销社、信用社等农村企业参与到农民专业合作社组织体系中来,共同创办为家庭农场服务的加工、资金服务等实体,通过建立合理的利益联结机制,实现多方互利、共赢的目的。

(六)制度建设

政府应转变家庭农场服务方式,重视培育社会化服务中介组织并赋予其相应的职能,注重政策评估和政策实施监督。家庭农场培育更应注重制度建设,应使支持政策逐步制度化,完善和规范家庭农场培育机制。制度化应包括家庭农场认定及登记制度、档案制度、经营情况记录制度、各项管理制度、新型农场主培养制度、融资制度等。同时,可以参照发达国家经验,对家庭农场实行认定培育制度,对于有能力且有愿望改善经营的家庭农场,在一定时期内制订经营改善计划,由政府部门提供优惠政策扶持,并监督实施效果。

天津市北辰区幸福威尼家庭农场

幸福威尼家庭农场创办于2015年,2020年在北辰区市场监督管理局登记注册。农场流转土地132亩,有存储仓库1栋、日光温室12个、冷棚2个等基础设施,开展集约化、规模化、商品化生产经营,主要从事蔬菜、水果、薯类的种植及销售。农场先后引进种植烟薯25、西瓜红、哈白等红薯新品种5个,阳光玫瑰、甜蜜蓝宝石等葡萄新品种10个,新黄金巨蟠、旱黄油等桃新品种5个,早酥红梨、秋月梨等梨新品种2个。农场依托天津农学院和天津市农业科学院的专家指导,很快形成特色品种的规模种植,烟薯25等红薯品种亩产量提高1吨左右,收益增加1倍。

农场采用产销一体化、服务全配套的生产经营模式,消费者可通过微信、电话等方式线上下单,农场送货上门。农场采用特色销售方式拓宽销售渠道:常年开展农产品采摘业务,年接待采摘游客1 000余人次;红薯成熟季节开展收红薯、烤红薯农事体验活动,吸引众多家长带孩子体验农事活动。2020年,农场探索开展果树认领活动,消费者累计认领桃、梨等果树150余棵,顾客认领果树后可自行管理或由农场代管,果实成熟后由顾客自行采摘。农场在节约了投入成本的同时,也带动了其他农产品的销售。

农场引进红薯新品种并试种成功后,免费帮助有种植意愿的农户订购幼苗,推广滴灌栽培、高垄密植等种植技术,帮助农户解决种植过程中遇到的难题。经过多年不懈努力,农场累计带动周边种植农户200余户,红薯种植面积扩大到2 000余亩。

"不以规矩,不成方圆",农场主周述松深知农场要发展,必须实行规范化管理。为此,他到农业企业参观学习,与成功的农民合作社交流经验,结合农场实际制定了生产、财务、用工、学习培训及品牌培育推广等方面的规章制度,形成了行之有效的制度体系。

资料来源:农村合作经济指导司.全国家庭农场典型案例(2021)-增强农业生产能力[EB/OL].(2022-01-25). http://www.hzjjs.moa.gov.cn/nchzjj/202201/t20220125_6387588.htm.

从本案例分析可以看出以下几点。
(1) 家庭农场要有一定规模,并有一些基础设施条件,如存储仓库、冷棚等。
(2) 家庭农场要在市场监督管理部门注册登记为法人实体,并要实行规范化管理,如生产过程管理、财务管理等。
(3) 家庭农场应有一定技术含量,具有示范带动效应,帮助周边村民致富。
(4) 家庭农场通过多种方式促销产品,增加收益,如通过微信等线上下单、农场送货上门、开展采摘业务、吸引儿童体验农事活动等。

【复习思考题】

1. 家庭农场的概念及特征是什么?
2. 家庭农场培育机制的特点是什么?
3. 家庭农场社会化服务机制主要有哪几个方面?
4. 简述家庭农场经营模式。
5. 试论述家庭农场培育机制创新的方式。

【即测即练】

第九章

农业合作经济组织

本章学习目标

1. 把握农业合作经济组织的概念。
2. 掌握合作社的基本原则。
3. 了解我国农业合作经济组织资源。
4. 把握农民专业合作社联合社的类型。
5. 把握我国农业合作经济组织主体模式选择。

水稻合作社打造多元发展模式

通河县新乡水稻农民专业合作社地处黑龙江省通河县祥顺镇新乡村,成立于2016年,从事水稻全程机械化种植、加工、仓储、销售。合作社有成员140户,年带动就业200余人,水稻耕种面积6 800亩,其中,绿色水稻种植面积3 800亩,有机水稻种植面积3 000亩,托管代耕5.2万亩,总资产达5 200万元。

1. 科学规范管理,创新经营模式

合作社以优质稻米产业为基础,提供水稻种药肥料集中采购、机耕、机插、机收、机烘全程社会化服务和机械化作业。合作社实行农资供应、技术标准、产品认证、指导服务、加工销售"五统一"。在分配制度上,年终盈余的60%分配给土地入社农户,40%分配给出资入社成员,国家财政投入产生的盈余平均量化分配给入社成员。合作社积极引领成员科学种管,年均参加农技体系建设及农村实用人才培训350人次,外出参观及聘请专家现场观摩指导1~2次。

2. 把握服务核心,带动脱贫致富

合作社整合12家合作社组建了众禾水稻联合社,发挥大型机械的耕作能力,整合土地资源,向专业化、集约化、科学化的方向发展。免费为贫困户提供农业机械服务,带动贫困户27户、38人,每年每户分红1 500元。安排农村剩余劳动力就业,吸纳周边村民20人参与生产劳动,人均务工收入8 000元,生产旺季务工人员达到50多人,实现务工收入16万元,加上土地租金300余万元,为当地农民增收80万元以上。

3. 拓宽服务渠道,提升托代能力

合作社采取"土地托管"耕作模式,将农户分散经营的土地重新进行规划整理,节约出耕地,建成连片示范田,有效降低了生产成本,提高了土地利用率和收益。合作社利用大中型拖拉机、联合收割机、植保机械等农机具,推广保护性耕作,开展机械化耕、耙、播、收、植保服务。合作社采购大型秸秆打包机、深翻机械75台(套),采取打包离田、深翻整地作业模式,解决了近18万亩秸秆综合利用难题。

资料来源:全国农民合作社典型案例(2021)-农民合作社开展粮食规模经营[EB/OL].(2022-01-25).http://www.hzjjs.moa.gov.cn/nchzjj/202201/t20220125_6387582.htm.

本案例包含以下几个方面的农业经济学问题。
(1) 合作社概念。合作社是一个自我组织、自我服务的自愿互助组织。
(2) 合作社基本原则。合作社设立、运作应遵守一定的规则。
(3) 合作社服务。合作社服务可以包括培训、生产、收购、加工、销售等多个方面。
(4) 合作社组织管理。合作社应有合作社章程、组织管理机构。

虽然世界各地农业合作经济组织的名称和形式不同,但基本功能都是相同的,即保护农民利益,提高农民组织化程度和市场竞争力,增加农民收入。从农业合作经济组织的基本特征来看,归根结底它是一种企业的组织形式,体现团结协作和共同发展原则,建立在民主、平等、公平和互利基础上,是农民自愿联合起来开展自我服务、自我发展和自我保护的一种行之有效的经营制度。

在合作制光辉思想的指引下,农业合作经济组织在世界各地得到迅速而广泛的发展,成为农民可以依托和信赖的自助服务组织,是发展农村经济的重要力量。从世界上第一个合作社诞生之日起,农业合作经济组织已有170多年的历史,现已遍布世界160多个国家和地区,同农民的生产和生活有着密切而广泛的联系,我国近邻的日本、韩国农民也都普遍加入农业合作经济组织。

西方的合作思想大约在19世纪末20世纪初传入我国。我国合作社的产生不但晚于西欧的英、德、法等资本主义国家,也晚于日本、印度等亚洲国家,比世界第一个现代意义的合作社——1844年成立的罗奇代尔公平先锋社晚了74年。我国在发展农业合作经济组织的实践中,既受到西方合作制思想的影响,又受到苏联集体农庄模式的影响。1918年,北京大学首创的消费公社是中国第一个合作社,它的宗旨是为教职员工提供购买生活消费品的服务。1919年10月,中国近代合作主义思想的代表薛仙舟先生在复旦创办中国第一个城市信用合作社——上海国民合作储蓄银行。

党和国家高度重视发展合作经济事业,政府工作报告及国民经济和社会发展规划都强调对农业合作经济组织发展的扶持政策。党的二十大报告指出:"发展新型农业经营主体和社会化服务。"近年来中央一号文件都强调农民专业合作经济组织的作用,鼓励多渠道、多形式大力发展农民专业合作经济组织。各地结合实际,出台了一系列农业合作经济组织发展的政策文件和法规,颁布农民专业合作社示范章程,从财政、信贷、税收、土地等多方面给予扶持。2007年7月1日,《中华人民共和国农民专业合作社法》实施,标志着我国农业合作经济组织进入一个新的发展阶段。特别是2017年12月27日《中华人民共和国农民专业合作社法》修订通过,为农业合作经济组织发展进一步注入生机和活力。

自《中华人民共和国农民专业合作社法》实施以来,农民合作社走过了10多年方兴未艾的发展之路。据农业农村部统计,截至2022年5月底,全国依法登记的农民专业合作社达222.5万家,在农民专业合作社自愿基础上依法组建联合社1.45万家;农民专业合作社为农户成员提供的年服务总值超过8 800亿元。产业涵盖粮棉油、肉蛋奶、果蔬茶等主要产品生产,并扩展到农机、植保、民间工艺、旅游休闲农业等多个领域;在专业合作的基础上,农民群众探索出股份合作、信用合作、合作社再联合等多种形式和业态。农民合作社正在成长为重要的新型农业经营主体和现代农业建设的中坚力量,在促进农业适度规模经营、提高农产品市场竞争力以及带动农民就业增收中发挥的作用越来越突出。

第一节　农业合作经济组织的概念、类型及作用

一、农业合作经济组织的概念

在合作社的发展过程中,合作社的定义在不同历史时期、不同国家有很大的差别。例如,德国经济学家李弗曼(R. Liefmann)认为:"合作社是以共同经营业务的办法,并以促进或改善社员家计或生产经济为目的的经济制度。"这种说法是把合作社当作一种制度看,包括的范围也很广。美国合作经济学家巴克尔(J. Barker)认为:"合作社是社员自有自享的团体,全体社员有平等的分配权,并以社员对合作社的利用额为依据分配其盈余,合作社是与私人企业、公司制企业不相同的一种事业。"这个定义从微观的角度提出,接近于当前世界上的普遍看法。德国经济学家戈龙费尔德(E. Grunfeld)认为:"合作社是中小经营者基于自己意志的结合;由于共同对私有经济利益的追求,以实现社会政策的目的。这种制度,在其活动的范围内,排斥自由市场经济。"他把合作社看成一种追求私人利益的同时,实现社会政策目标的经济制度。马克思、列宁认为,合作制就是生产者联合劳动的制度,要以这种制度代替资本主义雇佣劳动制度。可见他们把合作制看成一种社会经济制度。

合作社就其本质意义而言,是劳动者(包括城市工人、手工业者、农民等小生产者和贫穷阶层)为了共同利益,按照合作社原则和章程制度联合起来共同经营的企业或经济组织。

农业合作经济组织,也称农业合作社,是指农民特别是以家庭经营为主的农业小生产者,为了维护和改善各自的生产以及生活条件,在自愿互助和平等互利的基础上,遵守合作社的法律和规章制度,联合从事特定经济活动所组成的企业组织形式。

二、农业合作经济组织的类型

农业合作经济组织可以从不同的角度划分,主要按合作的领域和组织的形式进行分类。

(一)按照合作的领域划分

按照合作的领域,农业合作经济组织可划分为以下几种。

(1)生产型合作,包括农业生产全过程的合作、农业生产过程某些环节的合作和农产品加工的合作等。

(2) 流通型合作,包括农业生产资料和农民生活资料的供应、农产品的购销储运等方面的合作。

(3) 信用型合作,指农民为解决农业生产和流通中的资金需要而成立合作组织,如我国现阶段的农村信用社等合作金融组织。

(4) 其他类型合作,如消费合作社、合作医疗等。

(二) 按照组织的形式划分

按照组织的形式,农业合作经济组织可划分为以下几种。

(1) 农业专业合作,一般是指专业生产方向相同的农户,联合组建的专业协会、专业合作社等,以解决农业生产中的技术问题或农产品的销售问题等。

(2) 社区合作,是以农村社区为单元组织的合作,如现阶段我国农村的村级合作经济组织。由于社区合作经济组织与农村行政社区结合在一起,所以它不仅是农民的经济组织,同时还是社区农民政治上的自治组织,是连接政府与农民、农户与社区外其他经济组织的桥梁和纽带。

(3) 股份合作,是农民以土地、资金、劳动等生产要素入股联合组建的合作经济组织。股份合作不受单位、地区、行业和所有制的限制,具有很大的包容性。它是劳动联合与物质要素联合的结合体,在组织管理上实行股份制与合作制的运行机制相结合,在分配上实行按劳分配与按股分红相结合。

三、农业合作经济组织的作用

农户组建和参加合作经济组织是希望从合作经济组织获得以下几个方面的利益:第一,合作经济组织使农户的净经济收益最大(包括价格上的优惠和利润返还),这是吸引农户加入的重要原因;第二,生产者希望他们所投资生产的商品有一个稳定的市场;第三,农产品生产者希望通过一个合作经济组织来纠正市场上的价格扭曲。

(1) 增强农户在市场上的力量。目前我国农户的规模太小,在市场上处于劣势,只能是市场价格的接受者。而加工营销商往往具有较强的实力,在市场上有垄断地位,它们可以根据自身的状况来确定其价格和产量,这样农户就受到市场力量不平衡的影响,得不到其应得利益。小规模农户组成营销合作经济组织之后,在市场上与加工营销商进行交涉的就是规模较大的合作经济组织而非单个农户,这样就增强了其在市场上的力量。

(2) 实现规模经济。合作经济组织可以将小规模的家庭经营联合起来以实现规模经济。许多单个农户无法完成的功能可以由合作经济组织来完成,通过合作经济组织可以采用大型机械设备、可以集体收集信息、可以进行广告宣传等。通过合作经济组织实现规模经济,既包括生产领域的合作经济组织,也包括流通领域的合作经济组织,如果是生产领域的合作经济组织,可能只实现生产领域的规模经济,流通领域的合作经济组织则可能只实现流通领域的规模经济,如果合作经济组织实现从生产领域到流通领域的纵向一体化,就可能实现这两方面的规模经济。

(3) 降低风险和不确定性。风险和不确定性对农户来说时刻存在,它既包括农业生产的风险,也包括市场上的风险。组建合作经济组织可以降低农户的市场风险,因为它可以使农户生产的农产品有稳定的市场、价格,使农户获得稳定的收益。

第二节　合作社的基本原则

一、罗奇代尔原则

世界上最早的合作社——罗奇代尔公平先锋社,是由欧文的学生胡瓦斯和柯柏尔于1844年在罗奇代尔镇创立的。当时他们组织了28人,利用28英镑初始资本,租了一间地下室,办了一个合作商店(合作社),主要经营白糖、奶酪等,社员轮流售货。到20世纪30年代,该合作社社员增加到4万,有了合作商厦和上百个合作分店、工厂和屠宰场,首获成功。后来,该合作社不断发展,成了国际合作社的典范。

罗奇代尔原则主要包括如下方面。

(1) 社员入社和退社完全自愿。

(2) 用集股的办法筹集资金,股数不限,股金不参与分红,股息不高于银行利息。

(3) 一人一票民主办社,社员大会选举管理机关。

(4) 按市价现金交易,商品保证质量。

(5) 盈余按合作社与社员的交易额多少返还。

(6) 每年拨一定盈余发展教育,建有图书馆、教育委员会、教育基金(2.5%利润)。

(7) 政治、宗教保持中立,不过问社员的宗教信仰和政治倾向;合作社不参与政治和宗教团体。

以上原则被概括为:进退自愿,集股筹资,一人一票,公平交易,利润返还,发展教育,保持中立。

二、1995年国际合作社联盟通过的合作原则

1995年,国际合作社联盟在英国的曼彻斯特举行大会,在罗奇代尔原则的基础上通过了新的合作社原则,具体共有以下七项。

(1) 自愿和开放。在自愿的基础上,所有的人,包括自然人和法人,都可以入社,获得合作社的服务,并对合作社承担相应的责任,同时社员也有退社的自由。如果合作社能够为社员提供优惠的服务,为他们带来相应的利益,他们就可以加入合作社并留在组织内;如果合作社不能为他们带来相应的利益,他们有权选择不加入合作社和退出合作社。这是保证合作社为社员服务并保持其效率的重要原则。

(2) 社员民主控制。合作社是由社员控制的民主组织,社员积极参加政策的制定并参与决策。社员选出代表对合作社进行管理,代表们对社员负责。在基层合作社,合作社成员均有同等的投票权,即一人一票权,在其他层次的合作社也都按民主的方式进行组织。社员民主控制的原则是合作社的一个重要特征,是合作社价值观的体现。

(3) 社员的经济参与。社员均要对合作社的资本积累负责,并具有对合作社资本的控制权。至少合作社的部分资本是社员的公共财产。对于为获得社员资格而捐助的资金,社员通常只能得到有限的补偿。可以将合作社的剩余资金做以下用途:发展合作社,

通常是建立储备,其中至少有一部分是不可分的;根据社员对合作社的惠顾额按比例返还;在社员的批准下用于支持其他活动。

(4) 自治和独立。合作社是由社员控制的自治性、自我帮助组织。合作社在与包括政府在内的其他组织签订协议或从外部获得资金时,应有条款保证合作社的独立与自我管理的特征。

(5) 教育、培训和提供信息。合作社向其内部相关的人员提供培训,以便使合作社有更好的发展;同时向公众特别是年轻人宣传合作社的性质及其好处。

(6) 合作社要通过协作形成地方性、地区性、全国性乃至国际性的组织结构。

(7) 关心社区发展。合作社通过社员批准的政策为社区的发展服务。

新的合作社原则是在罗奇代尔原则的基础上进行一定修改而形成的,与原先的合作社原则相比,明确规定合作社吸纳法人加入,开放性更明显;它不再强调合作社股金分红的上限,对分配制度做了追求效率的重大调整;对一人一票原则和管理制度做了弹性规定,使合作社可以采用先进的管理制度,如委托代理等制度来提升组织内的效率;为了适应经济一体化和增强合作社在社区中的作用,新的合作社原则增加了关心社区发展和合作社之间的协作等内容。

第三节 典型资本主义国家农村合作制的特点

欧美国家农村合作社发展较早,亚洲国家则发展得较晚。各自的国情不同,客观环境和发展道路不同,因而,资本主义国家农村合作制有着不同的特点。在此,我们选出三个有代表性的国家,对其合作制进行分析。

一、美国农村合作制的主要特点

美国农村合作经济思想和发展模式源自西欧,其农村合作社的成长模式是典型的市场推动型。美国农业是大规模农场作业,属于典型的资本主义大农业,而且美国又是一个自由竞争的市场经济体制国家,因而其合作制在体制、业务范围、宏观管理等方面都有自己的特点。

(1) 专业合作为主。美国的农业合作社按合作内容,可分为供销合作社、信贷合作社和服务合作社。销售合作社经销的农产品几乎覆盖所有的农产品品种,但专业化水平很高,大多数销售合作社一般只经营一种农产品,经销两种或两种以上农产品的合作社为数极少。如蓝宝石杏农合作社负责杏仁的收购、加工和销售,仅杏仁加工产品就有2 000多个品种、5 000多种包装,产品享誉世界,远销德国、日本等许多国家。美国农村有各式各样的服务合作社,服务范围广,为农村生产和生活提供了极大的方便。例如,制种、防治病虫害、机械使用和施肥等方面都有专业性服务合作社,如奶牛改良协会是从事奶牛改良和推广的专业性服务合作社,在奶牛业发展中起着十分重要的作用。

(2) 实力强大。美国合作社满足人们需求的各个方面。根据美国威斯康星大学2009年研究报告,美国有合作社29 285个,直接服务于3.51亿个会员(许多人加入多个合作社),这些合作社拥有210万个职员,产生大约6 530亿美元的收益。美国合作社主要分为供销合作社、设施利用合作社、金融服务合作社、社会和公共服务合作社。供销合作社中,营销合作社处理、加工、销售棉花、乳制品、水果、蔬菜、粮食、油菜籽、畜牧家禽产品、油料种子等,农场供给合作社提供种子、化肥、农药、石油制品等。设施利用合作社为农村提供电力,929个电力合作社为4 000万人提供电力,其中65个被称为发电和传输合作社。设施利用合作社还提供农村电信服务,包括电话交换服务、长途电话运营、广播卫星、无线网络、电视、手机、互联网等。金融服务合作社为9 200万消费者提供服务,内容包括不动产信贷、设施和设备融资、租赁、不动产评估和作物保险等。社会和公共服务合作社为大众提供健康护理、儿童看护、住房、运输和教育服务。

(3) 崇尚竞争。美国社会推崇企业间自由竞争,对合作企业也是如此,没有业务区域的限制。美国人特别认同合作社的社间竞争可以提高效率,并使经营规模趋于合理。州内合作社不受县、乡(镇)行政区域的限制。对别州的合作社,只要符合本州农民的利益,也允许其在本州内吸收社员、成立机构和拓展业务。因此,一个行政区内可以有数个性质相同的合作社,也可能数个行政区内只有一个同类合作社。近年来,美国合作社数目减少而业务量增加,在一定程度上归因于这种自由竞争关系。

(4) 合作社之间的协作关系。无论是全国联合社还是地区联合社,它们与基层合作社之间都是一种建立在民主基础上的协作关系。全国联合社和地区联合社通常设有理事会,负责组织各项活动,主要是从全国角度或整个行业的角度出发,协调各基层合作社的经营活动;组织合作社之间的交流,为合作社提供市场信息和技术信息,进行人员教育培训活动,代表合作社与政府或大厂商谈判等。

(5) 通过股票和交货权方式的投资。美国一些合作社向社员或非社员出售没有投票权的股票或资产凭证,这种没有投票权的股份通常按一定比例分红,以吸引人们投资。

一种新的直接投资体制,即"可转让交货权",正在促进加工合作社的复苏。如果社员想获得加工增值收益,必须提供一定数量投资向合作社购买长期交货权,该交货权赋予社员向合作社提交特定面积或特定数量农产品的权利,也是义务。一般只有购买了交货权的生产者才能成为社员,合作社根据加工能力和盈利水平确定出售交货权的数量。这就是产生于北达科他州和明尼苏达州的一批新一代合作社。

二、法国农村合作制的主要特点

法国合作经济源于19世纪中叶,是合作经济起步较早、发展较快的国家。法国农村合作制主要有以下几个特点。

(1) 建立合作社准入制度。在法国,一般企业仅需向当地商会申请即可登记,而成立合作社,须首先向政府申报,阐明社员构成、社区与业务范围等,由政府经过调查核准后通知商会予以注册。同时,为避免合作社之间的恶性竞争,政府对合作社的布局进行控制。近年来,对新申请设立合作社的,原则上要求归并到已成立的相同或相近业务范围的合作社,扩大合作社联合的规模。

(2) 以流通领域合作社为主要形式。法国单个品种农产品的专业合作社占据绝大多数,这些农业合作社以流通领域合作社为主要形式,为社员提供产前、产中和产后的服务,如加工、销售、储藏、运输和收购等。根据全国供销合作总社对法国合作社的考察报告,法国合作社的粮食收购量占总产量的 75%。

（3）对外活动以营利为中心。法国合作社在坚持对内（社员）不以营利为目的、留足公共积累和发展基金及实行利润返还制原则的同时，对外谋求利润最大化，就是既要把社员的产品卖出去，又要卖个好价钱。

（4）组织形式体现灵活性。为适应竞争需要，法国合作社在传统专业化合作基础上引入灵活的资本联合形式，采用股份制的机制和办法，兴办企业，拓展经营领域，如 La dauphinoise 农业合作社，开拓融资、房地产和配送业务，兴办配送中心。

三、日本农民合作社的特点

日本农协是亚洲综合性农业合作社的代表，与欧美国家合作社相比，具有自身独到的特点。

（1）行政区划的组织体系。日本农协遵循自下而上层层组建的原则，与其行政管理阶层相一致，分为市、町、村、都、道、府、县和中央三级，形成遍布全国的合作服务网络体系。以市、町、村作为经济区，农民入股组成基层农协；以都、道、府、县作为经济区，基层农协入股组成县级联合会；以全国作为经济区，由基层农协和县级联合会入股组成全国农协联合会。为了增强农协的竞争力、减少中间环节，1997 年 10 月日本农协全国大会通过决议，加快基层农协的合并进度，提出到 2000 年底，全国基层农协减少到 532 个广域农协，改基层—县—中央的三段组织体系为基层—中央的二段组织体系。日本农协数量呈不断减少趋势，2022 年只有 636 个。

（2）综合经营。日本农协的事业功能主要包括四大类：信用事业、购买事业、贩卖事业和互助事业。信用事业包括存贷款业务、证券业务等；购买事业包括生产资材、生活物资购买等；贩卖事业包括自主流通米、水果、蔬菜、牛肉等销售；互助事业包括医疗、福祉、护理等。日本农协开展综合经营联合服务，尽量做到农民需要什么就经营什么，农民需要什么服务就提供什么服务，把提高农业所得作为最大的使命。基层农协无力进行的，就同县级农协、全国农协联合起来进行。农协组织不仅进行农产品分类加工、委托贩卖、储藏运输以及生产资料和生活用品的供应，还从事信用、保险、生产和生活指导、文化娱乐等活动。

（3）农协与政府是相互依赖的关系。日本农协被称为压力团体，行政依赖性强，产业合作社时代诞生，由农政培育成长。日本农协的产生和发展离不开政府的支持，同时，农协也是政府连接农民的中介。因此，农协与政府建立了一种相互依赖、相互利用的关系。农协依靠政府制定符合农民利益的农业政策，政府的法律、有关农村政策依靠农协帮助实施。从历史上看，日本农协一直是以粮食管理制度等为媒介，确定了政府农业政策辅助机构的地位，成为政府实施粮食管理等各种农业行政工作的有力助手。

（4）面向活力化的改革。日本农协数量在减少，同时正式会员数量（农民）也在减少，而准会员（非农民）数量在不断增加。2021 年，日本农协共有会员 1 036.1 万，其中，正式会员（农民）401.8 万，而准会员（非农民）达到 634.3 万。基于 2013 年 12 月日本内阁会议确定的农林水产业及地域活力创造计划，日本正在推进农政改革。在这个改革计划中，研究与农业者最贴近的经济主体——农协的存在方式、地域农协活化特性的创意，同时为了自由开展经济活动、农产品的有利销售、农业者所得增加等,要全力推进重组,使联合会和中央会能够对地域农协自由经济活动提供的恰当支持加以重新探讨。沿着JA(农协)集团自身改革的检讨,2015年农协改革法律制度上的框架确定下来。地域农协改革的法律制度框架如下:自由开展经济活动,全力促进农业者所得增加。其内容包括:理事的一半以上要由认定农业者和农产品销售者等专业人员担任;充实农业者的利润返还;不强制农业者利用农协事业;一部分组织要变成股份公司和消费合作社。中央会、联合会改革的法律制度框架如下:对地域农协自由经济活动不再制约,而是提供恰当的支持,全国中央会向一般社团法人转变;都、道、府、县、中央会向农协联合会(自律组织)转变;联合会不能强制要求会员农协利用其事业;日本全国农业协会联合会(经济事业)向股份公司转变。

第四节 我国农业合作经济组织发展历程回顾

一、中华人民共和国成立前:早期合作社思想和实践

被誉为"中国合作运动导师"的薛仙舟最早在中国传播合作经济理论。他曾先后到美国、德国和英国留学,研究并接受了西方的合作改良思想。1910年,薛仙舟回国后任复旦公学教授,即以讲台为阵地,积极传播合作经济理论,培育中国的合作经济人才。1919年,薛仙舟在上海复旦大学创办的上海国民合作储蓄银行,是中国最早的信用合作社。

1918年,北京大学消费公社成立,是中国最早的合作社。

19世纪20年代,晏阳初在河北定县开展合作社实验,梁漱溟在邹平组织合作社实验。1931年,国民党政府颁布《农村合作事业暂行规程》,1934年颁布《中华民国合作社法》。1949年2月,全国有合作社17万个、社员2 450万。

二、1952—1957年:农业合作化运动

1952年底至1953年底是我国农业互助组阶段,互助组可以说是我国农民合作经济组织的萌芽。1951年12月,中共中央发布《中共中央关于农业生产互助合作的决议(草案)》,促进了互助合作的发展;初级生产合作社阶段主要在1953年底至1955年上半年,1953年12月,中共中央发布《中共中央关于发展农业生产合作社的决议》;高级生产合作社阶段主要在1955年下半年至1956年底。到1957年底,全国农村高级社增加到75.3万个,入社农户的比重达96%以上。

三、1958—1978年:人民公社时期

1958年8月,中共中央政治局扩大会议通过了《中共中央关于在农村建立人民公社问题的决议》,之后两个多月,全国74万多个农业生产合作社被改组为2.6万多个人民公社,加入公社的农户达1.2亿户,占全国农户总数的99%以上。从1962年开始,农村人民公社经过调整,最终确定以生产队所有制为基础的三级所有制为人民公社的基本制度(公社、大队、生产队所有制),并一直延续到农村改革的初期。

四、1979—2006 年：新型农业合作经济组织探索时期

随着人民公社体制解体、农村家庭联产承包责任制的实行以及农村商品经济的发展，广大农村普遍建立了以双层经营为特色的社区合作经济组织。20 世纪 80 年代后期，尤其是党的十四大确立了建立社会主义市场经济体制之后，我国农村出现了农民按照自愿互利原则建立的农民专业合作社、专业协会等新型的农民专业合作经济组织。据农业农村部（原农业部）统计，2005 年我国农民专业合作组织数目已超过 15 万，成员数量也达到 2 363 万，占全国农户总数的 9.8%，平均每个成员获得盈余返还和股金分红约为 400 元，加入专业合作经济组织的成员平均增收 500 元。

五、2007—2016 年：农民专业合作社大发展时期

2006 年 10 月 31 日，第十届全国人民代表大会常务委员会第二十四次会议表决通过了《中华人民共和国农民专业合作社法》，并于 2007 年 7 月 1 日正式实施。《中华人民共和国农民专业合作社法》的出台，标志着我国农民专业合作组织发展进入一个新阶段，它明确了农民专业合作社的市场主体地位，对农民专业合作社的组织和行为进行了适当的规范。根据农业农村部数据，到 2016 年 12 月底，全国登记注册的农民专业合作社达 179.4 万家，比上年增长 17%。

六、2017 年以后：合作社规范和联合发展时期

2017 年，全国农民合作社发展部际联席会议在京召开第五次全体会议，会议要求做好合作社规范提质，落实农业农村部等九部门《关于引导和促进农民合作社规范发展的意见》，标本兼治推进合作社规范化建设，发展农民多种形式的联合与合作。特别是 2017 年 12 月 27 日《中华人民共和国农民专业合作社法》修订通过，这次修订在规范农民专业合作社的组织和行为方面做了一些补充与完善，明确规定农民专业合作社连续两年未从事经营活动的，吊销其营业执照，专业合作社应当按照国家有关规定向登记机关报送年度报告，并向社会公示。同时，新法增加了"农民专业合作社联合社"一章，对联合社的成员资格、注册登记、组织机构、治理结构等做了规定。新法规定："三个以上的农民专业合作社在自愿的基础上，可以出资设立农民专业合作社联合社。"2022 年《农业农村部关于实施新型农业经营主体提升行动的通知》指出：建立农民合作社规范管理长效机制，完善章程制度，健全组织机构，规范利益分配，加强登记管理。

第五节　我国农业合作经济组织资源

从组织资源上来看，农村合作经济组织主要包括以下四个方面。

一、乡村社区合作经济组织

乡村社区合作经济组织是从过去的农业生产合作社——人民公社发展演变过来的，还没有统一的名称，有些地方称其为农业合作社，有些地方称其为农业经济合作社。由于

农民与土地的特殊关系及土地与乡村社区合作经济组织的特殊关系,乡村社区合作经济组织在我国农村具有特殊功能,占有十分重要的地位。乡村社区合作经济组织,主要指村集体经济组织,乡镇为农村经济服务的职能部门,如农业站、畜牧兽医站、农机站、林业站、水利站等。

乡村社区合作经济组织的职能,归结起来主要有以下三点:①土地管理。这是乡村社区合作经济组织的核心职能,它有土地发包权,决定土地承包者、承包数量及土地使用方面的调整。②生产服务。乡村社区合作经济组织有权协调社区内各种经济组织和经营者的关系,为社区内农户提供水利、农机及其他方面的服务。③资产管理和积累。乡村社区合作经济组织有权代表社区成员管理集体所有资产,为社区积累公共发展和建设资金。

二、供销社

供销社是我国农村合作事业的宝贵资源,是由农民集资入股组建的合作经济组织。改革开放以来,党和国家非常重视供销合作社的改革与发展,多次以中央一号文件的形式,对供销合作社改革与发展问题作出一系列指示,要求供销合作社在合作制基本原则的指导下,坚持为农业、农村和农民服务的方向,发展成为真正的农民合作经济组织。

我国供销合作社是一个全国性的合作经济组织,为国际合作社联盟的成员,依托政府行政机构设置,已形成了完整的组织体系,中央、省、市、县设有供销合作社联合社,乡镇设有基层供销社,村屯设有服务站。根据中国供销合作网系统概况介绍,截至2020年,全系统有县及县以上供销合作社机关2 789个,其中,省(区、市)及新疆生产建设兵团供销合作社32个,省辖市(地、盟、州)供销合作社344个,县(区、市、旗)供销合作社2 412个。全系统有基层社37 652个,比上年增加5 187个。截至2020年,全系统组织农民兴办的各类专业合作社192 460个,比上年增加12 648个;入社农户1 515.7万。其中,农民专业合作社联合社9 865个。各类专业合作社中,农产品类165 156个,农业生产资料类6 327个,综合服务类6 797个,其他类14 180个。在农产品类专业合作社中,棉花专业合作社1 321个,干鲜果蔬专业合作社54 123个,粮油作物专业合作社22 888个,茶叶专业合作社5 531个,中药材专业合作社8 252个,水产专业合作社6 034个,畜禽专业合作社38 525个,其他28 482个。通过有机、绿色、无公害等认证的专业合作社有33 344个。其中,通过有机认证的有4 315个,通过绿色认证的有8 725个,通过无公害认证的有20 304个。有产品注册商标的专业合作社有11 777个,有经市、县级以上行政主管部门认定的品牌专业合作社有3 656个。

目前,我国还没有别的经济组织像供销合作社这样具有完整的经济组织体系。发挥这一组织资源的优势,更好地实现其为农业、农村和农民服务的宗旨,不仅是供销合作社改革与发展的任务,而且是我国农村经济组织发展的任务。

三、信用社

农村信用社是在中华人民共和国成立之初成立的,它也是农村合作化运动的一个产物,经历了曲折的发展历程。

信用社是由过去农民入股的信用合作社发展演变过来的。改革开放40多年来,农村信用社得到不断发展,已构成我国农村金融体系的基础。信用社没有自己的全国性机构,省级有合作金融协会,一乡一社、一县一联社,县联社领导、管理、服务、协调农村信用社。

根据农商银行发展联盟提供的数据,农村信用社经过近20年不断深化改革,农商银行机构数量不断增多,农信系统资产规模不断扩张。截至2020年,我国农村商业银行共有1 539家,占全国银行业金融机构总量的33.45%,比同期农村信用社(616家)和农村合作银行(27家)合计数量高出1倍多。2005年,全国农信系统(仅包括农村信用社、农商银行和尚未组建的农村合作银行)总资产合计37 206亿元,占银行业金融机构总资产的9.93%。至2021年第一季度,农村金融机构(包括农村信用社、农商银行、农村合作银行和新型农村金融机构)总资产为437 376亿元,占银行业金融机构总资产的比重为13.27%。与此同时,农信系统也涌现出了众多"全国标杆银行"。截至2020年,资产规模突破万亿元的农商银行有4家,分别是重庆农商银行(资产总额11 359亿元)、上海农商银行(资产总额10 570亿元)、北京农商银行(资产总额10 293亿元)和广州农商银行(资产总额10 279亿元)。在资本市场,重庆农商银行于2010年12月成功在香港H股主板上市,成为国内第一家公开发行股票的农商银行。之后的10年,陆续又有9家农商银行成功实现上市(含A股和H股)。

与农村供销合作社一样,农村信用社也属于传统型农业合作经济组织,党和国家也同样非常重视其改革与发展问题,并作出一系列指示。1983年,中央一号文件《当前农村经济政策的若干问题》中明确指出:"信用社应坚持合作金融组织的性质。"这就从根本上明确了农村信用社的改革方向。同年,国务院批准中国农业银行有关信用社改革的方案,指导思想也很明确,即把农村信用社改革成为真正的农村合作金融组织,必须具有"三性",即组织上的群众性、管理上的民主性和经营上的灵活性。1996年,党中央、国务院作出了改革农村金融体制的决定,明确提出把农村信用社改革为农民入股、由社员民主管理、其主要为入股社员服务的合作金融组织,并决定农村信用社与农业银行脱离行政隶属关系,业务管理由县联社负责,中国人民银行负责金融监管。2003年,《国务院关于印发深化农村信用社改革试点方案的通知》中提出:"加快农村信用社管理体制和产权制度改革,把农村信用社逐步办成由农民、农村工商户和各类经济组织入股,为农民、农业和农村经济发展服务的社区性地方金融机构。"中央一号文件多次强调,加快农村金融体制改革,改善农村金融服务,加大信贷支农的力度。农村信用社要进一步深化改革,总的要求是明晰产权关系,强化约束机制,增强服务功能,国家适当扶持,地方政府负责。

按照中央关于农村信用社的改革精神,各地开展多种形式的探索和试验,如农村信用社法人体制改革的试验,农村信用社改革与发展模式试验,组建地级农村信用社联社模式的改革,组建省级同业联合协会的探索等。从发展模式的探索情况来看,三种模式基本上得到肯定,即在大中城市城郊、工业化进程较快的地区,实行农村商业银行模式;在农村商品经济发展较快的地区,实行股份合作制模式;在农牧区和贫困落后地区,实行合作制模式。

四、农民专业合作经济组织

农民专业合作经济组织,也称农村新型合作经济组织,是在市场或政府有关部门的推动下,由农民自办,或与有关部门、组织联办的合作经济组织。农民专业合作经济组织是农村组织制度的一种创新,主要由从事某项专业生产的农民自愿组织起来,以主导产品或主导产业为依托,在信息、技术、资金、购销、加工、运输、储藏等方面,为自己提供产前、产中和产后的服务。农民专业合作经济组织是极有活力的组织,它们以合作制原则为指导,坚持"民办、民管和民受益"的基本原则,形式多样,机制灵活。但农民专业合作经济组织由于处于快速发展时期,发展较不规范,差别较大。

第六节　我国农民专业合作社发展成效及特点

一、我国农民专业合作社发展成效

按照农业农村部统计数据,农民专业合作社发展成效可总结为以下几点。

(一)带动能力显著提升

到2022年5月,依法登记的农民合作社达到222.5万家,通过共同出资、共创品牌,成立联合社1.45万家。农民合作社辐射带动全国近一半的农户,普通农户占成员总数的80.7%。

(二)产业类型逐步拓展

合作社产业涵盖粮棉油、肉蛋奶、果蔬茶等主要农产品生产,80%以上从事种养业;行业结构进一步优化,农机作业等服务业合作社增长明显,占比7.7%;注重开发农业多种功能,发展休闲农业、乡村旅游、民间工艺和农村电商等新产业、新业态。2万家农民合作社发展农村电子商务,7 300多家进军休闲农业和乡村旅游。

(三)服务功能持续增强

农民合作社开展仓储、加工、物流等增值服务。到2022年,31.3万家农民合作社面向小农户提供专业化、社会化服务,9.3万家农民合作社创办公司实体发展加工、流通、销售,10.8万家农民合作社取得注册商标、打造品牌,5.5万家农民合作社通过农产品质量认证。

(四)合作社质量提升

2018年10月,农业农村部启动了农民合作社质量提升整县推进试点工作,先后确定2批158个试点单位,取得了初步成效。截至2020年12月,首批30个试点单位任务基本完成,单体农民合作社做大做强,县域内农民合作社社均经营收入、成员二次人均分配盈余均超过全国平均水平1.5倍。联合合作加快,共成立319家农民合作社联合社和136个联合会、行业协会或产业联盟,县域指导服务能力明显增强。

二、我国农民专业合作社发展特点

近年来,在政府有关部门的引导下,农民专业合作社积极探索新的发展方式,呈现以下特点。

(一) 规范化

2017年12月27日修订通过的《中华人民共和国农民专业合作社法》进一步规范了农民专业合作社的组织和行为,规定农民专业合作社应当按照国家有关规定向登记机关报送年度报告,并向社会公示。全国农民合作社发展部际联席会议九部门联合下发的《关于引导和促进农民合作社规范发展的意见》,成为合作社规范化建设的纲领性文件,要求继续深入推进示范社创建,督促地方指导合作社开展年度报告公示,及时准确报送和公示生产经营、资产状况等信息,提高资信能力。2022年《农业农村部关于实施新型农业经营主体提升行动的通知》要求建立农民合作社规范管理长效机制。从2016年开始,政府要求合作社在年报中提交资产负债表、现金流量表和利润表。合作社财务要求本身不同于企业财务要求,有自己独特的记账方式。所以,合作社要规范管理,财务过关是硬指标。以后,不规范的合作社将难以获得政府相关政策扶持。想要拿到政府的项目,不是随便一个合作社就可以的,要成为示范社才行。

(二) 合作社联合与合作

联合社发展有新突破。许多合作社登记时规模小,这无论是对于自身发展还是发挥在农业技术推广中的带动作用都是制约因素。近年来,一些省区市以产业为依托、市场为导向,成立了农民专业合作社联合社,从政策层面取得突破。

随着农民专业合作社的发展,设立或者加入联合经济组织的意愿日渐强烈。近年来,全国各地合作社联合社发展迅猛,浙江、安徽、甘肃等省份还成立了省级合作社联合社。2017年12月27日修订通过的《中华人民共和国农民专业合作社法》新增了"农民专业合作社联合社"一章,一些省、自治区、直辖市人大常委会以地方法规的形式,赋予农民专业合作社联合社法律地位。多层次、多形式的联合组织不断发展,在争取农民权益、获取资金支持、开展加工流通方面发挥了积极作用。截至2022年1月,浙江省自下而上将6.61万个农民合作经济组织和各类涉农服务组织(企业)组织起来,全面组建了省、市、县、乡(镇)四级农合联。全省311家乡镇农合联现代农业服务中心和313家产业农合联经纬衔接,构建了新型农业社会化服务分工协同的庞大体系。

(三) 产销对接更加紧密

农产品销售难是农民专业合作社面临的重点难题之一,也是实现标准化生产需要解决的问题。农业农村部、商务部、全国供销合作总社等部门组织了一系列"农超对接"、产销对接活动,各地还通过"农超对接""农校对接""农餐对接""农批对接""农社对接"开设合作社直销点等形式,促进农产品流通。各地政府积极创造条件,举办农产品博览会、展销会,如浙江省组织农业经营主体在上海举办农业展销会,大批合作社直接参与产销衔接活动,宣传了产品,营销了品牌,开拓了销售渠道。

（四）资金互助有新探索

合作社内部信用合作稳妥开展起来，许多省份的合作社地方性法规明确规定合作社可以开展信用合作业务。目前，山东、浙江已出台了地方性的信用合作试点方案和监管办法，基本要求包括：重点围绕粮食、果蔬、畜禽等产业，选择一批管理民主、运行规范、带动力强的农民合作社，坚持社员制、封闭性，依托产业发展，按照对内不对外、吸股不吸储、分红不分息的原则，开展合作社内部信用合作试点。所以，合作社要规范开展内部信用合作，一是要有产业基础，二是要管理规范。

（五）金融扶持新方式

合作社缺资金是普遍现象，政府部门也作出了一些尝试，有条件的地方设立合作社贷款担保基金，为合作社贷款提供担保。加强与农业银行等金融机构合作，开展"银社对接"，扩大金融服务合作社的覆盖面。相关部门出台了专门针对合作社、家庭农场等新型农业经营主体的农业保险，提高保费补助标准。另外，随着土地确权颁证工作的基本结束，农业经营主体拿到了相关的证书，可以进行土地抵押贷款；此外还有农机抵押贷款、创业担保贷款等。

（六）鼓励入股或创办公司

一是"鼓励合作社兴办农产品加工流通业务或入股加工流通企业，延长产业链条，提高产品附加值"；二是"引导农民以土地经营权、资金、技术等要素入股合作社"。土地经营权入股合作社，需要有一套行之有效的操作方法，既要让农民乐意，又要让合作社有收益。除了土地入股，股份合作社的形式多种多样，四川、浙江等地的农民以土地流转后富余劳动力组建劳务合作社，以房屋、厂房入股组建物业合作社。特别是2022年《农业农村部关于实施新型农业经营主体提升行动的通知》要求推动农民合作社办公司。鼓励农民合作社根据发展需要，采取出资新设、收购或入股等形式办公司，以所办公司为平台整合资源要素、延长产业链条、提升经营效益。

（七）土地流转有新模式

有些农民在当地党委政府的支持下，充分发挥合作社在土地流转中的载体和平台作用，创造性地成立了土地托管合作社。如山东省平原县益民土地托管专业合作社建立了"1135"工作机制，即一社、一站、三种土地托管模式、组建五种专业服务队伍。一社：成立一个土地托管合作社。一站：全镇139个村，每个村成立一个村级服务站，为广大社员户提供方便、快捷的服务。三种土地托管模式：全程托管，菜单式托管，农田承租。组建五种专业服务队伍：一是农机服务队，为农户提供机耕、机播、机收服务；二是农技服务队，为农户提供田间管理，农业新品种的引进、推广等技术服务；三是农资服务队，统一购进生产资料；四是劳务服务队，为农户提供各种劳务服务；五是植保服务队，为广大农户提供统一的农作物病虫害防治，实行统防统治。

第七节 农民专业合作社联合社

农民专业合作社法修订后,增加了"联合社"一章,规定三个以上的农民专业合作社在自愿的基础上,可以出资设立农民专业合作社联合社,领取营业执照,登记类型为农民专业合作社联合社,为合作社联合带来了新的契机。

一些地方根据合作社自身优势,结合实际需要,发展了组织形式多样、合作内容丰富的联合社。既有单一品种联合的,也有多品种联合的;既有沿产业链上下游联合的,也有跨行业、跨区域联合的;既有合作社自发联合的,也有农业企业牵头联合的。

一、联合社的作用

(一)整合农业资源,提高资源配置效率

农民专业合作社联合发展可以充分发挥各合作社的比较优势,依托资源整合达到成员间优势互补,弥补单个合作社劣势,实现资源的高效配置。如蜜蜂产业联合社可以整合蜂产品资源、开展精加工服务、共创品牌、共同协调市场销售价格等。

(二)延伸农业产业链,提高经营效率

通过成立联合社能够实现跨区域、跨行业的合作与联合,推动农业产业链横向、纵向延伸,提升整个产业链的经营效益。部分联合社依托公司运作,以市场方式整合资源、服务产业。

(三)提升了合作社在市场上的议价能力和主动权,改善了农产品的营销环境

通过联合经营,提升了合作社组织化程度,扩大了合作社经营规模,从而增强了合作社在市场上的议价能力,避免了合作社之间的同质化竞争,更好地把握市场主动权。

二、联合社的类型

(一)生产型联合社

这是基于某一种农产品生产,通过专业合作社的联合,以降低生产成本、提高经济效益为目的的合作社联盟。生产型联合社一般具有以下特点:侧重于同类产品的合作社联合,主要生产本地区的某一种名特优农产品;注重引进先进生产技术,提高生产的集约化、标准化水平;进行简单的产后处理和分级包装,多数具有注册商标;销售渠道比较稳定,与加工企业和专业市场联系紧密。

(二)销售型联合社

这是合作社围绕农产品销售,通过联合专业合作社来丰富产品、稳定供给、增加利润的销售联盟。蔬菜、水果专业合作社多采取这种组织形式进行联合,这也是当前联合社发展的主要类型。这种类型的联合社具有以下特点:主要从事鲜活农产品销售,一般由有

固定销售渠道的合作社作为核心发起人,具有冷藏、运输等必要的设施设备,有从事市场营销的专业人员,有的还聘请了职业经理人。

(三) 产业链型联合社

这种联合社由于涵盖了生产、加工和销售各环节,也称为一体化联合社。这种联合社一般由大型专业合作社牵头,围绕优势产业,将上下游各环节的合作社和农资供应、农产品加工流通等企业整合在一起。产业链型联合社具有以下特点:集生产、加工、销售于一体,抗风险能力较强,成员社之间的交易成本和机会主义风险较低,增值效益最大限度地留在联合社内部并按成员社贡献大小进行分配。

(四) 综合型联合社

这是在一定行政区域内,各种类型合作社的联合组织形式。综合型联合社一般由行政部门推动成立,主要发挥规则制定、利益协调、信息交流、行业自律等功能,与上述三种类型联合社相比较,虽然都是在市场监督管理部门登记的经济组织,但其具有联合会的某些特征。

三、联合社的主攻方向

(一) 共创产品品牌

联合社应当由全体加入联合社的合作社成员制定并执行好共同的生产标准,着力推进标准化生产,建立健全生产记录制度,统一质量安全标准和生产技术规程、统一农业投入品的采购供应、统一产品和基地认证认定、统一注册农产品商标、统一创建农产品品牌,共同创建和使用统一品牌销售。

(二) 共办加工实体

联合社应积极组织联合社内各合作社共同出资,联合兴办单个合作社办不了或办不好的农产品精深加工等经济实体,着力推进农业产业化经营,让更多成员分享农产品加工增值成果。

(三) 共拓直销市场

联合社应不断加大统一对外开拓市场力度,争取拿到更多的大订单,对成员所需农业生产资料统购分销或对成员生产的农产品统销分购,为成员谋求更好的价格优惠。有条件的联合社要在城市开设联合社农产品直销店,建立物流和配送中心,构建城市直销网络。

(四) 共推信用合作

由于农民专业合作社开展信用合作只能限定在合作社成员内部进行,单个农民专业合作社成员较少,资金互助的规模难以做大,形成不了规模经济。农民专业合作社联合社开展以资金互助为主要内容的信用合作,可以做到更专业、更经济,这也可能成为农民专业合作社联合社的一个发展方向。

(五) 发挥自律管理职能

联合社应建立健全合作社自律管理机制,倡导守法经营,开展诚信服务;支持联合社开展多种形式的交流合作,促进合作社之间优势互补,提高竞争力;引导联合社广泛开展教育培训,推广农业科技,提高会员素质;联合社经有关部门授权,制定有关行业标准,引导会员开展规范化运作,增强质量意识;鼓励联合社为会员提供质量认证、品牌宣传、产品推介、市场开拓、信息咨询、财务代理等多方面服务。

第八节 我国农业合作经济组织主体模式选择

目前,从国际农业合作经济组织发展的实践看,农村合作社主要有两种模式:一种是以欧美为代表的专业合作社模式,这种合作组织以专业性合作为主,围绕着某一产品或某类产品及生产经营的某些环节,为农民提供专业化、系列化服务。例如,美国有许多专业合作社,如乳业合作社、销售合作社等,可以说,种类繁多,不仅有生产经营方面的专业合作社,而且有生活娱乐方面的合作社。另一种是以日本农协为代表的综合合作社模式。日本农协,即日本农业协同组合,是第二次世界大战后在政府的推动下发展起来的,是一种综合性的农业合作经济组织,根据农民生产和生活的需要,采取综合经营的方式,为农民提供信用、购买、销售、设施利用、生活指导等综合性服务。韩国在发展农业合作经济组织方面,也采用了日本农协模式。韩国农业合作社不但为农民提供购买、销售、加工服务,还为农民提供金融、保险服务。对于我国农村合作社的主体模式是选择日本、韩国式的社区综合合作社模式,还是选择欧美式的大型专业合作社模式,学术界存在不同认识,并对其可行性进行了研究,国家还开辟了改革试验区,对农业合作经济组织发展模式展开探索。

农业合作经济组织的发展模式是受多种因素决定的,这不仅取决于国情特点和经济发展水平,而且取决于农民的市场意识、民主化程度、农村文化传统、国家的政策导向等。从专家学者们的研究和国外农业合作经济组织发展实践来看,我国农业合作经济组织的发展模式主要有以下三种选择。

一、专业合作社模式

改革开放以来,随着农村产业化进程的推进,专业化生产和社会化协作已经成为一种主导趋势,为了满足广大农户对于产前、产中和产后的服务需要,以"民建、民管和民受益"为特征的农民专业合作社不断发展。从我国农业合作经济组织发展的实践和目前的研究看,专家学者们总体上认为专业性合作经济组织应该成为我国农业合作经济组织发展模式的重要选择,但专业性合作经济组织还不会成为我国农业合作经济组织的主体模式,这主要是因为我国农户经营规模小、经营专业化程度低,而且农户兼业化现象普遍,在这样的状态下选择专业合作社为主体模式,必然有相当多的农户被排斥在外,组织成本高。此外,我国地区差异大,农产品种类繁多,选择专业合作社为主体模式,必然使专业合作社种类极其繁杂,难以形成统一的组织体系,难以有效地协调和管理,并造成资源的浪费。因而,总体上认为,应在积极推进农民专业合作经济组织发展的基础上,组建综合合作社,并使之成为农业合作经济组织的主体模式选择。

二、综合合作社模式

以日本农协为代表的综合合作社,是东亚地区小规模农户经营特色下农业合作经济组织的主体模式,已有成功的实践和成熟的理论,但能否成为我国农业合作经济组织的主体模式选择,是目前理论上研究和实践上探讨的焦点。

从有关的研究来看,有一部分人主张建立这种模式,持肯定态度的主要原因是我国属于东亚地区,农户经营规模太小,无法组织门类齐全的专业性合作经济组织,并且在经营方面具有不稳定性,采取专业合作社模式会使我国农村发展合作经济组织的意义大打折扣。而亚洲的日本、韩国都选择了综合合作社模式作为主体模式,并且较为成功,中国在客观条件方面与这些国家有很多相似性,这不仅表现在农业和农村经济发展的特点上,而且表现在文化传统等方面,日本农协的综合合作社模式无疑适合中国的国情,这种主体模式的选择也具有客观性和可行性。

另一些专家学者认为,建立日本农协式的合作经济组织,不符合中国的国情,目前尚难有广泛的可行性。一是采用日本农协式的综合合作社模式必须具备一定的经济实力。因为这种综合合作社不仅提供农业生产经营方面的服务,还要负责生活方面及公益性事业的服务。要实现这样的目标,必须具有一定的资金积累,有一定的设施条件,这对于我国农业合作经济组织的现状来说,显然是不可行的。二是政治上的考虑。日本农协不仅是农民的经济利益代表,而且是农民的政治利益代表。以日本农协式的综合合作社模式为主体模式,就必须建立从中央到基层的全国性组织体系,也就是要建立一个有几亿农民参加的组织体系,它不仅是一个经济利益的代表,而且可能会产生一些政治上的影响,如日本农协就有类似事件发生,这与我国农村的政治状况和经济状况是不相适应的,不符合中国国情。

三、社区合作经济组织模式

一些专家学者倾向于选择这种中国特色的主体模式。这种观点认为,我国农村应以综合性的合作经济组织模式为主体模式,但又不能完全仿照其他东亚国家和地区的做法,而社区合作经济组织模式就是一种现实选择。从现实情况看,我国社区合作经济组织是双层经营体制的载体,具有综合性的服务职能,包括:组织村民发展各种形式的合作经济,对分散的家庭经营进行协调,为农民提供公共产品、技术、信息、资金及营销等方面的服务。以社区合作经济组织作为主体模式,有以下三方面原因。

第一,有利于完善当前农村双层经营体制。土地集体公有制度和社会主义制度的特点,确立了我国农村社区合作经济组织的特殊地位和作用,具有任何其他组织不可替代的性质,这也从客观上决定了我国双层经营体制将长期存在。双层经营体制,既符合广大农村生产力水平低下的特点,能充分调动农民的积极性,同时又考虑到农户的共同需求,解决了一家一户难以解决的问题。但是,现实问题是,由于集体经济力量薄弱,社区合作经济组织没有很好地发挥"统"的功能,合作经济功能没有发挥出来。选择社区合作经济组织模式,可以把社区为农服务的事务统一起来,拓展其为农服务的活动范围和内容,完善服务措施,更好地发挥其综合、协调和组织功能。

第二,有利于实现社区合作经济组织职能的转变。事实上,在我国多数地区,村委会和村集体经济组织是一套班子,村委会既有集体经济组织的经营职能,又有集体经济组织的社区职能,而在我国经济较为落后地区,几乎只有社区职能,而没有经营职能。选择这样一种模式,可以使社区合作经济组织从"准"政府机构中独立出来,专门从事农业经营活动,贯彻党和国家的农村经济发展政策。

第三,社区合作经济组织的经营是综合性的,这符合农户对农业社会化服务的需求。社区合作经济组织由于其特殊地位和身份,为农户提供的服务肯定是综合、全面的,既有为农业生产经营提供的服务,还有为文化、教育、社会福利事业等提供的服务。

第九节 我国农业合作经济组织发展的构想

一、综合性农协

(一)综合性农协组织体系构建

以供销社、信用社和专业合作社为依托,融入其他为农服务的组织资源,包括加工企业和技术服务组织等,构建综合性农协组织体系。农协应根据区域农业的发展特点及农村实际需要,按照扩大规模、减少组织层次的原则,设立多层级组织体系,可以以行政区域设置,也可以跨区域设置。综合性农协设有金融、购销、加工、互助、技术信息五个服务平台,各个服务平台灵活运用合作制、股份合作制或股份制原则,构建利益协调机制和产权联结机制。

(二)农协定位

农协是综合性的服务组织,设有五个服务平台,负责为合作社或其他服务组织提供金融、购销、加工、互助、技术信息服务,各个平台之间分工负责、密切协作,共同承担起为农户和农村社区服务的任务,做到农民需要什么服务,就提供什么服务。

农协是政府与专业合作社和其他服务组织之间的桥梁与纽带,它具有行业协会的性质,赋予农协相应的职能,这些职能包括:参与农产品质量监督和政策制定,协调农产品生产、销售、加工环节的利益分配关系,组织与其他产业化组织开展战略合作等。

二、农民专业合作社联合组织体系构建与定位

(一)农民专业合作社联合组织体系构建

农民专业合作社联合组织体系,应以农业主导产品或产业为基础,设计多个组织体系,每个组织体系根据产品和服务的特点,设计成区域型、省级或全国性农民专业合作社联合组织体系,上一级农民专业合作社联合社为下一级农民专业合作社联合社及农民专业合作社提供专业方面的服务。

(二) 农民专业合作社联合组织体系定位

农民专业合作社联合社是一个专业性质的服务组织，围绕某一产品或同类产品开展技术、信息、指导、加工、贮藏等方面的服务，可设信息、技术、加工、储藏、展销服务平台，共同承担起为专一产品或同类产品专业合作社提供相应服务的职责，单一合作社无法完成或者较难完成的任务，由农民专业合作社联合社提供解决方案和组织支持。

农民专业合作社联合组织体系与综合性农协是相互补充、分工协作的关系，在纵向联合的基础上，与综合性农协协作和对接。农民专业合作社联合组织体系负责提供单一产品或同类产品的技术、信息、指导、加工、贮藏等服务，共同解决某一产品的加工和储藏问题、专业技术和信息服务，为农民专业合作社提供指导和咨询服务。综合性农协主要解决农民所面临的共性服务内容，包括金融、社区生活、加工、生产资料等方面的服务，综合性农协的加工服务是深层次的加工服务。

联合谋发展　合作促共赢

浏阳市新期绿种植专业合作社联合社（以下简称"联合社"）2010年8月组建，现有成员社10家，服务带动农户2 764户，辐射种植面积1万余亩，主要从事蔬菜种植、加工、储藏、销售、信息一体化综合性服务，2014年被评为国家农民合作社示范社，2016年被评为湖南省现代农业特色（蔬菜）示范园。

近年来，联合社累计投入1 100多万元进行基地建设，现有6 000亩蔬菜种植基地，其中，核心基地1 500亩，温控育苗工厂5 600平方米，连栋蔬菜设施棚2 450平方米，钢架单体大棚850栋。投资近300万元建成占地面积3.9亩的蔬菜初加工厂，建有生产加工车间1 700多平方米，锅炉房、冷库、脱水机、烘干机、锅炉、精洗机、真空包装机及消防设备等辅助设施设备一应俱全。投资320多万元修建综合服务中心，完成办公楼、储藏冷库、种子供应站、分拣包装中心、农残检测中心等相关硬件配套设施的建设。

联合社创新实施全程化服务，促进了当地蔬菜产业的快速发展，带动周边农户共完成无公害产地认证3 850亩、绿色认证品种18个、无公害产品认证24个。

一是推进生产环节全程服务。联合社购置6台起垄机、4台耕田机、2台盘式拖拉机，为农户提供整地、播种、施肥、浇灌、植保、收获等蔬菜生产全程机械化服务，年托管作业面积超过3 000亩，服务农户300多户。统一肥料、农药、机具等农业生产资料供应，2020年实现统一供种和育苗面积达1 000余亩，既节省育苗成本又提高亩产，实现节本增效。

二是推进加工环节全程服务。加强冷链贮藏能力建设，建有蔬菜冷藏保鲜库1 430立方米，年冷藏保鲜蔬菜3 000吨。通过冷藏保鲜，错开蔬菜上市时间，在生产旺季时部分上市，淡季时大量上市。以毛豆为例，在5—8月大量上市的季节每千克售价只有2元左右，而经冷藏保鲜后在冬季上市，售价能提高5倍以上。

三是推进销售环节全程服务。联合社建立了线上信息化服务平台，进驻西区蔬菜集散交易中心，打造自有品牌"新期绿"，通过互联网商务平台加强品牌推广，省去中间商环节,为成员社及广大农户拓宽销售路径。

联合社高度重视财务管理,严格按照合作社财务会计制度和合作社章程执行。联合社设立财务部,统一管理成员社账务,确保会计核算精准无误。近年来,联合社经济效益良好,经营收入和盈余连年稳步增加,联合社资产总额1 861.1万元,其中,固定资产净值1 656.9万元、流动资产204.2万元。联合社严格依章依规进行盈余分配:每年从盈余中提取10%作为公积金、提取5%作为公益金;可分配盈余部分,第一次将其60%按成员与联合社的产品交易额比例进行返还,第二次将其40%按成员社在联合社的出资比例进行分配。

资料来源:全国农民合作社典型案例(2021)-农民合作社开展多种形式联合合作[EB/OL].(2022-01-25). http://www.hzjjs.moa.gov.cn/nchzjj/202201/P020220125380265286627.pdf.

从本案例分析可以看出以下几点。

(1)农民合作社是民办民管的组织。该联合社由2 000多户农户组成,要按照合作社的基本原则设立相应的组织机构,制定合作社章程,接受社员的监督和管理。

(2)农民专业合作社是自我服务组织,可以提供多样化的服务。该联合社提供的服务包括蔬菜种植、加工、贮藏、销售、信息一体化等方面,具备一定的经济实力。

(3)联合社可以提高产品市场竞争力,实现规模经济。该联合社通过打造自有品牌、设立交易窗口、加入互联网商务平台,推进产加销一体化,特别通过设立蔬菜冷藏保鲜库,调节上市时间,从而使产品销售价格大幅提升,扩大产品增收空间。

(4)联合社要有严格的财务管理制度,特别是盈余的一定比例要按照社员与合作社的交易额返还,这是合作社与其他企业的根本区别。该联合社可分配盈余部分,60%按成员与联合社的产品交易额比例进行返还。

(5)合作社的联合是大势所趋。该联合社在组织产加销一体化方面具有较大优势,可以整合10个专业合作社的力量,营销品牌,开展深加工,为农民专业合作社进入市场创造更好的条件。

【复习思考题】

1. 什么是农业合作经济组织?
2. 农业合作经济组织按组织形式分为哪几类?
3. 合作社的基本原则是什么?
4. 简要分析我国农业合作经济组织资源。
5. 简要分析日本农民合作社的特点。
6. 简要分析农民专业合作社联合社的类型。
7. 试论述我国农业合作经济组织主体模式选择。

【即测即练】

第十章

农业产业化经营

本章学习目标

1. 把握农业产业化经营的内涵。
2. 掌握农业产业化经营的基本特征。
3. 把握农业产业化经营的类型。
4. 了解农业产业化经营的营运约束机制。
5. 把握农业产业化龙头企业与农户利益联结机制。
6. 把握农业产业化联合体特征。

古典三黄鸡养殖产业化

近日,广西岑溪市梨木镇社护村养鸡场的农户忙着将新一批出栏的肉鸡供应给合作公司保价回收。数月的辛勤劳动又换来一笔可观的收入,该村党总支书记、村委会主任陈洪芳高兴地说:"古典三黄鸡养殖让我们村的群众走上了致富路。"

古典三黄鸡是岑溪特色品牌,先后被评为"广西优质产品"、国家"无公害农产品"、"中华名鸡",并获得了国家地理标志产品认证。近年来,岑溪市注重产业品牌建设,大力推广引导脱贫户与岑溪市外贸鸡场有限公司合作养殖古典三黄鸡,推动产业规模日益扩大。2022年,该市古典三黄鸡养殖户达1万多户,整个古典三黄鸡产业链每年获得纯利润超过3亿元,带动了超过2万名群众就业。

岑溪市梨木镇社护村是该市土鸡养殖规模最大、鸡出栏最多的"养鸡致富村"。2019年9月,社护村建成1 300平方米的村集体养鸡场,与岑溪市外贸鸡场有限公司签订合作协议,通过公司负责提供鸡苗、饲料并保价回收肉鸡的方式,有效解决销路问题,让农户无后顾之忧。

2021年,社护村集体养鸡场扩建到3个,面积达2 600平方米,每批养殖1万羽以上的规模养鸡户也由原来的3户发展到33户,全村共有养殖场36间,年出栏肉鸡72万羽,产值2 880万元;村集体经济收入也由2018年的2万元增加到18万元,通过养鸡实现了富民强村目标。

资料来源:王艳群,梁铁.岑溪:金鸡唱响致富歌[N].广西日报,2022-06-08.

本案例包含以下几个方面的农业经济学问题。

（1）农业产业化的内涵。农业产业化，简而言之，就是农业的一体化。

（2）农业产业化标准。农业产业化应该是有标准的，要有经营规模及龙头组织。

（3）利益机制。龙头企业与基地及农户应建立一定的利益机制。

（4）农业产业化经营类型。农业产业化经营可分为龙头企业带动型、中介组织带动型等。

农业产业化经营是我国农村经营体制和组织制度的一个重大创新，是农民、企业和基层干部适应农村改革和社会主义市场经济发展的伟大创造。中国的农业产业化是20世纪80年代中后期以来形成的以市场为导向，以家庭经营为基础，依靠龙头企业的带动，将农产品生产、加工、销售有机结合，从而实现一体化经营的农业生产经营组织方式。

根据农业农村部数据，截至2021年底，全国经县级以上农业农村部门认定的农业产业化龙头企业有9万多家，其中国家重点龙头企业有1 959家，已成为乡村产业振兴的骨干力量。强化主体带动，加大龙头企业等新型经营主体培育力度，通过订单生产、就地务工、股份合作等方式带动脱贫户、小农户共同推进产业发展。2021年，脱贫地区已发展市级以上龙头企业近1.5万家、农民合作社72万家，带动脱贫人口3 000多万人增收。

党中央、国务院非常重视农业产业化经营，把农业产业化经营作为农业和农村工作中的一件全局性、方向性的大事来抓。党的十九大、二十大报告，国民经济和社会发展"十三五""十四五"规划，以及近年来的中央一号文件及其他涉农文件都对农业产业化经营发展目标、定位和重点进行了阐述与要求，并提出了一系列有力的支持政策和措施。2021年《农业农村部关于促进农业产业化龙头企业做大做强的意见》指出："到2025年，龙头企业队伍不断壮大，规模实力持续提升，科技创新能力明显增强，质量安全水平显著提高，品牌影响力不断扩大，新产业新业态蓬勃发展，全产业链建设加快推进，产业集聚度进一步提升，联农带农机制更加健全，保障国家粮食安全和重要农产品供给的作用更加突出。到2025年末，培育农业产业化国家重点龙头企业超过2000家、国家级农业产业化重点联合体超过500个，引领乡村产业高质量发展。"

第一节　农业产业化经营的内涵和基本特征

一、农业产业化经营的内涵

农业产业化经营，国外最通用的叫法是"农工商、产供销一体化，产加销一条龙"。第二次世界大战后，随着农业生产的现代化、人民生活水平的提高及生活节奏的加快，食物消费方面也发生了变化，农工商一体化经营首先在美国出现，随后在西欧各国和日本广泛兴起。西方发达国家把农业产业化称为"agribusiness"（农业综合经营），这个词是由美国的戴维斯提出的。1952年，美国哈佛大学企业管理研究院为了制订一项农业与其他部门相互联系的研究计划，聘请了联邦政府农业部助理部长戴维斯主持这项工作。1955年10月，戴维斯在波士顿宣读了他的论文，最先使用了"agribusiness"一词，这个词是由"agriculture"和"business"两个单词组成的。1958年，戴维斯的研究成果《农业综合经营概论》出版,之后这一概念逐步被广泛应用。"农工商、产供销一体化"中,"农"是指包括种植业、养殖业、微生物开发利用和其他特殊生产在内的"大农业";"工"是指以农产品为主要原料的加工业和食品工业;"商"是指与农产品运销相关的国内商业和对外贸易;"产"是指初级产品的生产和成品制作;"供"是指生产资料供应和各种服务的提供;"销"是指农产品及其加工品的运销,包括收购、集货、储藏、运输、批零销售。

学术界对农业产业化的内涵还没有一个规范统一的认识,主要观点有如下几种。

(1) 农业产业化的实质是农户与市场的连接。在农业产业化的发展过程中,政府的作用主要是通过制定政策,营造出一个便于农户与市场连接的制度环境。

(2) 通过对生产要素的优化配置和产业的重新组合,形成商品性产业流通。这种产业流通是根据现代农业要求,大规模地组织分工分业生产,把分散的家庭经营纳入"一条龙"的生产经营体系,把许多分散独立的生产过程融为一个社会生产总过程,最大限度地发挥整体效应和规模效应。

(3) 农业产业化是围绕一个或多个相关的农副产品项目,组织众多主体参与,进行生产、加工、销售一体化的活动,并在发展过程中逐渐形成一个新的产业体系的过程。其中,经济利益是各方主体追求的共同目标。

(4) 农业产业化就是指改造传统的自给、半自给的农业和农村经济,与市场接轨,在家庭经营的基础上,逐步实现农业生产的专业化、商品化和社会化。

(5) 在市场经济条件下,通过将农业生产的产前、产中、产后诸环节整合为一个完整的产业系统,实现种养加、产供销、贸工农一体化经营,提高农业的增值能力和比较效益,形成自我积累、自我发展的良性循环发展机制。

(6) 把农业产业化界定为市场化农业、社会化农业、集约化农业。市场化农业就是以市场为导向,依据市场的需要调整农业的产业结构及其产量;社会化农业就是逐步扩大农业的生产经营规模,实行农业生产的专业化分工,以及加强农业生产、加工和流通等再生产诸环节的内在有机联系,直至达到一体化;集约化农业就通过结构优化、技术进步和实施科学管理,提高农业经济效益。

(7) 农业产业化是以国内外市场为导向,以提高经济效益为中心,对当地农业的支柱产业和主导产品实行区域化布局、专业化生产、一体化经营、社会化服务、企业化管理,把产供销、贸工农、经科教紧密联系起来,形成"一条龙"的经营机制。

综合看来,农业产业化经营可以定义为:以市场为导向,以农户经营为基础,以龙头组织为依托,以经济效益为中心,以系列化服务为手段,通过实行种养加、产供销、农工商一体化经营,将农业再生产过程的产前、产中、产后诸环节联结为一个完整的产业系统,是引导分散的农户小生产转变为社会化大生产的组织形式,是多方参与主体自愿结成的经济利益共同体,是市场农业的基本经营形式。

二、农业产业化经营的基本特征

关于农业产业化经营的含义虽然表述各异,但也有其共同点,即农业产业化经营的基本特征。其具体表现为如下方面。

(1) 生产专业化。生产专业化即围绕某种商品生产,形成集种养加、产供销、服务网络为一体的专业化生产系列,做到主导产业商品基地布局专业化。传统农业的一个显著特点是零星分散、规模窄小的"小而全",经营上相对封闭;而由自给自足的多种经营到半自给自足的混合经营,再到完全的专业性商品生产经营的转变,则标志着现代商品农业的演化与发展,由专业化带动形成的区域经济、支柱产业群、农产品生产基地,为农业产业化经营奠定了稳固的基础。专业化生产必定是商品生产,其产品必须通过市场交换才能实现其价值。因此,市场需求是专业化形成的首要动力和前提,而市场需求的变化必然引起专业化生产方向的变化。自然资源的适宜性是专业化形成和发展的物质基础,在具有自然资源适宜性的地区发展某个专业化部门,可以用较小的投入获得较大的产出,从而使其产品以较低的生产成本赢得市场竞争力。

(2) 布局区域化。产业化实际上是一定区域内各种自然资源、社会资源,围绕一个或几个产业合理配置并可能取得较好效率的重组方式。其一,它与一定区域内的资源禀赋相联系;其二,它与一定区域内的自然与社会分工体系相适应;其三,它与区域内的经济功能及其指向相一致;其四,它与区域内的市场及其结构演进过程相统一。因此,农业产业化经营必须以区域经济为依托。每个支柱产业或生产系列,按照区域比较优势原则,设立专业化小区,按小区进行资源要素配置,安排商品生产基地布局,从而有利于充分发挥区域资源比较优势。

(3) 企业规模化。农业产业化经营是社会化大生产,其突出特点是规模经济。通过主导产业商品基地合理布局,适当集中,形成区域化生产规模;通过产业化经营,可以系统组织涉农服务、农产品加工和运销,形成聚合规模,增强农产品的生产竞争能力,提高农业的比较利益。实际上,企业规模化是由生产专业化的加深而受到加强的企业生产经营的内部集中化。在这种情况下,农业专业化的效率是通过大生产的优越性表现出来的。因为农业生产经营规模的扩大,有利于采用科学技术进步成果,运用先进技术和工艺。

(4) 经营一体化。在农业产业化经营中,产前、产中、产后各有关环节联结成"龙"型产业链,实行农工商一体化、产供销"一条龙"综合经营,使外部经济内部化,从而降低交易过程的不确定性、降低交易成本,不仅能从总体上提高农业的比较效益,而且能使参与一体化的农户获得合理份额的交易利益。

(5) 服务社会化。社会化服务的内容十分广泛,它本身随着农业中分工协作的发展而发展,包括产前服务、产中服务、产后服务、经营服务等。通过一体化组织,不仅可以利用龙头企业的资金、技术和管理优势,而且可以组织有关科技机构,为共同体内各个组成部分提供产前、产中、产后的信息、技术、经营、管理等全程服务,促进各种要素直接、紧密、有效地结合。

第二节 农业产业化经营的类型及运行机制

一、农业产业化经营的类型

(1) 龙头企业带动型,是指以农产品加工、储存、运销企业为龙头,围绕一项产业或产品,实行生产、加工、销售一体化经营的农业产业化模式。所谓龙头企业,指的是在农产品产、加、销一体化经营过程中,下连广大农户、上连国内外市场,具有开拓市场、带动生产、深化加工、延展农产品销售空间和时间、增加农产品附加值等综合功能的农产品加工、销售企业。

（2）中介组织带动型,即依托农村各种类型的农民专业协会、合作社等农民专业合作组织,把分散经营的农户组织起来,共同进入市场、参与竞争。如以中介组织为载体,让农民参与贸、工、农一体化经营,通过中介组织维护农民的合法权益等,使农民的大部分生产活动通过中介组织得以实现。

（3）专业市场带动型,是指通过发展农产品交易市场,特别是专业批发市场,带动区域专业化生产或产加销一体化经营。这种模式的基本特征就是以专业市场为依托,充分发挥专业市场的辐射带动作用,达到发展一处市场、带动一个产业、繁荣一方经济、富裕一方群众的目的。

（4）主导产业带动型,是指从利用当地资源、发展传统产品入手,形成区域性主导产业,围绕主导产业发展产、加、销一体化经营。主导产业是指在某地区的经济发展中起导向作用的骨干产业。要确立主导产业,必须确立主导产品,主导产品是主导产业的代表。主导产品,就是指主导产业中的骨干产品。该产品的发展,可以带动和影响这一个产业的发展。

（5）科技带动型,即应用高新技术进行名优特新产品的开发和传统产品的更新换代,由此推动生产、加工、销售的配套发展和新市场的开拓。这种模式的基本特征是：通过实行农业科技研究、农业科技教育、农业科技推广、农业科技服务和开发等措施,用科学技术这个第一生产力,武装和优化农业生产力的其他要素,发展高产、优质、高效农业,推动产加销、贸工农、经科教一体化发展。

二、农业产业化经营的运行机制

作为多元参与者主体的行为规范,农业产业化经营的运行机制主要包括利益分配机制和营运约束机制。

（一）利益分配机制

农业产业化经营是多元主体利益的联合,其本质是经济利益的一体化经营,其基本原则是"风险共担、利益均沾"。利益分配机制是通过分配方式来实现的,基本分配原则使各个环节(包括劳动、资金、产品、知识、技术等)获得平均利益。农业产业化经营有以下几种利益分配方式。

（1）按股分红、红利均等。

（2）按合同规定的保护价格交售产品,农户可得15%～20%的利润。

（3）超额利润返还让利,即"龙头"单位按照各参与者主体交售产品的比例,将一部分超额利益返还给签约基地和农户,让利于农。

（4）企业与农户有租赁关系的,以租金形式付给租让其承包地的农户。

（5）龙头企业大多数实行工资制,企业按职工工种、技术水平和完成任务等多种指标支付工资,对成绩突出者还发放奖金。

(二) 营运约束机制

(1) 市场约束机制。龙头企业靠自己的信誉和传统的产销关系,与农户和原料产地通过市场进行交易,价格随行就市。这种运行方式适合与产业化经营系统以外的市场主体进行交易,而在系统内部则在保护价低于市场价时采用市场约束机制。

(2) 合同(契约)约束机制。龙头企业与基地(村)和农户签订具有法律效力的产销合同、资金扶持合同和科技成果引进开发合同等,明确规定各方的权利,以契约关系为纽带,进入市场,参与竞争,谋求发展。

(3) 股份合作约束机制。在农业一体化系统中,企业与企业之间、企业与农户之间实行股份合作制,互相参股,如以土地、资金、技术、劳动力等向企业参股,形成新的资产关系。龙头企业运用股份合作制吸收农户投资入股,使企业与农户以股份为纽带,结成"互惠互利,配套联动"的经济共同体。入股农户不仅能凭股分红,还能在龙头企业以低于市场的价格购到生产资料。

(4) 租赁约束机制。龙头企业将已经分给农户的土地返租回来,作为企业的生产基地再倒包给农户经营,成为企业的生产车间,生产的产品全部由企业收购。

(5) 专业承包约束机制。有的地方将一体化经营分为两大部分:一部分是农产品加工和运销,实行公司制经营,向国内外市场出售其制成品;另一部分是种植业和养殖业初级产品生产,实行专业承包经营,土地适当集中,通过招标分包给若干大户,所属公司为甲方,专业大户为乙方,签订专业承包合同,并规定双方在种植业生产中的责、权、利。

第三节 农业产业化龙头企业与农户利益联结形式及机制

农业产业化龙头企业是推进农业产业化经营的关键主体,农业产业化龙头企业要发挥龙头带动作用,一方面要着力发展精深加工,延长产业链;另一方面要着力创新联农方式,完善利益链。应推进农业产业化龙头企业联农带农组织形式与利益机制创新,不断增强农业产业化龙头企业带动产业发展和带动农民增收的能力。

一、农业产业化龙头企业与农户利益联结形式

农业产业化龙头企业与农户利益联结形式就是农业产业化龙头企业组织农户发展农产品加工原料生产基地的组织模式和制度方式。总结各地实践,目前农业产业化龙头企业与农户利益联结形式主要有以下四种。

一是"公司+合作社+农户+基地"。农业产业化龙头企业领办、创办或对接农民专业合作社,以合作社提供"几个统一服务",组织合作社内农户进行原料生产,以合作社统一对外,与龙头企业打交道,签订生产订单,确定利益分配方式,维护成员的合法权益。如根据盐城市农业农村局信息,江苏富安茧丝绸股份有限公司,坚持壮大产业、做强龙头、致富农民不动摇,以富安蚕农合作社为载体,实行"六统一",即统一供应蚕种、统一供应蚕药、统一桑园治虫、统一蚕室蚕具消毒、统一管养技术指导、统一蚕茧收购,强化对蚕农服务。其建立了"公司+蚕业合作社+农户+基地"的茧丝绸运行模式,连接富安镇及周边

地区 6 万亩蚕桑基地，带动养蚕农民 25 万，带动桑园亩效益居全国第一。蚕业基地农民亩桑综合效益突破 9 000 元，高的超过 1 万元，真正做到了"一根丝拉动 20 万农民致富"。

二是"公司+种养小区+农户+基地"。农业产业化龙头企业直接或与农户共同投资兴办规模化、标准化、集约化的种养示范小区，采取适当的方式，鼓励农民到种养小区生产原料，建立农产品专用原料生产基地。如根据中国质量新闻网消息，黑龙江省安达市采取"公司+奶牛养殖小区+农户+基地"模式，按照"牛进园区、人进新区"的养殖方式，把散养户的奶牛吸纳到标准化园区规模集中饲养，促进分散饲养向规模饲养转变，平均每头奶牛增加效益 2 000 元左右，鲜奶价格每千克高于散户 0.70 元左右。

三是"公司+专业村+农户+基地"。农业产业化龙头企业通过发展专业村，推进"一村一品"，建立原料生产基地。如根据盐城市农业农村局信息，江苏海大食品有限公司在滨海县规划发展千亩以上四青蔬菜专业村 60 个，每个村成立一个合作社，全县成立联合社，由联合社对各专业村合作社提供种植技术、种苗、生产资料等服务，带动农户 4.5 万户，发展四青蔬菜生产基地 10 余万亩，户均增收千元以上。

四是"公司+订单+农户+基地"。农业产业化龙头企业通过与农户签订生产订单，明确合理的收购价格，组织农户生产，建立原料生产基地。根据盐城市农业农村局信息，盐城温氏畜牧有限公司是盐城市肉鸡生产龙头企业，实行"公司+订单+农户+基地"经营模式，对合作养户实行"四统一保"的合作方式，即统一为农户提供鸡苗、饲料、药物、技术服务，实行保护价回收成鸡。2021 年，该公司实现年上市肉鸡 3 058 万只，产品在上海市场占有率达 40%～60%，已经成为供沪禽类优质基地。

二、农业产业化龙头企业与农户利益联结机制

农业产业化龙头企业与农户建立合理的利益联结机制，让农户更多地分享农业产业化经营成果，是农业产业化经营实现可持续发展的根本动力。农业产业化龙头企业应当强化社会责任意识，积极主动与农户建立多形式的利益联结机制。有条件的农业产业化龙头企业可逐步探索建立以下四种利益联结机制。

一是定向投入机制。农业产业化龙头企业可通过向对接的农民专业合作社出资，或直接向原料基地投资的方式，进行种养基地基础设施建设，支持基地农户建立良种繁育基地，推广新品种、新技术，开展无公害食品、绿色食品、有机食品"三品"认证，提高原料生产基地的标准化建设水平。如根据中安在线（安徽新媒体集团）消息，寿县保义镇引进寿县温氏畜牧有限公司，以政企共建、多村联建形式，投资 1 500 万元，新建现代化猪舍 6 栋，占地 11 400 平方米，年上市肉猪 2 万头，直接带动 14 个村增收。

二是价格保护机制。农业产业化龙头企业可采取保护价收购或高于市场价的溢价收购或按市场最高价结算的方式，建立对基地农户农产品收购的价格保护机制，切实保护基地农户的基本收益，稳定原料基地生产。如根据马鞍山市农业农村局信息，安徽现代牧业（集团）有限公司与牧场周边所在地农户签订种植合同，采取保护价收购，实行优质优价，减少农民经营的市场风险。通过牧场订单农业拉动，每亩可增收 200～500 元，每户每年可增收 900～3 000 元，107 万亩种植面积可直接增加农民年收入 23 000 多万元。

三是风险保障机制。农业产业化龙头企业可按政策规定，在计算企业所得税前提取

风险保障金,建立风险保障基金,对基地内受灾农户进行救济,帮助其恢复生产,稳定原料生产基地。农业产业化龙头企业也可以资助订单农户参加农业保险,利用国家政策性农业保险,为基地农户构建风险保障机制。如根据巴中市政府文件,四川省巴中市2022年启动巴山肉牛保险,大力支持肉牛养殖主体参与保险保障工作,建立政户"64"保费分担机制(即财政性补贴不低于60%,养殖户承担不高于40%)和政企户"622"保费分担机制(即财政性补贴不低于60%,龙头企业主动对参保代养户补助不低于20%,其余20%由养殖户承担)。

四是利润分配机制。农业产业化龙头企业拿出一部分企业利润,按订单农户与企业的交易量(额)进行二次返还分配。根据滨州网(滨州日报)消息,滨州中裕食品有限公司是全国粮食加工和食品生产的龙头企业,采取了"企业+基地+农户"的产业化合作模式,2022年在具体收益分配落实中,公司实行"三次返利"的二三产增值收益分享机制,第一次返利为"加价10%以上收购",订单农户亩均增收150元左右;第二次返利为免费供种,对于完成订单任务的农户,每亩给予50元的良种补贴;第三次返利为收益再分配,公司对农户进行二次分红,每亩分红55元以上,三次返利使农户亩均增收255元。

第四节 农业产业化联合体

随着家庭农场、农民合作社等各类新型农业经营主体的成长发展,农业产业化经营组织带动农民发展、共同致富的模式也在不断创新。安徽、河北等地探索形成了由一家龙头企业牵头,多个农民合作社和家庭农场参与、将服务和收益连成一体的联合体形态。这为新形势下创新完善利益联结机制、构建农户参与并分享现代农业发展成果、促进乡村振兴开辟了一条新途径。截至2021年底,全国培育8 000多个农业产业化联合体,成为带动农民就业增收的新亮点。从理论和实践来看,农业产业化联合体依托"公司+农民合作社+家庭农场""公司+家庭农场"模式,围绕牵头龙头企业构建产业链,在合理分工基础上开展一体化经营,可以发挥各类经营主体的独特优势,有效配置各类资源要素,在降低内部交易成本和违约风险、提高综合竞争力的同时,更有助于农户获得长期、稳定、更多的经营收益。

《农业农村部关于落实党中央国务院2022年全面推进乡村振兴重点工作部署的实施意见》提出:"培育龙头企业牵头、农民合作社和家庭农场跟进、广大小农户参与、上下游主体有效衔接的农业产业化联合体,建设一批国家级农业产业化联合体。"国务院印发的《"十四五"推进农业农村现代化规划》提出:"依托乡村特色优势资源,打造农业全产业链。鼓励发展农业产业化龙头企业牵头、家庭农场和农民合作社跟进、广大小农户参与的农业产业化联合体。"

一、农业产业化联合体是促进乡村振兴的重要举措

(一)农业产业化联合体是构建现代农业经营体系、促进乡村产业兴旺的重要载体

实施乡村振兴战略,首要的是产业兴旺。产业兴旺离不开新型农业经营主体的带动,离不开现代农业经营体系的支撑。目前,我国各类新型农业经营主体快速发展,成为建设

农业农村现代化的重要力量。同时,各类主体的短板也逐渐显现,主体相互联合起来有助于进一步做大做强。发展农业产业化联合体,为新型农业经营主体的合作提供了一个制度框架,通过"公司+农民合作社+家庭农场"的组织模式,让各类经营主体分工协作、优势互补,促进家庭经营、合作经营、企业经营协同发展,进一步提高组织化程度,激发农业农村发展的内生动力。

(二)农业产业化联合体是实现小农户和现代农业发展有机衔接的有效形式

农业产业化在我国萌芽探索之初,就是为了解决"千家万户小生产"与"千变万化大市场"不能有效对接的难题。农业产业化联合体作为农业产业化理念的最新实践探索,更是牢牢把握了这一关键导向。发展农业产业化联合体,通过龙头企业、农民合作社、家庭农场等紧密合作,可打通农业生产与加工、流通、销售、旅游等二三产业环节连接的路径,推进农村一二三产业融合发展。更为重要的是,通过提升农业产业价值链,完善订单保底收购、二次利润返还、股份分红等利益联结机制,示范带动普通农户共同发展,将其引入现代农业发展轨道,同步分享农业现代化成果。

二、农业产业化联合体的特征

农业产业化联合体是龙头企业、农民合作社和家庭农场等新型农业经营主体以分工协作为前提、以规模经营为依托、以利益联结为纽带的一体化农业经营组织联盟。其具有以下基本特征。

一是独立经营,联合发展。农业产业化联合体一般由一家龙头企业牵头、多个农民合作社和家庭农场等组成。各成员产权明晰,保持运营的独立性和自主性,通过签订合同、协议或制定章程等形式,协同开展农业生产经营。从现阶段来看,联合体不是独立法人,与联合社、行业协会等有很大不同。联合社是农民合作社之间的联合;行业协会更加注重的是沟通、服务和自律,属于社团类组织,没有上下游产业的深度经济往来。为引导支持和监督,农业部门将开展示范创建活动,明确联合体名称、章程、成员等信息,建立和发布示范联合体名录。

二是龙头带动,合理分工。联合体以龙头企业为引领、家庭农场为基础、农民合作社为纽带,各成员具有明确的功能定位。与家庭农场相比,龙头企业管理层级多,生产监督成本较高,不宜直接从事农业生产,但在人才、技术、信息、资金等方面优势明显,适宜负责研发、加工和市场开拓。与龙头企业相比,合作社作为农民的互助性服务组织,在动员和组织农民生产方面具有天然的制度优势,而且在产中服务环节可以形成规模优势,主要负责农业社会化服务。家庭农场、种养大户拥有土地、劳动力以及一定的农业技能,主要负责农业种养生产。多种组织形式的联合互助共享,可以最大限度地实现共赢发展。

三是要素融通,稳定合作。长期稳定的合作关系和多元要素的相互融通,是联合体与传统的订单农业或"公司+农户"模式的重要区别。一方面,联合体各方不仅通过合同契约实现产品交易的联结,更重要的是通过资金、技术、品牌、信息等融合渗透,实现"一盘棋"配置各类资源要素。另一方面,尽管联合体不是独立法人,但联合体成员之间建立了共同章程,形成了对话机制,并且成员相对固定,实质上建立了一个长期稳定的联盟。这种制度安排增强了联合体成员的组织意识和合作意识,让各成员获得更高的身份认同感和归属感,有助于降低违约风险和交易成本。

四是产业增值,农民受益。产业发展是否壮大,农民的钱袋子是否鼓起来,是检验农业产业化联合体发展实效的一个重要尺度。联合体通过产业链条的延伸,提高了资源配置效率,从而具有产业增值、农民受益的组织特征。各成员之间以及与普通农户之间必须建立稳定的利益联结机制,实现全产业链增值增效,使农民有更高获得感。

三、健全资源要素共享机制,推动农业产业化联合体融通发展

(一)发展土地适度规模经营

引导土地经营权有序流转,鼓励具备条件的地区制定扶持政策,引导农户长期流转承包地并促进其转移就业。鼓励农户以土地经营权入股家庭农场、农民合作社和龙头企业,发展农业产业化经营。支持家庭农场、农民合作社和龙头企业为农户提供代耕代种、统防统治、代收代烘等农业生产托管服务。

(二)引导资金有效流动

支持龙头企业发挥自身优势,为家庭农场和农民合作社发展农业生产经营提供贷款担保、资金垫付等服务。以农民合作社为依托,稳妥开展内部信用合作和资金互助,缓解农民生产资金短缺难题。鼓励农业产业化联合体各成员每年在收益分配前,按一定比例计提风险保障金,完善自我管理、内部使用、以丰补歉的机制,提高抗风险能力。

(三)促进科技转化应用

鼓励龙头企业加大科技投入,建立研发机构,推进原始创新、集成创新,引进消化吸收再创新,示范应用全链条创新设计,提升农业产业化联合体综合竞争力。引导各类创新要素向龙头企业集聚,支持符合条件的龙头企业建立农业领域相关重点实验室,申报农业高新技术企业。鼓励龙头企业提供技术指导、技术培训等服务,向农民合作社和家庭农场推广新品种、新技术、新工艺,提高农业产业化联合体协同创新水平。

(四)加强市场信息互通

鼓励龙头企业找准市场需求、捕捉市场信号,依托联合体内部沟通合作机制,将市场信息传导至生产环节,优化种养结构,实现农业供给侧与需求端的有效匹配。积极发展电子商务、直供直销等,开拓农业产业化联合体农产品销售渠道。鼓励龙头企业强化信息化管理,把农业产业化联合体成员纳入企业信息资源管理体系,实现资金流、信息流和物资流的高度统一。

(五)推动品牌共创共享

鼓励农业产业化联合体统一技术标准,严格控制生产加工过程。鼓励龙头企业依托

农业产业化联合体建设产品质量安全追溯系统,纳入国家农产品质量安全追溯管理信息平台。引导农业产业化联合体增强品牌意识,鼓励龙头企业协助农民合作社和家庭农场开展"三品一标"认证。扶持发展一村一品、一乡一业,培育特色农产品品牌。办好中国农业产业化交易会,鼓励龙头企业参加各类展示展销活动。鼓励农业产业化联合体整合品牌资源,探索设立共同营销基金,统一开展营销推广,打造联合品牌,授权成员共同使用。

(六)促进农民多元增收

引导农户及合作社以土地经营权、劳动力、资金、设施等要素入股龙头企业,建立风险共担、利益共享的合作机制,让农民分享加工、流通领域的收益。探索将财政补助资金形成的资产量化到农户,作为农户入股龙头企业的股份。引导龙头企业延长产业链,发展劳动密集型产业,吸纳农民就地就近就业,进一步拓展农民收入来源。

第五节 现代农业全产业链构建

消费需求引导着农业产业链的变革。随着互联网技术的发展、一二三产业融合发展及农业多功能理念的凸显,人们的消费理念发生了巨大的变化。为了满足消费者快捷、安全、新鲜、休闲、娱乐等多样化的需求,最大限度地发挥农业多元化功能,构建农业全产业链已刻不容缓。

一、农业全产业链视角

(一)从消费者视角出发的农业全产业链

以消费需求为导向,挖掘农业多功能性价值,创新农业经营形态,让农民享受农业全产业链价值、满足消费者多元化需求,如社区支持农业、巢状市场等参与式生态农业模式。紧紧围绕满足旅游者"吃、住、行、游、购、娱"六要素,挖掘农业多功能的价值所在,延长农业产业链条,推广乡村旅游项目,把农家乐做成品牌,大力发展民宿,培育壮大行业龙头组织,如各种协会、综合服务平台,让消费者融入农业生产过程中来,体验劳动,享受农村风光和美食,让竹笋、茶叶、土鸡、芦笋等特色农产品的价值充分体现出来,让一杯清茶发挥出更大的价值,让一棵竹笋带来更多收益,让农民充分享受农业全产业链的增值。

(二)从互联网视角出发的农业全产业链

以淘宝等服务平台为代表的电子商务引发了农业产业链的变革。淘宝等服务平台缩短了供需之间的时空距离,特别是保鲜技术及冷链运输技术的发展,可以说基本实现了所有农产品的网上销售、物流配送,杨梅、小青菜、苦菊等各式蔬菜、水果都可以实现"鼠标交易",做到快速、新鲜、安全、简单、方便。农场通过网络,可以把自己的产品直接送到消费者的餐桌,实现食品供应短链化。在"互联网+"背景下,龙头企业转型是大势所趋,应创新营销方式,将自身定位转型为全产业链服务提供商。借助互联网,农业龙头企业可以把农产品产加销各个环节整合起来,实现资源共享、互惠互利,构建闭合结构服务平台,从卖产品向卖服务转变，为消费者提供吃、住、玩、游"一条龙"、系列化服务，提升服务品质，创造服务品牌。

（三）从农民专业合作社视角出发的农业全产业链

农民专业合作社是为农民服务的最佳组织形式，在农业产业链中发挥了重要作用。具备条件的农民专业合作社也是龙头企业，以若干农民专业合作社为龙头，吸收供销社、信用社及其他涉农组织参加，组建农民专业合作社联合会，就形成了一个行业协会，具备自律、协调、服务职能。以联合会为依托，整合产加销各个环节，建立综合服务平台，构建农业全产业链，特别是设立超市、连锁店等，把农产品直接送到消费者的餐桌，缩短食品供应链，让消费者获得低价产品，而农民则可以高价卖出产品。在探索"农民专业合作社联合会＋合作社＋家庭农场"农业全产业链利益联结方式的同时，还可以探索"龙头企业＋农民专业合作社＋家庭农场""家庭农场＋合作社＋合作社参股龙头企业"等农业全产业链模式，让农民充分享受农业全产业链价值。

（四）从一二三产业融合发展视角出发的农业全产业链

一二三产业融合发展，在日本也被称为六次产业化，强调基于产业链延伸和产业范围拓展的产业融合，更加强调"六次产业＝第一产业×第二产业×第三产业"，意在农村一二三产业的融合发展能够产生乘数效应，形成新的效益和竞争力。这里，第一产业是基础，在第一产业基础上，创生和发展新的产业机会，打造农业全产业链。依托第一产业资源，培育农业龙头企业，创造乡村旅游服务品牌，发展休闲旅游、农业观光、农业教育等；可以依托农业龙头企业，综合利用第一产业资源，发展农产品加工业和农村服务业；依托第一产业资源，发展有机肥加工业，实现资源循环利用；依托第一产业资源，培育龙头企业，开发太阳能、风能等，提高资源利用效率。

二、现代农业全产业链标准化示范基地创建

（一）总体目标

按照《农业农村部关于开展国家现代农业全产业链标准化示范基地创建的通知》的要求，到"十四五"末，在全国创建300个左右国家现代农业全产业链标准化示范基地，打造标准化引领农产品质量、效益、竞争力提升的发展典型和两个"三品一标"协同发展的示范样板。

（二）重点任务

1. 构建现代农业全产业链标准体系

以产品为主线，以强化全程质量控制、提升全要素生产率、促进融合发展为目标，聚焦产业链关键环节，开展标准梳理、比对分析和跟踪评价。按照"有标贯标、缺标补标、低标提标"的原则，加快产地环境、品种种质、投入品管控、产品加工、储运保鲜、包装标识、分等分级、品牌营销等方面标准的制修订，着力构建布局合理、指标科学、协调配套的现代农业

全产业链标准体系。

2. 提升基地按标生产能力

建立健全基地标准化制度体系和实施激励机制。支持基地开展生产、加工、储运、保鲜等环节设施设备标准化改造,改善标准化生产条件。推行绿色生产技术和生态循环模式,制定与技术模式相配套的标准综合体,编制简明易懂的模式图、明白纸和风险管控手册。建立标准化专家队伍,开展标准宣贯培训,推动标准规程"进企入户"。构建产加销一体的全链条生产经营模式,提升各环节数字化、标准化水平。

3. 加强产品质量安全监管

强化生产者主体责任,加强产地环境和投入品使用管理。建立生产记录制度,完善农事操作和种植、养殖用药记录档案,建立基地内检员队伍,落实自控自检要求,规范出具承诺达标合格证。推行质量追溯和信用管理,推动建立信息化质量控制体系。实施网格化管理,加强基地日常巡查检查,鼓励基地设立标牌,明示种养品种、地域范围、技术模式、责任主体等内容,推动质量安全情况公示上墙。

4. 打造绿色优质农产品精品

以绿色、有机、地理标志、良好农业规范等农产品为重点,培育绿色优质农产品精品。建立农产品营养品质指标体系,开展特征品质指标检测与评价,推动分等分级和包装标识。打造绿色优质农产品区域公用品牌、企业品牌和产品品牌,加强农批、商超、电商、餐饮、集采等单位与基地对接,培育专业化市场,建立健全优质优价机制。

5. 提升辐射带动作用和综合效益

支持基地采取"公司+合作社+农户"、订单农业等模式,通过统一品种、统一技术、统一管理带动区域标准化生产和产业升级。开展专业化、全程化生产技术服务,将小农户纳入标准化生产体系,建立利益联结机制,促进农民增收。依托产业化龙头企业,培育标准化领军主体,促进标准与产业、技术、品牌、服务深度融合,提升经济、社会和生态效益。

临海市西蓝花产业化联合体

1. 联合体基本情况

临海市西蓝花产业化联合体是以台州翼龙绿色农产品有限公司为主导,联合周边从事西蓝花产业的15家专业合作社、5家公司以及各种植大户组成的。牵头企业台州翼龙绿色农产品有限公司是省级农业骨干龙头企业,创建于2000年,主要从事蔬菜、水果的种植和加工及出口等业务,是一家集种植、加工、贸易于一体的股份制民营企业。

2. 经济运行情况

联合体成员自2015年开始采取制定章程、签订合同协议的形式,实行一体化经营,对接各类市场,建立了共享利益联结机制,注重产品质量和品牌创立,拥有良好的声誉和业绩,产品畅销欧美、韩国、东南亚及国内各大中城市,产品品质得到国内外消费者认可。联合体2020年资产总额达11 605万元,销售收入20 809.8万元,出口创汇1 000万元,盈利1 003万元。

3. 利益联结方式

联合体推行"公司＋基地＋合作社＋农户"的管理模式,利用承包、参股等多种形式与周边乡镇、农村建立联合协作机制;加强与菜农的有机连接,在穴盘苗供应、基地标准化生产、产品收购等方面为社员提供全方位服务,在多个省级农业、财政项目支持下,有效建立了育苗、种植、加工、销售一体化服务体系。

牵头企业承担浙江省种植业五大技术之一——蔬菜集约化育苗技术示范,建立标准化生产基地,合作社将签订的销售量分解到每个社员,在运作过程中先由公司根据当年市场需求量与合作社签订购销协议,协议规定合作社投售到公司的西蓝花比市场收购价高0.01元/只。采用订单农业,实行二次返利的运行机制,大大增强公司与合作社及社员之间的凝聚力和号召力,主体公司货源有保障,客户能稳定,市场能拓展,质量安全能放心。

资料来源:点赞!这个产业化联合体上榜第二批省级农业产业化联合体.临海市人民政府网站。

从本案例分析可以看出以下几点。

(1) 联合体由龙头企业、合作社、农户等组成,发挥各自的市场主体优势。该联合体中台州翼龙绿色农产品有限公司是龙头企业,15家专业合作社是承接龙头企业和农户的中介服务组织,种植大户负责西蓝花生产,其相互分工协作。

(2) 产业化联合体有共同的章程,通过章程协议,将龙头企业与众多西蓝花生产服务主体联结起来,构建合作联结机制。

(3) 台州翼龙绿色农产品有限公司通过推行"公司＋基地＋合作社＋农户"的管理模式,利用承包、参股等多种形式与周边乡镇、农村建立联合协作机制,建立稳定的合作渠道。

(4) 协议规定合作社投售到公司的西蓝花比市场收购价高0.01元/只,采用订单农业,实行二次返利的运行机制,从而保证农民从参与联合体中受益,实现利益共享。

【复习思考题】

1. 什么是农业产业化经营?
2. 什么是农业产业化联合体?
3. 农业产业化经营特征是什么?
4. 农业产业化经营类型有哪几类?
5. 简要分析农业产业化联合体特征。
6. 试论述农业产业化龙头企业与农户利益联结机制。

【即测即练】

第十一章

农业经济管理体制

本章学习目标

1. 理解农业经济管理体制的内涵。
2. 把握农业经济管理制度的概念。
3. 掌握农业经济管理体系的内容。
4. 理解发达国家农业经济管理体制的特点。
5. 把握农业电子政务的主要职能。

平湖市数字乡村建设

平湖市自2019年以来开展数字乡村建设,目前已基本构建了金平湖"1+1+N"数字乡村"大脑",即建立1个数字乡村大数据平台,打造1个数字农业经济开发区,开发"N"个特色业务应用,初步形成系统集成、共建共享、业务协同的数字乡村发展新格局,为农田数字化管理试点县建设打下良好基础。

平湖市将依托新仓镇面积5.3亩的农业设施用地和1000亩承包试验田进行未来数字化农田试点建设,建立集合粮食全产业链服务平台、高标准农机数字共享中心、农田管护监测中心、农事服务中心、人才强农中心和农业大数据中心的一平台五中心农田农事数字化高标准服务体系,实现全产业链服务闭环管理。依托粮食全产业链服务平台,使"耕、种、管、收、销"五个环节全部实现数字化管理。

"一平台五中心农田农事数字化高标准服务体系能够构建平湖市农田数字化生态系统,更加精准、高效地完成农田农事任务,实现高标准农田的无人化生产和智慧管理。"平湖市农业农村局相关负责人说。同时,该系统结合大数据处理方法,能够动态感知、智能决策,实现农业生态信息的智能监测、病虫害监测及早期预警、系统化管理农口生产资料,全程追溯农事生产活动,完善巡护人员的监督机制、防止农作物病虫害、提高农业资源效率。

资料来源:平湖市农田数字化管理成省级试点.平湖市人民政府网站.

本案例包含以下几个方面的农业经济学问题。

(1) 农业经济管理体系。其包括农业生产管理、农业生产资料流通管理等。

(2) 农业经济管理制度。农业经济管理制度,即农业经济管理的政策和法规。

(3) 农业经济管理体制改革。农业经济管理应适应农业发展方式转变,完善服务及管理体制。

第一节　农业经济管理体制的内涵

农业经济管理体制是指领导和管理农业经济的组织制度与方式,可以从以下三方面理解:第一,管理的客体,即农业经济管理体系,指农业经济管理的内容体系;第二,管理的依据,即农业经济管理制度,指农业经济管理的政策和法规;第三,管理的主体,即农业经济管理机构。

一、农业经济管理体系

农业经济管理体系主要包括如下方面。

(1) 农业生产管理。这一管理任务随着市场化进程,主要由农业生产者(农业企业和农户)承担。我国农业生产主要是小规模的家庭生产,政府不可能也没有必要直接管理农业生产。政府在生产领域的管理职能主要是提供生产信息、进行技术指导等。

(2) 农业生产资料流通管理。农业生产资料的生产和供给,要比农业生产易于调控,因为前者的经营单位相对较少,其经营对价格和税收等经济杠杆的反应也较敏感。但随着中国加入WTO(世界贸易组织),对农业生产资料的补贴和干预由于属于"黄箱"政策而日益受到限制。

(3) 农产品流通管理。根据市场规律,运用市场手段包括价格、税收等,积极而有序地组织和管理农产品流通,促进农产品市场发育和完善。这是政府在市场经济体制下对农业发展所应承担的重要调控职责。

(4) 农业投入总量、分配和使用的管理。中央及地方政府财政投资,是农业调控的重要手段之一,在市场经济条件下,中央和地方财政投资的作用更加重要,国家信贷和税收政策对农业投入水平和结构的变化也有十分重要的作用,而且作用会随着市场化进程越来越大。

(5) 发展农业科学技术研究和农业教育。对科研和教育的发展制订合理的规划、计划,并组织人力、资金等充实农业科研和教育机构。

(6) 农业自然资源和环境的保护。这是市场经济体制下政府在农业方面所担负的又一主要管理职责,为此,《中华人民共和国农业法》规定:"县级以上人民政府应当制定农业资源区划或者农业资源合理利用和保护的区划,建立农业资源监测制度。"中央和地方政府不仅应在政策方面加强此方面的管理,更应在财力上予以保障。

二、农业经济管理制度

农业经济管理制度的目的在于约束各级政府、各类农业企业、农户及其他涉农单位的涉农行为,最终实现农业和农业经济的持续、高效、快速、协调发展。在农业经济管理制度中,法律是第一层次的。就目前而言,《中华人民共和国农业法》是农业的综合性法规,其他涉农法规还有《中华人民共和国土地管理法》《中华人民共和国水法》等。

农业经济政策与农业管理法规相比,具有时效性较强、针对性较强、强制性较弱的特点。换句话说,政策是由政府制定的,针对当前亟待解决的现实问题提出解决措施,使其易于调整和变化。农业经济政策是农业法规制定的基础和补充,也是农业法规具体实施的主要手段。

随着我国对外开放步伐的加快,特别是 2001 年 12 月加入 WTO 以来,除了国内的政策法规以外,还必须遵守 WTO 的有关协议和规则(特别是农业协议),履行我国在入世时的承诺。具体来讲,WTO 协议和我国入世承诺主要包括三方面,即市场准入、国内支持和出口补贴。

三、农业经济管理机构

农业经济管理机构是贯彻实施农业法规、制定和实施农业经济政策的政府职能部门。农业经济管理机构的设置,应根据市场经济体制下政府在农业方面所负担的管理职能,本着高效、精简、务实、廉洁的原则进行。

通过 2018 年和 2023 年两轮国务院机构改革,中央一级的主要农业经济管理机构是农业农村部,其他涉农机构还有银行、水利、市场监督管理、土地管理等部门。农业农村部负责组织农业生产、管理农业投资、制定和实施农业政策、促进农村科技进步和管理资金等方面;自然资源部对山水林田湖等自然资源开发利用和保护进行监管;生态环境部负责制定并组织实施生态环境政策、规划和标准及生态环境执法工作;国家林业和草原局负责监督管理森林、草原、湿地、荒漠和陆生野生动植物资源开发利用和保护;国家粮食和物资储备局组织实施国家粮棉等物资的收储、轮换、管理;水利部负责农业农田用水管理;商务部负责粮棉等主要农产品和农用生产资料的国内流通与国际贸易;国家市场监督管理总局负责市场监管、食品安全、农业经营主体工商登记等;国家政策性银行和其他金融机构,如中国农业发展银行、中国农业银行、国家开发银行、农村信用社等,负责农业信贷政策的制定、农业信贷规模和结构的审定、农业贷款的发放等。其他涉农部门还有科学技术部、文化和旅游部、财政部等。

第二节 我国农业经济管理体制的发展历程

改革开放以前,我国实行的是高度集中的以指令性计划为标志的计划经济管理体制。1982 年,党的十二大提出"计划经济为主、市场调节为辅"的方针之后,市场调节及其管理开始纳入经济管理体制,作为计划经济管理体制的一个补充。1984 年确立了发展社会主义有计划商品经济的目标,商品经济作为市场经济的初级形态开始为社会及决策层所接受,市场作用开始增强。1992 年明确提出了中国经济体制改革的目标是建立社会主义市场经济体制,因此建立市场经济管理体制成了当务之急。2001 年 12 月,我国加入 WTO,我国经济和外贸体制改革的步伐不断加快,农业经济管理体制改革不断推进,特别是 2018 年和 2023 年国家深化机构和行政体制改革,农业经济管理体制日臻完善。

农业经济管理体制的改革也是一个不断深化的过程,我国农业经济管理体制的改革过程可以分为四个阶段:人民公社管理体制阶段,计划与市场并行阶段,市场化改革阶段和构建系统完备、科学规范、运行高效的农业经济管理体制阶段。

一、人民公社管理体制阶段（1956—1978年）

中华人民共和国成立以来，我国实行了全面的社会主义改造，从1956年社会主义改造基本完成到1978年党的十一届三中全会这一相当长的历史时期，我国社会主义农业经济管理体制主要表现在人民公社管理体制上。

在人民公社体制下，经济形式为人民公社集体所有，经营方式为集体统一经营，分配方式为通过"工分制"进行分配。简单来讲，人民公社是一种政企合一、"三级所有，队为基础"的高度集中统一的管理体制。人民公社管理体制的主要特点可概括为以下两个方面。

（1）组织规模大，生产资料公有化程度高，即"一大二公"。所谓"大"就是人多、生产规模大，可以几千户、上万户乃至几万户，各种事业大，可以综合经营、统一管理，包括农林牧副渔、工农商学兵，而且，大了才好做计划。所谓"公"就是公有化程度高，比合作社更具有社会主义性质，而且生活管理和服务也公有化，如托儿所、食堂、敬老院等。

（2）实行政社合一体制。公社既是农村的基层单位、经济组织，又是政权组织；既管理生产建设，又管理财政、粮食、贸易、民政、文教卫生、治安、民兵和调解民事纠纷及其他基层行政任务；实行工农商学兵相结合，成为政治、经济、文化、军事等的统一体。这种体制把集体经济组织当作国家基层政权的附属品，使集体经济完全失去了自主权和独立性。

人民公社化运动作为一场空前广泛而深刻的社会变革，给农村社会经济和政治生活领域的各个方面，乃至农民个人的生产、生活方式都带来了巨大而深远的影响。

二、计划与市场并行阶段（1978—1992年）

1978年党的十一届三中全会召开以后，家庭的历史地位被重新肯定，成为相对独立的生产经营单位和分配单位，以家庭承包经营为基础、统分结合的双层经营体制成为我国农业的基本经营制度。

这一时期农业经济管理体制发生了根本性的变化，农民生产经营自主权得到尊重，但在农产品流通，特别是粮食流通领域，实行高度的计划经济管理体制，实行统购统销。国营粮食企业是粮食流通的主渠道，农民要按照国家统购任务完成相应指标，余下的粮食才可以自己经营。1985年，党中央、国务院决定取消粮食统购，实行合同定购。此后，国家数次调整粮食合同定购任务，逐步缩小计划调节范围，扩大市场调节范围。

这一阶段，农业经济管理机构和管理方式都是按照计划经济模式设置的，计划管理部门在农业生产、流通、经营中发挥着主导作用，农业经济管理机构重复设置，实行条块分割，地方按照中央管理机构对口设置，效率低下。

三、市场化改革阶段（1992—2018年）

自1992年我国提出建立社会主义市场经济体制的决定后，农业经济管理体制又产生了较大的变化，改革的力度不断加大。特别是我国加入WTO后，农业经济管理体制的改革不断深化。但这一阶段改革的总体趋势是市场化，包括：农业生产经营主体的不断多元化，各种个体、私营、集体、合资、独资、合作企业不断进入农业生产和流通领域，经济形式呈现多元化。企业生产经营自主权不断扩大,市场体系不断完善。

2002年以来,我国政府的农业经济管理体制在市场化改革的同时,也逐渐开始与国际接轨,这也是我国加入WTO的客观需要。这一阶段农业经济管理体制的主要内容:①政府职能的转变,最典型的是我国改革了实行多年的行政审批制度,由直接管理、行政干预转向间接管理、提供服务;②按照WTO规则的要求,我国取消了很多不符合WTO规则的法律和法规;③入世以来,我国各级政府加强了对政府管理人员的培训,特别是有关WTO规则、协议的学习,以提高管理人员的综合素质。

在市场化改革阶段,我国农业经济管理体制经历了数次演变,包括:1998年、2003年、2008年、2013年政府机构改革,促进了农业经济管理体制的变革,突出了市场在资源配置中的作用;转变政府职能,实行了管理机构重组,逐步从微观管理向宏观管理转变,行政审批等一些非市场性的措施不断被取消。一些地区探索农业相关部门职能合并,建立一体化管理机构,取得了明显进展。

四、构建系统完备、科学规范、运行高效的农业经济管理体制阶段（2018年至今）

2018年第十三届全国人大一次会议审议通过了《国务院机构改革方案》。此次改革与以前改革相比较,是管理体制改革的重大突破和进展。

农业经济管理体制在整个改革框架中格外引人注目,组建生态环境部、自然资源部、农业农村部等都与农业经济管理体制改革密切相关,或者说农业经济管理体制改革扮演着重要角色。农业承载着环境系统修复的重任,农业农村是自然资源管理的主要对象,农业农村是实现强国梦的关键所在。

此次改革的主要目标就是构建系统完备、科学规范、运行高效的农业经济管理体制,主要包括:转变职能,简政放权,从农业经济微观管理转向宏观管理,将管理权力逐级下放;优化机构配置,提高运行效率,坚持"放管服"指导思想;理顺中央和地方之间的关系,增强地方治理能力,构建符合地方实际和特色的农业经济管理体系;完善制度,依法行政,逐步建立健全各类法规体系,提高农业经济管理部门决策能力。

2023年党的二十届二中全会通过了《党和国家机构改革方案》,此次改革的目标是优化政府职责体系和组织结构,推进机构、职能、权限、程序、责任法定化;在机构设置上更加科学、在职能配置上更加优化、在体制机制上更加完善、在运行管理上更加高效。优化农业农村部职责是重点改革内容之一,要求进一步顺关系,强化农业农村部职能,统一协调组织农业强国建设,整体推动农业全面升级、农村全面进步、农民全面发展。

第三节 发达国家农业经济管理体制的特点

各个国家政治制度不同,经济结构和经济发展水平不同,在农业管理体制上也会有一定差异。但各市场经济国家农业管理体制设置和改革,都具有两个共同的特点:一是力求适应市场发展的需要,二是适应农业生产的特点。市场经济的发展有其自身的规律,农业发展又有其特性,因此,尽管各个国家有不同的特点,但市场经济比较成熟的国家在建立和完善农业管理体制上还是有一些共同的经验和做法,如健全的法制、一体化的管理、完善的服务体系、统一的宏观调控、与半官方机构和非官方机构的协作等。研究和总结这些做法,对进一步改革和完善我国农业经济管理体制具有重要意义。

一、健全的法制

对农业进行法制化管理是发达国家通用的做法。很多国家农业管理机构甚至一些服务性的农业机构的设立、职能、运作机制都是由法律规定的,国家的基本农业政策也通过法律法规的形式来实现。

在过去100多年里,美国国会通过了大量有关农业的法律,形成了比较完整的指导农业和农村发展的法律体系。美国国会的农业立法是辩论和反复磋商的过程,是各种利益集团互相让步的过程。立法是政府制定农业政策、实施农业计划的基础,后者必须以法律为依据。各项农业法律不仅规定了政府对农业政策的基本取向,而且规定了政府干预经济发展的基本权限,政府行为只能限定在法律规定的范围之内。除一般的政府机构机制、职能、政府政策由法律规定外,一些具有公共服务性质机构的设置等也由法律规定。

日本政府根据农业发展各个时期的需要,通过经济立法把各种政策、目标和经济措施法律化。其制定的法律既有延续性,必要时又能及时进行修改。日本的立法涉及广泛,如持续了半个世纪的《粮食管理法》就是第二次世界大战后日本农政标志的重要法律。1994年,为了适应乌拉圭回合后国际农业市场的变化,日本通过了《新粮食法》。另外,日本《农地法》《土地改良法》《农业改良促进法》《农业机械化促进法》《种子法》《批发市场法》等,都为日本农业的发展作出了贡献。《农业基本法》是日本实现农业现代化的重要法律之一。

二、一体化的管理

主要市场经济国家都对农业进行一体化的管理。在农业生产资料的管理,农业生产的指导,农产品的加工、营销与贸易以及食品的安全和检验等方面,都有统一的部门进行综合管理,也就是对从"田间到餐桌"的整个过程进行一体化的管理。

(一)美国农业经济管理部门的职能

美国农业部是联邦政府内阁13个部之一,是重要的经济管理部门。美国政府对农业的宏观调控以及提高农业劳动生产率、改善资源保护等政策的实施都由美国农业部具体执行。在美国,除了美国领海内的捕捞活动、发布气象情报等由商务部负责,陆地和水资源计划以及水利资源的调查研究由内政部负责外,其他与农业生产、农产品流通、消费有关的活动基本上都由农业部负责。

美国农业部设有18个部门,负责不同的农业农村服务职能,其中重要的部门包括:农场服务局,通过全国办公网络,负责实施农业政策,管理信贷,运作环保、商品、灾害和农场营销项目;农业营销服务局负责农产品在国内外市场的战略营销,确保公平贸易和促进有竞争力的市场;风险管理局(RMA)帮助农民确保有必要的金融工具管理农业风险,通过联邦作物保险公司提供保险覆盖;自然资源保护局,以合作努力方式发挥领导作用,帮助人们保护、维持、改善自然资源和环境；农村发展局通过提供联邦援助，提高生活质量，促进农村地区发展，特别是农民合作社归属于该部门管理；农业研究服务局是农业部的主要研究机构，通过农业研究和信息引导美国面向更好的未来；动植物健康检测服务局负责动植物健康和护理，服务于公共健康，提高农业生产率和竞争力。

（二）日本农林水产省的主要职能

日本农业管理机构是日本农林水产省，它是依据日本国家行政组织法和农林水产省设置法建立的。日本农林水产省设有：隶属于部长的办公厅，负责政策法规、财政预算、机构编制等；隶属于副部长的新事业·食品产业部、统计部，新事业·食品产业部负责食品流通、食品制造、外食、饮食文化等，统计部负责经营·构造统计、普查统计、生产流通消费统计等；消费·安全局、出口·国际局、农产局、畜产局、经营局和农村振兴局，负责食品安全政策、产品出口、农畜产品生产、农业骨干培育、地域振兴、合作社、农地政策等；农林水产技术会议、林野厅、水产厅，负责技术研究、产学合作、木材生产贸易、森林保护、水产经营、渔政管理等。此外，日本农林水产省还设有东北农政局、关东农政局、北陆农政局、东海农政局、近畿农政局、中国四国农政局、九州农政局、北海道农政局。

从机构设置可以看出，日本农林水产省对农业的产供销实行一体化管理，全面负责农产品的生产、流通、加工、进出口以及农业生产资料的供应。另外，在执行这些职能时，有相应的法律、经济、行政等多种手段，保障政府对农业的有效管理和调控。

三、完善的服务体系

向农业生产者提供服务是各国政府农业管理的重要内容。政府农业服务的内容是多方面的，从发达国家的情况看，主要体现为科技服务、信息服务以及开拓市场方面的服务。

美国政府一直把农业教育、研究和技术推广作为自己重要的职责，形成了极有特色的"三位一体"的体系。这个体系有以下三个特点。

（1）由州农学院同时承担教育、研究和推广三项任务，使三者结合在一起，互相促进，并切实为农业生产服务。

（2）每年的研究推广计划由基层向上申请，推广站提供的服务应尽量满足农业生产的需要。

（3）推广经费由联邦、州和县共同负担。美国农业科学研究的经费充足，它主要来自公共和私人（公司）两大系统，二者互相补充。公共经费主要支持基础研究和应用研究，企业或私人的经费主要支持新产品开发和应用研究。

为确保农业生产者、消费者和贸易商获得及时、可靠的农产品市场信息，美国政府通过立法授权形式，将农产品市场信息收集、发布工作纳入美国农业部的政府职能。基于《1946年农产品运销法案》，美国政府制订了市场信息计划，确定美国农业部农产品营销服务局（Agricultural Marketing Service，AMS）为市场信息项目执行机构，负责收集和发布农产品市场信息。美国农产品市场信息工作，采用的是从上至下贯穿到底的运行机制，即将市场信息收集、发布的整个过程及人员都纳入农业部统一管理。

农产品供大于求是长期以来很多国家共同面临的问题，因此，各国都将农产品市场服务和市场开拓作为农业管理部门的重要职能。美国农业部设有专门负责市场营销和产品检验检疫的部门,对农产品的市场流通进行管理和服务。为扩大国内市场农产品需求,美国政府尝试过许多计划。美国农业部还在一些重要农产品进口国派驻代表,负责农产品的推销。美国政府还扶持建立不同产品的行业团体、协会,开发国际市场。美国农业部与有关行业协会在农产品市场开拓中有着积极的合作,并提供财政援助。

四、统一的宏观调控

发达市场经济国家主要依靠市场力量对农业资源进行配置,但政府的宏观调控也发挥着十分重要的作用。宏观调控的目标主要是,保持农产品供求总量的相对平衡,保护农民的利益。

美国农业在国民经济中所占的份额较低,但政府仍然重视农业的基础地位,对农业采取了有力的价格保护和收入支持政策。美国农业的宏观调控有四个特点:一是设有专司政府调控职能、从属于农业部的机构(商品信贷公司),并建立了巨大而灵活的联邦储备体系。农场主可将尚未收获的农产品做抵押,从政府的商品信贷公司取得一笔维持农业正常生产的贷款,当市场价格高于目标价格时,农场主可按市价出售农产品,用现款还本付息;如市场价格低于目标价格,农场主可把农产品交给商品信贷公司,政府按目标价格与市场价格之差给予差额补贴。美国的农产品商品信贷政策实际上是一种农产品的保护价收购政策。二是农业保险成为美国农业部管理风险的重要手段。联邦作物保险计划是由联邦作物保险法案授权,根据美国农业部经济研究局的数据,2018年美国农业法案支出的 9% 为农业保险项目。美国联邦农作物保险法案规定,美国农业保险由美国农业部的风险管理局和联邦农作物保险公司(两者为一套人马两块牌子)负责。保险政策通过 16 个私人保险公司来实施,主要作物基本都纳入保险,畜牧业也纳入保险范围。保险主要分为两类,以产量为基础或以收入为基础,按照产量损失或收入损失来赔付农民。三是立法支持。通过农业法案,确保有充足的财政资金来源,联邦政府用于农业支持的经费每年都有数百亿美元。2018 年,美国实行农业新法案,新法案全称为《2018 年农业提升法案》,有效期 2019—2023 年,预计 5 年间支出 3 870 亿美元。其补贴项目包括商品计划(对产品的补贴)、生态环保、贸易(出口补贴)、营养计划(食品消费补贴)、农业信贷、农村发展、科研和推广、造林与森林管理、能源、杂项和其他条款等。四是政府实行农场主"自愿"的农业计划,并用价格、信贷、补贴等手段予以有力的配合。

欧盟对农业实行统一的政策和管理。20 世纪 60 年代,随着农业共同市场的建立,许多重要领域里的农业政策转由欧盟负责制定,包括市场与价格政策、外贸政策及结构政策,各成员国必须遵守,以提高农业生产率、改善农民收入、稳定市场以及保证向消费者提供价廉物美的食物。欧盟对农业的宏观调控政策主要是通过以下几个方面:一是对份额内农产品实行价格补贴政策。如对牛奶,欧盟制定了一个固定的价格,当奶价低于这个价格时,由欧盟以保护价予以收购。按保护价收购给予补贴的还有甜菜、牛肉和部分粮食。目前,欧盟正逐渐降低价格支持补贴,转而向农民提供直接补贴,从而减少政府对农业的干预和保护,充分发挥市场机制作用。其补贴方式进一步向与面积和当期产量脱钩的直接支付转变,将直接支付与环境、食品安全、农业条件等挂钩。二是通过分配生产指标,控制重要农产品的年度产量。这是欧盟为减轻价格补贴负担制定的一项政策。三是耕地休闲政策。欧盟对配额内的粮油生产有价格补贴,为限制总产,欧盟承诺种粮油的农场主只要闲置一定比例的土地,就可以按面积获得补贴。四是市场准入政策。欧盟区内国家生产的农产品,都必须经过严格的产品检验、检疫,符合欧盟制定的安全标准才能进入市场。这一措施不仅规范了农场主的行为,而且保证了产品质量,从而也保住了他们的产品在市场上的占有量。五是绿色直接支付。欧盟共同农业政策(CAP)(2014—2020年)将绿色直接支付比例提高到30%。农民如果为保护自然环境、生物多样性做贡献,以可持续的方式从事农业生产活动,可以得到绿色补偿支付。

五、半官方机构和非官方机构的作用

发达市场经济国家除了政府对农业进行直接的管理和干预以外,还十分注重在农业管理中发挥半官方机构、非官方机构等机构的作用。这些机构不仅可以在政府与农民之间发挥桥梁纽带作用,促进政府与农民的沟通和联系,从而使政府的管理更加切合实际、更加符合农民的要求,同时还可以使政府的管理调控更快、更直接地传达到实践中,并大大减少政府管理和调控的成本。

日本农协虽然是农民的合作组织,但具有很强的官方色彩,在农业管理中具有举足轻重的作用。日本几乎所有的农户都是农协的会员。日本农协包括全国农协、地方(都、道、府、县)农协和基层农协三级组织。按照1997年日本农协大会决议,改基层—县—中央的三段组织体系为基层—中央的二段组织体系。基层农协因经营与农业生产有关的农产品收购、生产及生活资料供应、信用保险、农业生产指导、医疗福利等业务,所以也称作综合农协。全国农协包括农协中央会和不同业务的全国联合会,如管理农产品及农业生产、生活资料销售业务的全国农业协同组合联合会(简称"全农")、管理农协成员储蓄和信贷工作的"农林中央金库"(简称"农林中金")、经营农协成员保险业务的全国保险农业协同组合联合会(简称"全共济联")以及全国卫生保健农业协同组合联合会(简称"全厚生联")。日本农协具有比较完整的体系,渗透到与农业有关的各个领域,在农村建设与社区发展、农业技术推广、生产资料供应、农产品流通、农民生活服务等方面发挥了重要作用,日本政府的很多农业政策都通过日本农协来贯彻实施。

半官方机构和非官方机构在欧洲农业管理中也发挥重要作用。例如在德国,农场主自治组织——农场主联合会就在各级议会里有代表和机构,是政府与农场主对话的桥梁。其主要职能是:代表农场主的利益,在欧盟、全德及各州多个层面上影响政府对农业政策及法律法规的制定,必要时还可以组织农场主上街游行,反对欧盟的不利政策;帮助农场主组织农产品销售;举办各种展销会,扩大影响,在消费者中树立良好形象;向农场主提供各项专业咨询服务,包括组织会员间的服务和咨询等。德国的4个州还有农业管理协会,这是半官方、半自治的农业管理服务机构。农业管理协会会长受州农业厅和协会主席双重领导。农业管理协会的主要职能:一是负责协调、审批欧盟对德国农场主主要农产品配额的分配与申请;二是监督执行环保、植物分类以及药品、食品、饲料的安全使用;三是对农药、种子、牛奶质量进行检测;四是推广新品种。

第四节 我国现行农业经济管理体制改革

一、农业经济管理体制改革的目标和要求

农业经济管理体制是国民经济管理体系的重要组成部分,农业经济管理体制涉及农业、农村、农民问题,关系错综复杂,尤其是受传统计划经济影响,管理机构和部门职能还没有真正理顺,改革任务艰巨。改革农业经济管理体制,要认真贯彻党的二十大和十九大精神,从乡村振兴战略视角出发,按照提高治理能力和治理水平的思路,转变政府职能,优化机构配置和职能配置,提高农业管理部门效能,真正为农业、农村、农民提供全面、优质、高效的服务,建设人民满意的服务型农业经济管理体制。

按照党的二十届二中全会和十九届三中全会要求,农业经济管理体制改革的目标和要求主要包括如下几点。

(1) 转变职能,简政放权。建立服务型农业经济管理体制,就是要让市场在资源配置中发挥决定作用,从农业经济微观管理转向宏观管理,将管理权力逐级下放,全面推进行政审批标准化,简化手续和程序,完善政府的权责清单,完善办事的流程,大幅降低制度性的交易成本。加强事中、事后监管,加强行业自律管理,营造公平、透明、可预期的经营环境。

(2) 优化机构配置,提高运行效率。改革传统农业经济管理体制的弊端,按照内在经济规律和自然规律的要求,按照行业性管理的原则,构建起职责明确、依法行政的农业经济管理机构,确立相应的管理职能。坚持"放管服"指导思想,优化机构配置,提高政府执行力,将多部门管理改为单一部门管理,实现一颗印章管审批,进一步清理规范各类许可中介服务等管理事项,提高运行效率。把"最多跑一次"改革的理念、方法、作风体现到各重要领域和关键环节的改革中去。

(3) 理顺中央和地方之间的关系,增强地方治理能力。完善农业经济管理的运行机制,合理划分中央和地方各级政府农业管理部门的职能、权力和管理范畴,充分发挥中央和地方各级农业管理部门的积极性,摆脱中央和地方千篇一律式的农业经济管理体制,真正做到因地制宜,根据实际需要设置相应机构,体现各地差别和特色,不搞"一刀切",不搞一个模式,构建符合地方实际和特色的农业经济管理体系,提高地方农业经济管理部门的治理能力和治理效率。

(4) 完善制度,依法行政。要依照党和国家机构法规制度,合理确定农业经济管理机构编制,依法设立和管理各类农业经济管理机构。加强法制建设,逐步建立健全各类法规体系,特别是农业经济领域相关的重要法律,如《中华人民共和国农业法》《农村土地承包法》《中华人民共和国农民专业合作社法》《中华人民共和国水法》等,做到依法行政、依法管理。同时,政策的制定、实施逐步转向制度化、法规化,降低政策的随意性和人为性,从而转变管理职能和服务方式,减少政府农业行政性管理事务,把更多精力用于制度建设和监督法规的实施,提高农业经济管理部门决策能力,提高政府公信力。

二、农业经济管理机构改革主要内容

2018年,党的十九届三中全会审议通过了《深化党和国家机构改革方案》(以下简称

《方案》),其中农业经济管理体制改革是关注的热点之一,多个重要机构的改革都与农业、农村和农民密切相关,可以说是有史以来力度最大的一次改革,对促进"三农"问题的解决和农业农村发展产生深远的影响。涉及农业经济管理体制改革的内容主要有以下几个方面。

(1) 组建自然资源部。为统一行使全民所有自然资源资产所有者职责,统一行使所有国土空间用途管制和生态保护修复职责,着力解决自然资源所有者不到位、空间规划重叠等问题,实现山水林田湖草整体保护、系统修复、综合治理,《方案》提出,将国土资源部的职责,国家发展和改革委员会的组织编制主体功能区规划职责,住房和城乡建设部的城乡规划管理职责,水利部的水资源调查和确权登记管理职责,农业部的草原资源调查和确权登记管理职责,国家林业局的森林、湿地等资源调查和确权登记管理职责,国家海洋局的职责,国家测绘地理信息局的职责整合,组建自然资源部,作为国务院组成部门。自然资源部对外保留国家海洋局牌子。其主要职责是,对自然资源开发利用和保护进行监管,建立空间规划体系并监督实施,履行全民所有各类自然资源资产所有者职责,统一调查和确权登记,建立自然资源有偿使用制度,负责测绘和地质勘查行业管理等。

不再保留国土资源部、国家海洋局、国家测绘地理信息局。

(2) 组建生态环境部。保护环境是我国的基本国策。为整合分散的生态环境保护职责,统一行使生态和城乡各类污染排放监管与行政执法职责,加强环境污染治理,保障国家生态安全,建设美丽中国,《方案》提出,将环境保护部的职责,国家发展和改革委员会的应对气候变化和减排职责,国土资源部的监督防止地下水污染职责,水利部的编制水功能区划、排污口设置管理、流域水环境保护职责,农业部的监督指导农业面源污染治理职责,国家海洋局的海洋环境保护职责,国务院南水北调工程建设委员会办公室的南水北调工程项目区环境保护职责整合,组建生态环境部,作为国务院组成部门。生态环境部对外保留国家核安全局牌子。其主要职责是,拟订并组织实施生态环境政策、规划和标准,统一负责生态环境监测和执法工作,监督管理污染防治、核与辐射安全,组织开展中央环境保护督察等。

不再保留环境保护部。

(3) 组建农业农村部。农业农村农民问题是关系国计民生的根本性问题。为坚持农业农村优先发展,统筹实施乡村振兴战略,推动农业全面升级、农村全面进步、农民全面发展,加快实现农业农村现代化,《方案》提出,将农业部的职责,以及国家发展和改革委员会、财政部、国土资源部、水利部的有关农业投资项目管理职责,中央农村工作领导小组办公室农村、农业经济工作领域重大问题决策职责整合,组建农业农村部,作为国务院组成部门。其主要职责是,统筹研究和组织实施"三农"工作战略、规划和政策,监督管理种植业、畜牧业、渔业、农垦、农业机械化、农产品质量安全,负责农业投资管理等。

不再保留农业部,将农业部的渔船检验和监督管理职责划入交通运输部。

(4) 组建国家林业和草原局。为加大生态系统保护力度,统筹森林、草原、湿地监督管理,加快建立以国家公园为主体的自然保护地体系,保障国家生态安全,《方案》提出,将国家林业局的职责,农业部的草原监督管理职责,以及国土资源部、住房和城乡建设部、水利部、农业部、国家海洋局等部门的自然保护区、风景名胜区、自然遗产、地质公园等管理职责整合,组建国家林业和草原局,由自然资源部管理。国家林业和草原局加挂国家公园管理局牌子。其主要职责是,监督管理森林、草原、湿地、荒漠和陆生野生动植物资源开发利用与保护,组织生态保护和修复,开展造林绿化工作,管理国家公园等各类自然保护地等。

不再保留国家林业局。

(5) 组建国家粮食和物资储备局。为加强国家储备的统筹规划,构建统一的国家物资储备体系,强化中央储备粮棉的监督管理,提升国家储备应对突发事件的能力,《方案》提出,将国家粮食局的职责,国家发展和改革委员会的组织实施国家战略物资收储、轮换与管理,管理国家粮食、棉花和食糖储备等职责,以及民政部、商务部、国家能源局等部门的组织实施战略和应急储备物资收储、轮换和日常管理职责整合,组建国家粮食和物资储备局,由国家发展和改革委员会管理。其主要职责是,根据国家储备总体发展规划和品种目录,组织实施国家战略和应急储备物资的收储、轮换、管理,统一负责储备基础设施的建设与管理,对管理的政府储备、企业储备以及储备政策落实情况进行监督检查,负责粮食流通行业管理和中央储备粮棉行政管理等。

不再保留国家粮食局。

(6) 组建国家市场监督管理总局。改革市场监管体系,实行统一的市场监管,是建立统一开放、竞争有序的现代市场体系的关键环节。为完善市场监管体制,推动实施质量强国战略,营造诚实守信、公平竞争的市场环境,进一步推进市场监管综合执法、加强产品质量安全监管,让人民群众买得放心、用得放心、吃得放心,《方案》提出,将国家工商行政管理总局的职责,国家质量监督检验检疫总局的职责,国家食品药品监督管理总局的职责,国家发展和改革委员会的价格监督检查与反垄断执法职责,商务部的经营者集中反垄断执法以及国务院反垄断委员会办公室等职责整合,组建国家市场监督管理总局,作为国务院直属机构。其主要职责是,负责市场综合监督管理,统一登记市场主体并建立信息公示和共享机制,组织市场监管综合执法工作,承担反垄断统一执法,规范和维护市场秩序,组织实施质量强国战略,负责工业产品质量安全、食品安全、特种设备安全监管,统一管理计量标准、检验检测、认证认可工作等。

考虑到药品监管的特殊性,单独组建国家药品监督管理局,由国家市场监督管理总局管理。市场监管实行分级管理,药品监管机构只设到省一级,药品经营销售等行为的监管,由市、县市场监管部门统一承担。

将国家质量监督检验检疫总局的出入境检验检疫管理职责和队伍划入海关总署。保留国务院食品安全委员会、国务院反垄断委员会,具体工作由国家市场监督管理总局承担。国家认证认可监督管理委员会、国家标准化管理委员会职责划入国家市场监督管理总局,对外保留牌子。

不再保留国家工商行政管理总局、国家质量监督检验检疫总局、国家食品药品监督管理总局。

2023年,党的二十届二中全会通过了《党和国家机构改革方案》,重点内容之一是优化农业农村部职责,具体包括:

（1）国家乡村振兴局职责划入农业农村部。把国家乡村振兴局的牵头开展防止返贫监测和帮扶，组织拟订乡村振兴重点帮扶县和重点地区帮扶政策，组织开展东西部协作、对口支援、社会帮扶，研究提出中央财政衔接推进乡村振兴相关资金分配建议方案并指导、监督资金使用，推动乡村帮扶产业发展，推动农村社会事业和公共服务发展等职责划入农业农村部，在农业农村部加挂国家乡村振兴局牌子，不再保留单设的国家乡村振兴局。

（2）将科学技术部组织拟订科技促进农业农村发展规划和政策、指导农村科技进步职责划入农业农村部。

三、农业经济管理机构改革的主要变化

我们可以通过表11.1清晰地看到农业经济管理机构改革的主要变化。

表11.1 农业经济管理机构改革的主要变化

组建自然资源部（对外保留国家海洋局牌子）	
整合相关部委部分职责	不再保留相关部委
国土资源部 国家发展和改革委员会 住房和城乡建设部 水利部 农业部 国家林业局 国家海洋局 国家测绘地理信息局	国土资源部 国家海洋局 国家测绘地理信息局
组建生态环境部	
整合相关部委部分职责	不再保留相关部委
环境保护部 国家发展和改革委员会 国土资源部 水利部 农业部 国家海洋局 国务院南水北调工程建设委员会办公室	环境保护部
组建和优化农业农村部	
整合相关部委部分职责	不再保留相关部委
农业部 国家发展和改革委员会 财政部 国土资源部 水利部 中央农村工作领导小组办公室 科学技术部	农业部 中央农村工作领导小组办公室 国家乡村振兴局

续表

组建国家林业和草原局(隶属自然资源部)	
整合相关部委部分职责	不再保留相关部委
国家林业局 农业部 国土资源部 住房和城乡建设部 水利部 国家海洋局	国家林业局

组建国家粮食和物资储备局(隶属国家发展和改革委员会)	
整合相关部委部分职责	不再保留相关部委
国家粮食局 国家发展和改革委员会 民政部 商务部 国家能源局	国家粮食局

组建国家市场监督管理总局	
整合相关部委部分职责	不再保留相关部委
国家工商行政管理总局 国家质量监督检验检疫总局 国家食品药品监督管理总局 国家发展和改革委员会 商务部 国务院反垄断委员会办公室	国家工商行政管理总局 国家质量监督检验检疫总局 国家食品药品监督管理总局

四、农业经济管理体制改革的特点

(1) 突出生态环境保护。组建生态环境部,从传统的环境保护向生态环境保护转变,这是质的飞跃。而在保护生态环境方面,农业部门发挥着重要的作用,农业经济管理体制必然发生根本性的变化。农产品生产过程中大量化肥、农药的使用,畜牧养殖业排泄物的处理,有害物种的侵入,水资源的开发利用,沙漠化防治,生活垃圾处理等方面,都与农业部门密切相关,是农业经济管理方面要注重解决的问题。农业经济管理体制要向无污染、生态化方向转变,突出人与自然的和谐发展,妥善处理好农业生产、农民生活与环境之间的关系,特别是产业发展与美丽乡村建设之间的关系,使乡村成为生态宜居、休闲旅游和创业发展的向往之地。

(2) 突出资源保护利用。组建自然资源部,突出国土空间内自然资源的重要性,体现"山水林田湖"是一个生命共同体的重要原则,对各类规划进行统筹,对各类资源确权管理,强调自然资源的宝贵性,坚持自然资源保护与开发利用相结合,建立自然资源有偿利用制度。农业部门是自然资源保护和利用的重点部门,关系到国计民生和社会的稳定,关系到生态系统的修复和综合治理,涉及农田开发利用、草原合理利用、水资源开发利用、农业生产废弃物的开发利用等,农业经济管理体制要适应这一发展理念的转变,确立自然资源保护和合理开发利用的有效方式,最大限度地保护自然资源,提高自然资源的利用效率,推进农业资源可持续开发利用。

(3) 突出协调统一管理。从农业经济管理体制改革来看,为了提高行政效率、避免多部门重复管理,将多个部门的管理权力集中统一到一个部门,实现一颗印章审批,可大大减少农业行政管理环节。从生态环境部和自然资源部来看,将七八个部门的相关职能进行整合,从而减少管理机构交叉和重叠,可提高农业经济管理机构效能。组建和优化农业农村部,将农业和农村有机结合起来,将多个相关部门农业投资项目管理职责整合,强调组织实施"三农"工作战略、规划和政策,可强化行业性管理。组建国家市场监督管理总局,将市场工商管理、质量监督检验、食品药品监督管理部门整合在一起,大大减少了管理部门和环节,为农业相关经营主体工商注册、品牌管理、质量监督、产品审批都带来了极大便利。

(4) 突出乡村振兴战略。乡村振兴战略,就是要实现产业兴旺、生态宜居、乡风文明、治理有效、生活富裕的目标。从农业经济管理体制改革方向来看,就是要落实乡村振兴战略的目标,更加注重农村产业发展,更加注重乡村美丽,更加注重乡村有效治理,更加注重农民增收;从生态环境部组建来看,就是要让乡村宜居、宜业、宜游,绿水青山就是金山银山,大力发展绿色环保产业;从自然资源部组建来看,就是要整合乡村各类资源,明确资源产权关系,建立乡村自然资源可持续利用制度;从农业农村部组建和优化来看,就是要创造"三农"工作联动机制,促进农业、农村、农民全面发展,强化项目投入管理,促进乡村科技进步,加大脱贫地区和脱贫群众的帮扶力度。

第五节　农业经济管理体制进一步改革的方向

《党和国家机构改革方案》正在顺利实施,地方机构改革也将按照中央精神要求稳步推进,必将为农业农村发展注入生机和活力,推动政府转变职能和服务方式,但仍然面临进一步改革的要求。改革不能一蹴而就,而是永远在路上。要按照党的二十大精神,立足于推动乡村振兴战略目标和百年奋斗目标的实现,不断推进农业经济管理体制改革。为此,提出以下几点改革的方向。

(1) 大力发展行业协会。从发达国家来看,小政府、大社会是普遍现象,政府主要从事宏观管理,除了法规体系之外,行业协会等自律组织发挥了重要的作用。像韩国农协就是典型的行业自律组织,也是准政府组织,承担了农产品国际维权、质量监督、政策实施、土地流转、农业保险等多方面职能,大量减少了政府事务性工作,从而实现简政放权、转变服务方式。

近年来,我国农民专业合作组织快速发展,但整体实力仍然较弱,难以形成有效的组织体系,行业协会更是十分欠缺,自我组织能力不强,不利于政府转变职能、转变服务方式。

大力发展为农民服务的各类行业协会,并赋予其一定职能,如土地流转、农民培训、产品质量检验等,将是大势所趋。为此,应大力发展农民专业合作社,加强规范化管理,强化政策支持,壮大农民专业合作社组织群体。在此基础上,吸收各类农业相关组织参与,构建行业协会,完善其行业维权、行业自律、行业协调、行业组织等职能,更好地服务于基层农民专业合作社和其他农业经营主体。

(2) 进一步整合农业经济管理部门职能。为适应行业协会发展及转变政府职能的需要,按照从微观管理向宏观管理转变的要求,参照发达国家农业经济管理体制特点,建议建立"从田头到餐桌"的农业委员会体制,具体的一些设想有如下方面。

一是农业委员会的管理范围。从横向看,农业委员会除了包括种植业、养殖业和渔业外,还应包括与农业密切相关的许多其他行业,如农田水利、教育、科研、推广、农民组织、农村发展等;从纵向看,农业委员会除了管理农产品生产过程这一"产中"环节外,还要管理为农产品生产提供生产资料的"产前"环节和农产品加工、储存、运输、销售、消费指导服务等"产后"环节,从而实现真正意义上的一体化管理与协调。

二是农业委员会行使行政管理职能。农业委员会可以灵活地使用计划、财政、金融、税收、储备、价格以及法律、行政、宣传教育等各种手段,对农业和农村经济活动进行独立的宏观调控,确保农业和农村经济健康持续发展,提高我国农业应对国外农产品挑战的能力。

三是农业委员会要界定好与地方各级农业主管部门的责任和事权。地方农业主管部门根据中央农业宏观调控的总体目标和政策,结合本地的实际情况,实施本区域内的调控活动,负责根据权限划分需要在本行政区开展的其他必要工作。中央农业部门要支持、指导,但不要干涉地方农业主管部门的工作。

(3) 强化制度法规建设。从美、日、英等发达国家来看,制度法规在农业经济管理中发挥着重要的作用,而且法律体系健全,涉及农业生产、灾害保险、资源管理、价格调控、动物福利等方方面面。例如,英国渔业企业从注册到运行都有严格的法律法规约束,仅选址和养殖两大关键环节法律法规条款就多达300多项。此外,与欧盟其他国家相比,英国更加重视动物福利和环境保护,出台了《动物福利法》《环境保护法案》《水资源法案》《城乡规划法案》《野生动物和乡村法案》等一大批法规。美国农业法案根据农业农村发展需要,每5年左右修订一次,而且内容十分细致,对于政府干预市场的农产品目标价格及补贴等内容都用数字在法律中表示出来,体现了法律的刚性作用。日本每一项农业政策的出台,都要有法律作为保障,也就是实现了政策的法规化,保障政策的顺利实施和连贯性。

改革开放以来,我国虽出台了一些农业方面的法律,如《中华人民共和国农业法》《中华人民共和国农民专业合作社法》等,但与发达国家相比较,仍显得相对滞后。长期以来,我国农业经济管理主要靠政策和行政命令推动,农业立法和执法工作起步较晚,农业法律体系尚不完善。虽然一些部门制定了许多规章和其他规范性文件,但部门文件不具备法律效力。为填补法律上的空白,急需将这些文件和规章上升为法律、法规。从执法力度看,我国还存在有法不依、执法不严的现象,执法力度有待加强。总之,要构建系统完备、科学规范、运行高效的农业经济管理体制,还要不断更新观念,强化法律法规体系建设,并且要细化法律法规内容,让法律更具有可操作性。同时,农业政策的出台,都要有法律作为保障,确保政策执行的力度和连贯性。

(4) 转变政府服务方式。要按照依法、精简、效能的原则,确立合理的定位,转变管理方式。

第一,编制和职能法规化,简政放权。推进简政放权是转变政府职能的重要突破口,要实现农业经济管理机构设置和编制法规化,依法确立其职能和定位,树立服务第一、效率第一的理念,真正做到审批更简、监管更强、服务更优。把该管的事管好、管到位,该放的权放足、放到位,保证农业经济管理体制改革与时代同步。

第二,确立农业经济管理部门与社会组织之间的合理分工。要积极培育农民专业合作社组织和中介服务组织,通过发展行业性协会组织,提高农民组织化程度,承担大量政府行政性事务,做到政府与社会组织合理分工,使政府职能与社会组织的功能都得到积极的发挥。转变服务方式,从微观管理转向宏观管理,通过服务行业协会来实现政策目标,把更多精力集中到制定政策法规和监管上来。

第三,注重政策法规制定和监督法规的实施。农业经济管理体制要转到法制轨道上来,政府管理部门要从具体事务性管理转到政策法规制定和监管法规的实施上来,用具体法律法规来宏观调控和管理农业生产、农产品流通、加工、消费等各个环节。强化政策效果的评估,注重政策法规的宣传指导,创新监管方式,从管理审批向事中事后、监管转变,从而达到政策法规的预期效果。

(5) 大力发展农业电子政务。互联网技术的发展为开展农业电子政务创造了条件。农业电子政务是政府农业部门在管理和服务职能中,运用现代信息技术,实现政府组织结构和工作流程的重组优化,突破时间、空间和部门分隔的制约,组成一个精简、高效、廉洁、公平的农业农村运营网络管理模式。发展农业电子政务,是转变政府职能、创新服务方式、简政放权的重要手段,是新时期农业经济管理体制创新的必然选择。农业电子政务的职能主要有以下几点。

第一,实现信息公开透明。通过互联网这种快捷、廉价的通信手段,政府可以让公众迅速了解政府机构的组成、职能和办事章程,以及各项政策法规,提高办事执法的透明度,并自觉接受公众的监督。比如,杭州市临安区农业农村局网上公布主要机构的联系方式和人员,对相关文件进行公示,对一些补贴项目资金进行公告、公示等。

第二,实现网上办公。采用网上办公方式,建立廉洁、高效的网上政府,创新服务方式,简化办事手续和流程,实现业务办理过程标准化和制度化,最大限度地方便广大农民,努力实现"最多跑一次"的目标。比如浙江省农业农村厅设立了网上办事专栏,可在线办理渔业船舶登记、草种进出口审批、种畜禽生产经营许可、农药生产许可等。

第三,通过农业电子政务平台,帮助农民解决难题。农业电子政务平台可以设立论坛、互动交流栏目,帮助农民答疑解惑,还可以设立网上展厅、促销平台、技术平台等,帮助农民沟通信息,展销产品,营销品牌,提供技术指导、政策咨询、个性化服务等,从而密切与农民的交流互动,急农民之所急,构建人民满意型政府。如宁波市农业农村局在其官网设立了互动交流栏目,开设我要咨询、我需帮助、我有意见建议等提示窗口,帮助解决难题。

长春市双阳区开启乡村治理新模式

"城里人享受的服务,我们也能享受到了,能过上这样的日子从前真是不敢想啊!"采访过程中,村民情不自禁地向记者感慨。如今看病再也不是什么难事了,乡村治理手机客户端与吉林大学中日联谊医院建立合作,村民通过手机客户端就能预约远程心电,到村卫生所做检测,检测结果通过仪器直接发送给吉林大学中日联谊医院的专家,村民足不出户就能享有大医院的诊断服务。

见微知著,小石村的乡村治理变化仅仅是双阳区探索乡村治理模式的小小缩影。

双阳区建设乡村治理数字化平台,到2022年7月,已完成883个村屯基层党组织的数字化档案管理,已在6个乡镇、8个试点村屯开展治理工作上报及视频互动应用,实现了平台基层党建、治理典型、通知公告等八大类功能、36项应用。面向8个乡镇,共134个行政村的农民,建设了线上农业农村公共服务平台,实现了涉农信息服务"双阳农云"模式。打通了农业政务协同服务上传下达的数字化链条,让民生保障信息化服务普及乡村。

双阳区推进阳光村务数字化建设,实施数字化服务工程。到2022年7月,注册应用"吉农码"1.6万余人(户),为农民提供政策直达、农村金融、健康医疗、务工就业等社会化服务12项,实现数据网贷授信212人、医疗服务186人次、专家咨询1946人次、医疗挂号123人、务工就业155人,各类信息服务浏览量达到45 097条次。

资料来源:赵猛佳.跟着"数字"看变化——县域数字农业农村试点走上"云端"[N].长春日报,2022-07-15.

从本案例分析可以看出以下几点。

(1) 农业电子政务可以实现让办事群众只跑一次的目标,甚至居家就可以解决问题,增强农民幸福感。

(2) 通过数字化平台,建立农业政务上传下达的数字化链条,让民生保障普惠乡村,农民及时了解公共政策和相关服务信息,提高政务服务水平。

(3) 通过数字化农业电子政务,更好地把握民生民情,减少了烦琐的日常事务,可以集中精力研究公共服务政策,强化了政府部门乡村治理能力。

【复习思考题】

1. 农业经济管理体制的内涵是什么?
2. 什么是农业经济管理制度?
3. 什么是农业电子政务?
4. 农业经济管理体系包括哪些方面?
5. 简要分析我国农业经济管理体制改革的特点。
6. 结合实际论述农业电子政务的主要职能。

【即测即练】

参 考 文 献

[1] 雷海章.现代农业经济学[M].北京:中国农业出版社,2003.
[2] 李秉龙,薛兴利.农业经济学[M].北京:中国农业大学出版社,2003.
[3] 谭向勇,辛贤.农业经济学[M].太原:山西经济出版社,2005.
[4] 田代洋一.农业问题入门[M].东京:大月书店,2003.
[5] 钟甫宁.农业经济学[M].北京:中国农业出版社,2010.
[6] 王雅鹏.现代农业经济学[M].北京:中国农业出版社,2003.
[7] 朱道华.农业经济学[M].北京:中国农业出版社,1999.
[8] 张忠根.农业经济学[M].北京:中国农业出版社,2010.
[9] 丁泽霁.农业经济学基本理论探索[M].北京:中国农业出版社,2002.
[10] 何秀荣.比较农业经济学[M].北京:中国农业出版社,2010.
[11] 罗士喜.我国农村土地制度创新的四种模式研究[J].中州学刊,2008(2):28-32.
[12] 张守美.推进农业适度规模经营转变现代农业发展方式[J].中国农机化,2008(2):10-13.
[13] 郭洋,敬斌,张瑶,等.大棚种瓜"云端"卖瓜[N].黑龙江日报,2022-06-14.
[14] 栗园园.璧山艺术赋能"空心村"成网红打卡地[N].重庆日报,2022-06-17.
[15] 刘爱梅.促进城乡融合发展的土地制度改革思路与对策[J].农业经济,2022(4):115-116.
[16] 毛红娜,杨昕宇,潘宏宇.雇个"田保姆"省心又增收[N].黑龙江日报,2022-03-25.
[17] 田耿文.棉花期货 为产业高质量发展保"价"护航[N].农村金融时报,2021-08-09.
[18] 昆明国际花卉拍卖交易中心有限公司[EB/OL].(2021-11-10)[2022-07-01].http://www.moa.gov.cn/ztzl/xxhsfjd/sfjdfc/fwx/202111/t20211110_6381844.htm.
[19] 周应良,赵宏成.拓宽就业渠道 扩大输出规模 大理州着力推动农村劳动力转移就业[N].大理日报,2022-05-19.
[20] 万希龙,陈显春.海伦数字农业帮助农民"节本增收"[EB/OL].(2022-07-01).http://www.moa.gov.cn/xw/qg/202207/t20220701_6403831.htm.
[21] 农村合作经济指导司.全国家庭农场典型案例(2021)——提高经营管理水平[EB/OL].(2022-01-25).http://www.hzjjs.moa.gov.cn/nchzjj/202201/t20220125_6387589.htm.
[22] 农村合作经济指导司.全国家庭农场典型案例(2021)——增强农业生产能力[EB/OL].(2022-01-25).http://www.hzjjs.moa.gov.cn/nchzjj/202201/t20220125_6387588.htm.
[23] 美国农业部.A look at America's family farms[EB/OL].(2020-01-23).https://www.usda.gov/media/blog/2020/01/23/look-americas-family-farms.
[24] 吴彬.美式家庭农场是我们的发展方向吗[J].中国农民合作社,2022(3):70-72.
[25] 吴燕.江苏家庭农场高质量发展建议[J].江苏农村经济,2022(4):51-52.
[26] 贵州贵定:家庭农场富农家 小农场也有大效益[EB/OL].(2022-05-19).https://view.inews.qq.com/a/20220519A04F5R00?refer=wx_hot.
[27] 浙江省农业和农村工作领导小组办公室,浙江省农业农村厅,浙江省发展和改革委员会等.浙江省农业和农村工作领导小组办公室等11部门关于推进家庭农场高质量发展的意见[EB/OL].(2020-12-29).https://www.zj.gov.cn/art/2021/3/4/art_1229278041_2241304.html.
[28] 全国农民合作社典型案例(2021)——农民合作社开展多种形式联合合作[EB/OL].(2022-01-25).http://www.hzjjs.moa.gov.cn/nchzjj/202201/P020220125380265286627.pdf.

[29] 系统概况[EB/OL].(2020-12-31).https://www.chinacoop.gov.cn/column-zsgk.html?id=4876&status=2.
[30] 日本農林水産統計[EB/OL].(2022-04-12).https://www.maff.go.jp/j/tokei/kouhyou/noukyo_rengokai/attach/pdf/index-69.pdf.
[31] 吴红军.农村信用社七十年之嬗变[J].金融博览,2021(6):9-11.
[32] 农业农村部发布农民合作社发展情况[EB/OL].(2020-01-02).http://www.zgnmhzs.cn/yw/202001/t20200102_7274614.htm.
[33] 张晓雷,闫述乾.浅析国内农民专业合作社联合社[J].热带农业工程,2022(2):72-75.
[34] 点赞！这个产业化联合体上榜第二批省级农业产业化联合体[EB/OL].(2021-12-21).http://www.linhai.gov.cn/art/2021/12/21/art_1454197_59025825.html.
[35] 王金虎.好粮如何卖好价[N].经济日报,2022-07-31.
[36] 聂志平,郭岩.发达国家农户兼业的经验及借鉴[J].农业考古,2022(3):259-266.
[37] 2020年農林業センサス結果の概要[EB/OL].(2021-04-27).https://www.maff.go.jp/j/tokei/kekka_gaiyou/noucen/2020/index.html.
[38] America's diverse family farms: 2020 edition[EB/OL].(2020-12-10).https://www.ers.usda.gov/publications/pub-details?pubid=100011.
[39] 平湖市农田数字化管理成省级试点[EB/OL].(2022-05-12).http://www.pinghu.gov.cn/art/2022/5/12/art_1528160_59805475.html.
[40] 陈玉良.山西临县家庭农场经济效益调查与影响因素[J].农业工程技术,2021,41(32):4-5.
[41] 曾哲.欧盟共同农业政策框架下德国农业生态补偿政策及启示[J].辽宁大学学报(哲学社会科学版),2020(3):76-81.
[42] 艾建玲.和谐视野下的政府农业管理理念创新[J].湖湘论坛,2008(1):44-45.
[43] 胡浩,王图展.农户兼业化进程及其对农业生产影响的分析——以江苏省北部农村为例[J].江海学刊,2003(6):53-58.
[44] 鲁可荣,朱启臻.社会主义新农村建设与新型农民培养[J].未来与发展,2006(9):27-29.
[45] 李金龙.稳定和完善农村土地承包经营制度的思考[J].农村经营管理,2008(1):32-33.
[46] 李春成,李崇光.浅议农产品营销渠道变革趋势[J].商业时代·理论,2005(8):18-19.
[47] 章寿荣.完善与发展农产品期货市场[J].商业现代化,2008(1):1-2.
[48] 张智先.2007年国内农产品期货市场回顾及2008年展望[J].农村经济与科技,2008(2):7-8.
[49] 我国农村合作组织的发展历程回眸[J].中国农村科技,2007(5):23.
[50] 郭玮.发达市场经济国家农业管理体制的特点[J].经济研究参考,2003(40):36-40.
[51] 冀名峰.我国农业管理体制调查与分析[J].经济研究参考,2003(43):33-37.
[52] 刘志澄.加快现代农业建设[J].农业经济问题,2003(4):4-8.
[53] 楚静.发达国家农村剩余劳动力转移模式及启示[J].湖北社会科学,2008(2):94-96.
[54] 宋涛,蔡建明,刘彦随,等.农地流转模式与机制创新研究[J].农村经济,2012(8):23-26.
[55] 赵琛.中国农产品批发市场发展的国际比较[J].中国商贸,2012(6):28-30.
[56] 宋金平,王恩儒.中国农业剩余劳动力转移的模式与发展趋势[J].中国人口科学,2001(6):46-50.
[57] 杨群义.农业产业化龙头企业联农带农组织形式与利益机制创新[J].农业工程技术,2012(10):51-53.
[58] 黄连贵.实施农业产业化 壮大农产品加工业[J].农产品加工,2012(2):17-19.
[59] 安岩.中国农业科技发展战略研究[J].西北农林科技大学学报(社会科学版),2012(5):7-11.
[60] 孙中华.农村基本经营制度的建立、完善与发展[J].农村工作通讯,2017(16):27-29.

[61] 吴晓佳."三权分置"的核心要义是放活土地经营权[J].当代农村财经,2017(4):11-14.
[62] 李光集.我国农产品批发市场行业发展前景分析[J].上海商业,2017(9):24-28.
[63] 发展农业产业化联合体 促进乡村振兴[EB/OL].(2017-11-06). http://d.drcnet.com.cn/eDRCNet. Common.Web/docview.aspx?DocID=4887715&leafid=18927&chnid=1005.
[64] PENSON JR J B, CAPPS JR O, ROSSON III C P, et al. Introduction to agricultural economics [M]. 6th ed. Hoboken, NJ: Pearson, 2015.
[65] 龙帆.城口实施"三变"改革 经营权入股唤醒撂荒地[N].重庆日报,2021-05-23.
[66] 梁闯.上河湾村"北菜南运"采收忙[N].长春日报,2022-06-23.
[67] 彭嘉翼.双柏县多举措抓好就业帮扶[N].楚雄日报,2021-12-07.
[68] 罗宝,朱士凯.良种良法促增收[N].安徽日报,2022-06-28.
[69] 全国农民合作社典型案例(2021)-农民合作社开展粮食规模经营[EB/OL].(2022-01-25). http://www.hzjjs.moa.gov.cn/nchzjj/202201/t20220125_6387582.htm.
[70] 赵猛佳.跟着"数字"看变化——县域数字农业农村试点走上"云端"[N].长春日报,2022-07-15.
[71] 王艳群,梁铁,岑溪.金鸡唱响致富歌[N].广西日报,2022-06-08.
[72] 刘飞,李丽,马子昂."小虾多、卖价低、收益少"湖北用综合种养新模式破题[Z].湖北之声,2022-04-24.
[73] 郑有贵.目标与路径:中国共产党"三农"理论与实践60年[M].长沙:湖南人民出版社,2009.
[74] 祝梅,沈晶晶,应忠彭.持续深化"三位一体"改革 浙江这把金钥匙打开共富之门[N].浙江日报,2022-01-04.

教师服务

感谢您选用清华大学出版社的教材！为了更好地服务教学，我们为授课教师提供本书的教学辅助资源，以及本学科重点教材信息。请您扫码获取。

▶ **教辅获取**

本书教辅资源，授课教师扫码获取

▶ **样书赠送**

经济学类重点教材，教师扫码获取样书

清华大学出版社

E-mail: tupfuwu@163.com
电话：010-83470332 / 83470142
地址：北京市海淀区双清路学研大厦 B 座 509

网址：http://www.tup.com.cn/
传真：8610-83470107
邮编：100084